AI経済の勝者

AJAY AGRAWAL
JOSHUA GANS
AVI GOLDFARB

アジェイ・アグラワル
ジョシュア・ガンズ
アヴィ・ゴールドファーブ
小坂恵理――訳

POWER AND PREDICTION

The Disruptive Economics of Artificial Intelligence

早川書房

ＡＩ経済の勝者

POWER AND PREDICTION

The Disruptive Economics of Artificial Intelligence

by

Ajay Agrawal, Joshua Gans, and Avi Goldfarb

Translated by
Eri Kosaka

First published 2024 in Japan by
Hayakawa Publishing, Inc.
This book is published in Japan by
arrangement with
Levine Greenberg Rostan Literary Agency
through The English Agency (Japan) Ltd.

装幀／コバヤシタケシ

私たちの家族、同僚、学生、そしてスタートアップに本書を捧げる。
あなたたちからインスピレーションを受けたおかげで、
私たちは人工知能について深く明確に考えることができた。どうもありがとう。

目次

＊訳注は〔　〕で示した。

はじめに　成功には程遠い？

私たちは二〇一八年に『予測マシンの世紀　ＡＩが駆動する新たな経済』（小坂恵理訳、早川書房、二〇一九年）を出版したとき、ＡＩの経済学に関して必要なことはすべて語り尽くしたと考えた。でもそれは間違っていた。

　ＡＩはまだ揺籃期で、テクノロジーが進化し続けることは認識していたが、土台を支える経済学は進化しないと私たちは考えた。それは経済学の美点でもある。テクノロジーは変化しても、経済学は変化しない。前書ではＡＩの経済学の枠組みを構築したが、それは今日でも十分に役立つ。しかし『予測マシンの世紀』ではストーリーの一部、すなわちポイントソリューションの部分しか語られなかった。あれ以来、このストーリーにはもうひとつの重要な部分が欠落していることを発見した。それはシステムの部分だ。本書では、システムについてのストーリーを語る。そもそもこの部分はどうして見落とされたのか。それを説明するために、『予測マシンの世紀』の執筆に取り組んでいた二〇一七年まで時間を遡ってみよう。

カナダのＡＩ研究のパイオニアが、画像の分類に深層学習が優れた能力を発揮することを立証してから数年後の二〇一七年には、新しいテクノロジーへの関心は爆発的に高まった。誰もがＡＩについて語り、カナダがテクノロジー分野で世界の主役に躍り出る可能性も囁かれた。問題は、それが実現するかどうかではなく、いつ実現するかだった。

私たち著者はＡＩにテーマを絞り、創造的破壊ラボという科学に基づくスタートアッププログラムを立ち上げた。すると、誰からもこう尋ねられた。「カナダで最初のＡＩ関連のユニコーンはどこで登場するだろう。一〇億ドルの評価額に最初に到達するのはどのＡＩ関連スタートアップだろう」。それに対して私たちは「モントリオール、もしかしたらトロント、ひょっとするとエドモントン」と予想した。

そう予想したのは私たちだけではない。カナダ政府も同じ可能性に懸けた。二〇一七年一〇月二六日、私たちは創造的破壊ラボが開催するＡＩに関する年次会議「機械学習とインテリジェンス市場」にジャスティン・トルドー首相を主賓として迎えた。[1] このとき首相は発言のなかで、クラスターへの投資の重要性を強調した。様々な業界が参加する一大拠点を創造し、有力な起業家、スタートアップ、大学、投資家、優れた才能を集めれば、部分の総和以上の成果が達成され、イノベーションが強化されて雇用が創出されると訴えた。その数カ月後に彼の政府は、五つの新しい「スーパークラスター」への多額の資金援助を発表したが、そこにはモントリオールを拠点としてＡＩに特化するクラスターも含まれた。[2]

私たちはＡＩが商業化される可能性を信じてきたが、それが間違っていないことを確信した。私たちは、このトピックに関する世界レベルの専門家を自負していた。ＡＩの経済学に関する本を執筆してベストセラーになったし、学術論文やマネジメントに関するエッセイをいくつも発表していた。共同編集した ***The Economics of Artificial Intelligence: An Agenda***（人工知能の経済学：アジェンダ）は、ＡＩの分野で博士課程の学生の一次資料になった。ＡＩの商業化を目指して始めたプログラムには、私たちの知っているかぎり、様々なプログラムに関わるＡＩ関連企業が地球上のどこよりも集中している。そして私たちは、世界中の企業や政府を相手にプレゼンを行ない、ＡＩ関連の多数の政策委員会や作業部会や会議に参加していた。

ＡＩを予測マシンと見なす私たちの視点は、実践者のあいだで共感を呼んだ。そのため私たちはグーグル、ネットフリックス、アマゾン、フェイスブック、マイクロソフトに招待されてプレゼンを行なった。世界最大の音楽ストリーミングサービスとなったスポティファイで製品、エンジニアリング、データ、デザインの責任者を務めるグスタフ・ソーデルストロムは、インタビューで私たちの著書をつぎのように紹介した。

［著者らは］著書『予測マシンの世紀』で簡潔に説明している。機械学習システムの予測精度が、ラジオのボリュームノブだと想像してほしい……ノブをある点まで回すと——予測が十分正確になると——何かが起きる。境界を越えたのだから、実際のところ従来のビジネスモデルや製品を機械学習に基づき全面的に見直さなければならない……ディスカバー・ウィークリー〔週に一度ユーザーの未聴曲から気に入りそうな三〇曲のプレイリストをＡＩが生成するサービス〕では、［『予測マ

シン』の提言に従い」「購入後に配信する」方針から「配信してから購入してもらう」方針へとパラダイムをシフトさせた。［予測の］精度が一定のレベルに達した結果、ユーザーにはより良いツールではなく、プレイリストそのものを提供するようになった。毎週プレイリストを提供し、気に入った曲を保存してもらう。我々のビジョンは「より良いツールの提供から、ユーザーによるプレイリスト作り」へと変化した。将来は「プレイリストをわざわざ作成する必要もなくなる」[3]。

質の高い予測が低価格で提供される世界の設計を目指す私たちのアプローチは、実用的な見地から重要であり、ＡＩ戦略に貴重な洞察を与えた。

では、最初のＡＩユニコーンがモントリオールかトロントかエドモントンで誕生すると私たちが確信したのはなぜか。私たちは、最近チューリング賞（コンピュータ科学の分野でノーベル賞に匹敵する）を受賞したふたりの科学者と交流がある。ふたりは深層学習でのパイオニア的な研究を認められ、モントリオールとトロントを研究の拠点にしている。ほかには、強化学習のパイオニアとして第一線で活躍している人物とも交流があるが、こちらはエドモントンを拠点に活動している。一方カナダ政府は、機械学習分野での研究の進展に専念する三つの新しい研究機関に多額の資金を提供する決定を下したが、その所在地はモントリオールとトロントとエドモントンだった。そして多くのグローバル企業がＡＩ研究施設を設立するため、モントリオール（エリクソン、フェイスブック、マイクロソフト、ファーウェイ、サムスン）、トロント（エヌビディア、ＬＧエレクトロニクス、ジョンソン・エンド・ジョンソン、ロシュ、トムソン・ロイター、ウーバー、アドビ）、エドモントン（グーグル／ディープマインド、アマゾン、三菱、ＩＢＭ）に殺到した。

　これだけの証拠がそろっていれば、自分たちはＡＩの商業化について多くの知識を持っていると私たちが考えたのも無理はない。しかし、その予想は間違っていた。しかも大きく外れた。カナダで最初のＡＩユニコーンが誕生したのは、モントリオールでもトロントでもエドモントンでもなかった。第二候補のバンクーバー、カルガリー、ウォータールー、ハリファックスでもない。では、こうしたカナダのテクノロジーの中心地でなければ、どの都市で誕生したのか。

　二〇二〇年一一月一九日、ウォールストリートジャーナル紙につぎの見出しが躍った。「ナスダック、金融犯罪対策ソフト会社ヴェラフィンを二七億五〇〇〇万ドルで買収」。ヴェラフィンは、ニューファンドランド島のセントジョンズに本社がある。カナダで最初のＡＩユニコーンが、北米大陸の北東端のこの町で誕生するとは、ほとんど誰も――私たちは確実に――予測しなかった。

　ニューファンドランド島のセントジョンズがユニコーンの活動拠点とは、およそ想像がつかない。ニューファンドランドはカナダ最東端の島で、人口は僅か五〇万。テクノロジーコミュニティから注目されるような場所ではない。実際、アメリカはカナダと国境を接するが、アメリカ人がニューファンドランドについて初めて知ったのは、ブロードウェイでヒットしたミュージカル『カム・フロム・アウェイ』がきっかけだった。このミュージカルは二〇一七年、最優秀ミュージカル作品賞を含む五部門でトニー賞を受賞した。物語は、九・一一同時多発テロ発生後の数日間の実話に基づいている。テロが発生すると、三八機の飛行機がニューファンドランド島への緊急着陸を命じられ、「遠くから《カム・フロム・》やって来て《アウェイ》」足止めを食らった七〇〇〇人の乗員・乗客は、住民から温かい歓迎を受けた。そんなニューファンドランド島で、ブレンダン兄弟とジェイミー・キングとレイモンド・プリティはヴェラフィンを創業し、北米の三〇〇〇もの金融機関に不正検知ソフトウェアを提供するまでに成長した。私たちは、どうしてこれを見過ごしたのか。この成功はまったくのまぐれ当たりなのだろうか。単なる偶然だろうか。専門家も時には間違えるものだ。あとになって批評するのは簡単だ。何かのはずみで確率の低い出来事が発生する可能性は常に考えられる。

ナスダックによる買収の決め手になったのはＡＩだった。ヴェラフィンは、不正を予測するだけでなく、銀行の顧客の身元を確認できるツールの構築に積極的に投資した。このふたつは、金融機関の営業にとっても規制コンプライアンスにとっても重要な機能である。それを実行に移すためにはビッグデータが必要とされるが、銀行や信用組合のデータはどこよりも巨大だった。

あとから考えてみれば、ヴェラフィンのような企業が先頭に立ったのは偶然ではなく必然だった。私たちは予測マシンの可能性に注目するあまり、実際に商業展開される確率を見落としてしまった。ＡＩそのものの経済的特性——予測コストの低下——には目を向けたものの、ＡＩが組み込まれる新しいシステムの構築という経済的側面を過小評価してしまった。

私たちが状況をもっとよく理解していたら、最先端の機械学習モデルを作成する能力の展望を分析する代わりに、予測の問題に特化したアプリケーションの展望に注目していたはずだ。実際、そんなアプリケーションが組み込まれたシステムは、機械が予測することを前提にすでに設計されており、代理の人間をわざわざ育てる必要もなかった。大勢のデータサイエンティストがすでに採用され、予測分析から組織のワークフローを作成している企業を探すべきだった。そうすれば、金融機関のきわめて積極的な取り組みをすぐに発見したはずだ。金融機関は詐欺、マネーロンダリング、制裁規制へのノンコンプライアンスなど、金融取引での犯罪行為を予測するため、大量のデータサイエンティストを抱えていた。[4]私たちもそれがわかっていれば、近年目覚ましい進歩を遂げたＡＩを活用し、こうした問題の解決に取り組む小さな企業を探していたはずだ。そして当時カナダには、そんな企業がごく僅かしか存在していないことを発見したはずだ。そのひとつが、ニューファンドランド島のセントジョンズに本社を置くヴェラフィンだったのである。

そこで私たちは、ここは後ろを振り返り、ＡＩの経済的側面についてもっと考える必要があることを認識した。ヴェラフィンのアプローチは『予測マシンの世紀』の脚本に従っており、意外な要素は含まれない。むしろ解せないのは、他のアプリケーションの多くが、大きな規模で展開されるまでにずっと長い時間がかかっていることだった。そこで悩んだすえ、テクノロジーそのものだけでなく、テクノロジーが動かすシステムの経済的側面についても考慮すべきだと気づいた。銀行取引における不正検知の自動化や、ｅコマースでの製品のレコメンドではＡＩの導入が急速に進んでいる一方、保険のアンダーライティング業務の自動化や製薬会社での新薬発見へのＡＩの採用は導入が遅れているが、その理由を経済の観点から理解する必要があった。

既存の組織設計へのＡＩ導入に伴う課題を過小評価したのは、私たちだけではなかった。トロント大学の同僚ジェフリー・ヒントンは、深層学習でのパイオニア的な研究から「ＡＩのゴッドファザー」の異名をとる人物だが、ＡＩの実用化に伴う難しさをやはり過小評価したようだ。[5]かつて彼はつぎのように辛辣に語った。「放射線科医として働く人間は、崖っぷちに立っても下を覗きこまず、地面がない現実に気づかないコヨーテのようなものだ。もう放射線科医の訓練は中止するべきだ。五年以内には、放射線科医よりも深層学習のほうが確実に良い仕事をするだろう」[6]。テクノロジーの進歩に関する予想は正しく、いまでは様々な診療業務でＡＩが放射線科医よりも優れた成果を発揮するようになった。しかし彼の発言から五年が経過しても、放射線科医の訓練を受ける新しい学生の人数は減少していないと、米国放射線医学会は報じている。

どうやらいまは、歴史のなかでもユニークな瞬間を経験していることが私たちにもわかりかけてきた。言うなればいまは時代のはざまで、ＡＩテクノロジーのすごいパワーを目撃したあとではあるが、それが広く普及する以前の段階にとどまっている。なかには、ポイントソリューション（新しい問題が発生するたびに、解決のための新しいツールが求められる）の形で実用化されるケースもあり、これは複雑ではない。従来の機械による予測分析を、新しいＡＩツールに取り替えるだけよい（たとえばヴェラフィンでは、これが急速に進んでいる）。その一方、ＡＩの利点を十分に生かして導入コストを正当化するために、製品やサービスだけでなく、それを提供する組織も新たに設計し直す必要があるケースもある。その実現のために、有益な方法を企業も政府も競って探し求めている。

私たちはこれまでニューラルネットワークの探求に専念してきたが、その方針を改め、今後は人間の認識力（意思決定が下される方法）、社会的行動（ＡＩの採用に熱心な業界と、否定的な業界に分かれる理由）、プロダクションシステム（一部の意思決定が他の意思決定に左右される仕組み）、産業構造（不確実性から身を守るため、意思決定の一部が隠された構造）の探求に取り組むことにした。

こうした現象について探求するため、私たちは企業のリーダー、プロダクトマネージャー、起業家、投資家、データサイエンティスト、そしてＡＩの実用化に取り組むコンピュータ科学者と会って話を聞いた。専門家や政策立案者と一緒にワークショップや会議も開いた。そして、ＡＩスタートアップとしてベンチャーキャピタルから資金を提供されている組織を対象に実験を何回となく繰り返し、何が効果を発揮し、何がしないのか、じっくりと調べた。

ＡＩの経済的側面に関する実証研究は新しい分野であり、『予測マシンの世紀』が執筆されたほんの数年前には存在しないも同然だったが、それでも当然ながら、私たちは経済学の第一原理（たとえば、「社会は、公平と効率のあいだのトレードオフに直面している」など）に立ち返った。そして複数のドットを結びつけ、ポイントソリューションではなくシステムソリューションを念頭に置いて経済の枠組みを組み立てることにした。そうすればヴェラフィンの謎が解明されるだけでなく、ＡＩ導入のつぎの波が訪れる時期も予測できる。ポイントソリューションの代わりにシステムソリューションに注目すれば、新しいテクノロジーが最終的にあらゆる業界を席巻し、現存する一部の業界の立場を盤石にする一方、一部の業界を破壊するプロセスについて説明できるようにもなる。そろそろ新しい本を執筆する潮時だった。そんなわけで本書は出来上がった。

第一部

時代のはざま

第一章　三人の起業家の比較

電気は私たちの社会を変化させた。スイッチを入れるだけで安くて安全な照明が提供され、冷蔵庫、洗濯機、掃除機など消費財の登場で家事の負担が軽減されると、生活様式は様変わりした。さらに、工場やエレベーターに電気が供給されると、労働にも変化が生じた。では、こうした変化が実現するには何が必要だったのか。それは時間だ。

電気がすみずみまで普及した今日では容易に想像できないが、トーマス・エジソンが電球を発明してから二〇年が経過した二〇世紀初め、電球は僅かに存在する程度だった。一八七九年、エジソンは電球の点灯に成功して評判になった。そして早くも数年後には、マンハッタンのパールストリートの発電所が操業を開始して、街路には明かりが灯った。しかし二〇年後、電気が供給される世帯は全米の三パーセントにすぎなかった。工場でも、それをかろうじて上回る程度だった（図1－1を参照）。ところがそれからさらに二〇年が経過すると電気は急速に普及して、全国民の半分に行き渡った。電気に関しては、この四〇年間が時代のはざまに該当する。

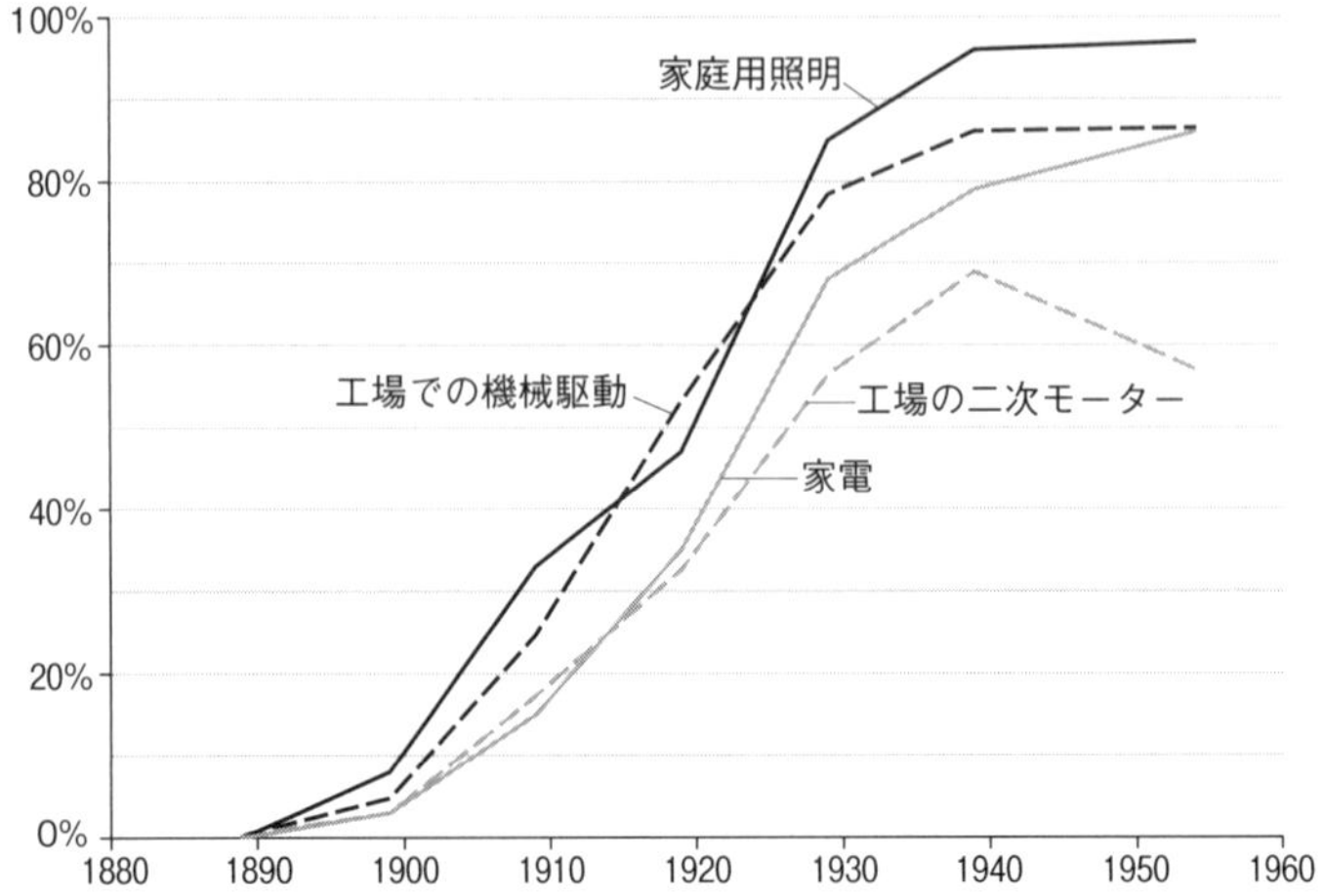

図1－1　アメリカでの電気の導入

出典：Data from Paul A. David, "Computer and Dynamo: The Modern Productivity Paradox in a Not-Too-Distant Mirror" (working paper #339, Stanford University, Department of Economics, 1989), twerp339.pdf (warwick.ac.uk).

電気への関心は高かったが、当初はそれを具体的な形で示す機会にあまり恵まれなかった。これは今日新しく登場する革新的なテクノロジーにも言えることだが、私たちはついそれを忘れてしまう。明かりが灯るようになっても他の部分が変化しなければ、それ以上の進展は簡単ではない。いまのＡＩは明かりが灯った段階で、まだやるべきことが残されている。要するに時代のはざまを経験している。テクノロジーの素晴らしい能力は証明されたが、それが実用化されて広く普及する段階には至っていない。

ＡＩの未来は不透明だが、電気が普及したパターンならばわかる。だからここでは、ＡＩの商業化が直面する課題を理解するために、自分が一八八〇年代頃の起業家だと仮定してみよう。当時、電気は未来の話だった。その実現をあなたはどのように思い描くだろうか。

ポイントソリューション型の起業家

一九世紀後半には、蒸気が経済の原動力だった。石炭を燃やした熱で水を沸騰させると蒸気のエネルギーが発生する。それをそのまま使ってレバーやプーリー（車輪）やベルトを動かせば、工業生産が可能になった。あらゆる点で蒸気は、農業以来の最大の経済革命を牽引する奇跡の発明だった。だから起業家が電気を売りたければ、見込み客に蒸気をじっくり観察させ、その欠点を理解させる必要があった。

蒸気を電気と並べてみると、欠点はすぐ目につく。蒸気は熱を分散供給する。そこが重要なポイントなのだが、残念ながら熱の大半は失われてしまう。液化やバルブ漏れ、あるいはシャフトやベルトを使ってエネルギーを作業台に伝える途中で生じる摩擦によって、蒸気機関の潜在能力の三〇から八五パーセントが失われてしまう。[1]シャフトのシステムはなかなか想像できないかもしれないが、ここで、蒸気機関が動力源となり、鉄や鋼鉄製の三インチのシャフトを回転させるところを思い描いてほしい。回転するシャフトから伝わったエネルギーで、ベルトやプーリーが動き始める。複数のシャフトが水平に設置されることもあるが、垂直に重ねられた多層型の工場も多かった。いずれにせよひとつのシャフトで、数百台の織機を動かすことができた。

電気がチャンスを掴みとるためには、蒸気の動力が使われるポイント、すなわちシャフトの末端部分で、蒸気に代わって同じようにエネルギーを供給すればよい。それを実現したのは、かつてエジソンの助手だったフランク・スプレーグだ。彼は一八八六年、世界に先駆けて電気モーターを開発した発明家のひとりになった。エジソンは照明に専念したが、スプレーグは目の付け所が違った。昼間は電力が安く供給されることに注目し、電気モーターはこの点を生かせるのではないかと考えた。そしてこの洞察に基づき、電気を動力とする路面電車やエレベーターの実用化に漕ぎつけた。ほかには、電気モーターが工場に導入されるケースもあった。

　これは「ポイントソリューション」に該当する。なぜなら発明家が工場でのエントリーポイントにおいて、蒸気に代わる新しい動力源となる電気を導入したからだ。ポイントソリューション型の一九世紀末の起業家には、電気を新しい動力源として受け入れる意欲のある顧客が集まったが、顧客にはふたつのタイプがあった。ひとつは、蒸気機関を動力にしてきた大きな工場だ。たとえばサウスカロライナ州コロンビアのある織物工場は、一八九三年に動力を蒸気から電気に切り替えた。一マイル離れた場所からケーブル伝送システムを使って動力源の蒸気を確保するよりも、代わりの水力発電のほうが簡単で、しかも料金は格安だった。[2] もうひとつのタイプの顧客は衣料品メーカーで、蒸気は清潔さに難があり、機械を動かすスピードに一貫性がないことが気がかりだった。電気はどちらの欠点も克服し、品質の改善を後押しした。

　ポイントソリューション型の起業家からはコスト低下の他に、各工場のタイプに合わせた利益の提供が約束された。これはいわゆるプラグアンドプレイ方式〔つないだら、ユーザーが特別なことをしなくても実行できる〕で、相手の具体的な希望を叶える形で売り込みが行なわれる。しかし多くの場合、その販売方法は強引だった。動力源を取り替えれば使用料金は安くなるが、その点を必死でアピールするのが限界だった。ポイントソリューションからは、電力の消費量を増やすべき理由が明らかにされなかった。

アプリケーションソリューション型の起業家

蒸気エンジンは一度動かしたら、いつまでも動き続けた。これに対して電気モーターは、スイッチを切ったり入れたりすることができる。蒸気の場合、その動力がシャフトに伝えられると、作業員は取り外し可能なレバーを色々と操作し続けて機械を駆動させた。一方、電気エンジンは個々の機械に直接接続され、必要に応じてスイッチを入れたり切ったりできる。こちらのほうがシンプルで、保守もずっと簡単だ。[3] ただし使用する頻度によって、工場が消費する電力の量は異なってくる。経済史家のネイサン・ローゼンバーグによれば、これは「電力が小分け供給される」時代の幕開けだった。「これからは電力を少量かつ安価に供給できる。しかも少量かつ断続的に供給すれば、無駄も発生しない」[4]。

ここでは起業家は、蒸気の代わりに電気を使うと動力の必要量が少なくなる点に注目した。要するに、必要なときだけ動力を供給すればよいことに気づいた。それを実現するために、工場の設計に若干の変更を加え、機械のタイプに応じて動力源を区別する方法が考えられた。さらに一部のエンジニアは発想を飛躍させ、各機械を電気モーターにつなぐ可能性を思い描いた。しかし機械のタイプに応じて動力源を区別しても、どんな価値があるか問われれば、機械が使われるときだけ費用が発生する点をアピールするのが限界だった。

大きな変化のきっかけは、各機械に電気駆動装置を内蔵することだった。今日、これはアプリケーションソリューションと呼ばれる。この解決法では単に動力源ではなく、装置全体（すなわちアプリケーション）が交換される。そうすれば、持ち運びが簡単になる機械も出てくる。もはやシャフトと接続する必要のない工作機械は、自由な移動が可能だ。作業するために機械のところまで出向くのではなく、仕事をする場所に機械を移動させればよい。

ただし本格的な導入には程遠かった。どの工作機械――ドリル、金属カッター、プレス機など――にも電気エンジンが内蔵される夢を現実にするためには、先ずは設計を全面的に見直す必要がある。[5] しかもエンジンは既製品では困る。特定の機械や用途に合わせて調整しなければならない。アプリケーションソリューションの機会は有り余るほどあったが、それを生かすためには装置の設計の見直しが先決だった。しかも、独自のエンジンを内蔵するひとつの機械の設計に専念すると、その影響から、他の機械に電力を供給するエンジンの性能が落ちてしまう。たくさんの機械の設計を見直すためには、バランスに配慮しなければならない。それには新しいシステムが必要で、それは時間のかかる作業だった。

システムソリューション型の起業家

産業革命のあいだ一貫して、工場は蒸気を利用できるように設計された。すでにおわかりのように、工場ではひとつの動力源から動力が先ずシャフトに、つぎに天井から吊り下げられたベルトや滑車を介してそれぞれの機械に伝えられた。現代人の目には、工場はひとつの大きな機械のように映り、なかで働く作業員は機械の歯車にしか見えない。大きな構造のなかで、何百もの可動部がひとつのエントリーポイントに集約された風変わりな装置のような印象を受ける。新しいタイプの動力を手に入れるだけでは、この仕組みは変わらない。しかし新しい装置が登場すると、起業家は工場についての発想を改めた。工場のすべての機械にシャフトが動力を供給する仕組みや、機械の種類ごとに複数のシャフトが動力を供給する仕組みが存在しない状態を仮定した。電気についてすでに理解されている点を考慮しながら、工場をゼロから設計し直したらどうなるだろうかと考えたのだ。

工場の建設では、機械と動力源の距離を縮めることが重視された。それには、シャフトを垂直に並べた多層建築物が便利だった。そのため一八〇〇年代末には、大がかりなシャフトがスペースを占領する多層工場が主流になったが、これは労働条件や安全性、さらには機械の性能に関するコストを伴った。しかし蒸気を電気に取り替えれば、すべてを小さなスペースに押し込める必要もなくなる。

起業家精神に富む経営者は、システムソリューションの提供にこそ電気は真価を発揮することを認識した。要するに、電気から提供されるものすべてを上手に活用できるシステムを構築すれば、一連の手順に従って目標が確実に達成される可能性に注目した。

ここで、工場内部の空間の経済的側面について考えてほしい。シャフトを介して蒸気の動力が伝えられる工場では、シャフトに近い空間のほうが他よりも価値がある。そのため作業はシャフトの近くで行なわれ、作業に関係ないものは別の場所に保管されるか撤去された。つまり、動力が必要なものをシャフトの近くに移動して、不要になれば遠ざけるプロセスが繰り返された。

しかし柔軟性に優れた電気が導入されると、空間の経済的価値は平等になった。すると今度は、流れ作業の価値が注目された。流れ作業ならば、必要なものをいちいちシャフトのそばまで運ばなくても、生産工程はどんどん進行する。ヘンリー・フォードが蒸気を動力として使っていたら、モデルTの大量生産は不可能だった。電気が商業化されて数十年後に導入したからこそ、すごい成果が達成された。フォードは間違いなく、車の分野の起業家だった。しかし同時に、システムソリューション型の起業家でもあった。彼が新しく導入したシステムは、産業の景観を様変わりさせた。その結果ようやく、電力の供給は生産統計に含められ、しかも大きな割合を占めるようになったのである。[6]

AI型の起業家

以上からは、三つの教訓が得られる。先ず、大量生産が本格化するためには、新しいテクノロジーから何が提供されるか正確に理解しなければならない。一八九〇年に電気を売り込む起業家は、「燃料費の節約」を新しいテクノロジーの大きなバリュープロポジション（顧客に提供する価値の組み合わせ）として強調してもよかった。しかし電気の良いところは、蒸気機関よりも費用が安いことだけではない。動力源から離れた場所でエネルギーを利用できる点に、何よりも価値があった。おかげで利用者は距離の制約から解放され、工場がつぎつぎと建設され、ワークフローの設計は改良されたのである。一九二〇年に電気を売り込む起業家は、「燃料費の節約」ではなく、「設計する工場の生産性が著しく向上する」点をバリュープロポジションとしてアピールするほうがよかった。

同じパターンはＡＩにも当てはまる。すでに指摘したが、当初は起業家にポイントソリューションの機会が提供された。たとえばヴェラフィンは従来の予測に代わり、もっと優れた予測を迅速かつ低価格で提供することを実現した。

つぎにアプリケーションソリューションでは、ＡＩ周辺のデバイスや製品の設計の見直しが必要とされる。ＡＩで駆動するロボットはアプリケーションである。さらに、デバイスのソフトウェアを強化するためにＡＩを導入する方法も、多くはアプリケーションである。たとえばスマホのカメラはあなたの顔を認識できるが、それには特殊なカメラのほかに、提供された情報の安全性を確保する専用のハードウェアが必要になる。このタイプのイノベーションの集大成は、既存の道路で自動運転が可能な車の設計と製造だろう。自動運転車の外見は普通の車と変わらないが、センサーの設置やオンボードプロセッシング、そして機械によるハンドリングを可能にするには、内部のハードウェアを構成し直さなければならない。

こうしてＡＩが応用される可能性はいくつも考えられるが、高価値のシステムソリューションがいくつも登場するまでには至っていない。本書では、こうした機会が実現する可能性と、それに伴う課題について詳しく説明していく。

一番目の教訓について理解したら、つぎは単刀直入に尋ねられても、おそらく答えにくい質問について考えなければならない。いまやＡＩそのものについてはかなりの知識が手に入った。では、もしもこれから製品やサービスや工場をゼロから始めるとしたら、どのように設計するだろうか。新しい一階建ての工場が初めて登場したのは伝統産業ではなかった。一九〇〇年代にタバコ、金属製品、運送設備、電気機械などの先端産業で建設されたのが最初だった。同様に今日では新しいデジタル産業において、検索、eコマース、ストリーミングコンテンツ、ソーシャルネットワークなど、ＡＩ中心のシステムデザインが最初に採用されている。

ここでＡＩに関しても、電気の場合と同じつぎの質問を投げかけることができる。（１）ＡＩは実のところ、私たちに何を与えるのだろうか。（２）もしも私たちが企業をゼロから設計するとしたら、どんなプロセスやビジネスモデルを構築するだろうか。電気は「エネルギーコストの低下」につながったが、むしろ重要なのは「以前よりもはるかに生産的な工場の設計が可能になった」ことだ。おそらくＡＩにも同じ傾向が当てはまるだろう。ＡＩは「予測コストの低下」につながったが、むしろ重要なのは「以前よりもはるかに生産的な製品やサービスや組織設計を可能にした」ことだろう。エネルギーを電源から切り離したのは電気の大きな成果だった。おかげで工場設計ではイノベーションが進んだ。同様に、ＡＩの導入によって予測機能が意思決定プロセスから切り離されると、複数の意思決定のあいだの関係が見直され、そこから組織設計でイノベーションが進む。

意思決定を支える他の側面から予測を切り離し、予測を人間ではなく機械に任せれば、ＡＩによるシステムレベルのイノベーションが可能になる、というのが私たちの論点だ。意思決定はシステムの重要な構成要素であり、その能力はＡＩによって強化される。

最後に、ソリューションのタイプが異なれば、市場でパワーを確保するためにソリューションから提供される機会も異なることが、三番目の教訓である。起業家は、価値を創造・獲得してようやく利益を得られる。ところがポイントソリューションでは、価値がほとんど創造されないことがしばしば問題になる。電気は蒸気に代わる動力として登場したが、蒸気はすでに安定した基盤を持っていた。そもそも蒸気を電気に取り替えるためには費用がかかる。そして実際に取り替えても、消費者にアピールできるバリュープロポジションは、動力にかかるコストの削減ぐらいだ。要するにポイントソリューション型の起業家は、ヴェラフィンのケースからもわかるように、こうしたポイントソリューションを最高の形で提供すれば利益を持続できる。しかしそれが精一杯のシナリオで、それ以上は期待できない。[7]

ポイントソリューションからアプリケーションソリューション、さらにはシステムソリューションへと進むにしたがい、起業家が創造する価値は厳重に守られるようになる。新しいデバイスは競合するデバイスと差別化され、特許などの知的財産権によって保護される。しかし新しいシステムは、潜在能力がさらに大きい。電気の場合、新しい工場の設計は主に工場の所有者が手がけた。彼らは工場を活動領域として確保すると、そのあとノウハウを培い、そこから市場シェアを拡大し、競争相手を完全に締め出した。工場のレイアウトは外からよく見えるが、新しいシステムを支える手順や能力や訓練は見えにくく、再現するのが難しい。しかも、新しいシステムは規模の拡大が可能だ。

ディスラプションとパワー

電気がいわゆる「ディスラプション」（破壊）を実現するまでには数十年を要した。最初の二〇年間、電気はポイントソリューションとして一部の工場やアプリケーションで、あるいは街灯として利用される程度だった。しかし新しいシステムが開発されると、電気はようやく経済に変化を引き起こした。これは重大な変化で、発電や送電網を管理する人たちから、大量生産で電気を大量に消費する人たちへのパワーシフトが実現した。これではもはや誰も、ベルトやプーリーの製造や町工場の経営に興味を持たない。

これと同じプロセスはＡＩでも機能している。経済でパワーシフトが実現すると、希少な資源や財産を支配する権限がひとつの集団から別の集団に移行する。しかもそれと一緒に、企業を競争圧力から守る能力が新しい集団の手に入る。同じことがＡＩで実現する機会は間違いなく存在するが、ＡＩはディスラプションを伴う。すなわち新しいシステムのなかで業界が再編され、権力者の顔触れが変わる。しかも新しいシステムは複雑なので、開発が難しいだけでなく、このあと説明するように、模倣するのも困難だ。したがって、システムのイノベーションに成功した人には、大きな機会が創造される。

しかし、まだ不確実な要素は多い。ＡＩに関しては、この新しいテクノロジーから誰がパワーを拡大していくのか、まったく見当がつかない。おそらくそれは、これからどんな新しいシステムが構築されるかによって左右されるだろう。これからＡＩのシステムが開発され導入されると、誰がパワーを手に入れ、誰が失うのか、皆さんが予想するための道案内役が、本書を執筆した私たちの任務である。

キーポイント

●三人の起業家の比較は、一〇〇年以上前のエネルギー市場が舞台だった。そこからは、いずれの起業家も蒸気から電気へとテクノロジーがシフトした点に注目したが、取り組み方の違いによってバリュープロポジションが異なることがわかる。ポイントソリューションでは、動力の費用が低下して、摩擦によるエネルギーの損失が少なくなる一方、工場のシステムの設計に変化は加えられなかった。アプリケーションソリューションでは、どの機械にも電気駆動装置が内蔵され、機械のモジュール化が進んだ結果、一台の機械が止まっても、他の機械に影響がおよばなくなった。ただし、工場のシステムの設計に変化は加えられなかった。そしてシステムソリューションでは工場の設計が見直された。工場は軽量構造で一階建てになり、空間レイアウトだけでなく、作業員や材料の流れに関するワークフローが最適化された。

●バリュープロポジションの魅力は一様ではない。ポイントソリューションとアプリケーションソリューションでは動力を蒸気から電気に取り替えるが、システムは修正されない。そのため提供される価値が限定されるので、当初はどの産業でも電気の採用が遅れた。やがて、電気を使えば機械を動力源と切り離せることに一部の起業家が注目した。蒸気で同じことをするのは不可能か、費用がかかりすぎた。したがって、この能力を利用してシステムソリューションを提供すれば、絶好の機会が訪れる。多くの場合、システムレベルのソリューションによるバリュープロポジションは、ポイントソリューションよりもはるかに優れていた。

●電気の場合、機械が動力源から切り離された結果、バリュープロポジションのシフトが促され、「燃料費の低下」の段階から、「生産性が大幅に向上した工場を設計する」段階へと進んだ。同様にＡＩでも、意思決定を支える他の側面から予測が切り離されれば、バリュープロポジションのシフトが促され、「予測コストの低下」の段階から、「生産性が大幅に向上したシステムを構築する」段階へと進む。

第二章　ＡＩのシステムの未来

二〇一七年はＡＩ関連の会議が目白押しだった。会議には多くの企業や政府が参加して、学者は大いに刺激を受けた。私たち著者も、ＡＩには経済を変容させる潜在能力があることを認識しており、世界最高の経済学者にＡＩについて考えてほしいと思っていた。そこで経済学者の研究課題を設定するため、トロントでＡＩに関する会議を企画した[1]。

意外にも、聴衆を集めるために苦労はなかった。たとえばスタンフォード大学のポール・ミルグロム――経済学とコンピュータ科学にまたがるイノベーションに関する研究で後にノーベル賞を受賞する――は、かつて一九九〇年にインターネットの経済学に関する会議の招待を受けた。彼は当時その誘いを断ったことを悔やみ、こう伝えてきた。「一九九〇年にＮＳＦ（全米科学財団）から、インターネットの経済学に関する研究に興味はないかと尋ねられた。しかし当時は、プリンシパル・エージェント理論や企業の経済学やスーパーモジュラリティの研究に忙殺されていて、誘いを断ってしまった。バカなことをした！　今回はいっさい弁解しない。喜んで出席するよ[2]」。

なかには、ＡＩの影響について強気な発言もあった。やはりノーベル賞を受賞したダニエル・カーネマンは、つぎのように語った。「最終的にコンピュータがプログラムされなければ、我々人間にできることは大して多くないだろう」[3]。オバマ大統領の経済顧問委員会に参加したベッツィ・スティーブンソンは、楽観的な感情を要約してこう語った。「人工知能が大きな経済的利益を生み出すことを、経済学者は確信している」[4]。

しかしなかにはもっと懐疑的な参加者もいた。ノーベル賞を受賞したジョセフ・スティグリッツらは、不平等への影響を懸念した。経済学者であり、かつてニューヨークタイムズ紙のコラムニストだったタイラー・コーエンは、ＡＩの生産性向上が物的資源の不足を加速させる可能性を懸念した。キャリアの一時期をイスラエルの政治家として過ごしたマニュエル・トラッテンバーグは、つぎの点を指摘した。テクノロジー革命がいきなり始まると、テクノロジーがもたらす長期的な恩恵が理解されない。機械が人間の仕事を奪うと決めつけ、人々は自動化への抵抗を強める。

なかでも特に興味深かったのは、ＡＩは経済にまったく影響をおよぼしていないようだという懸念だ。経済学者のエリック・ブリニョルフソンとダニエル・ロックとチャド・サイバーソンは、以下のように指摘した。

私たちはパラドックスの時代に生きている。人工知能を使ったシステムが人間のパフォーマンスに匹敵するどころか、しのぐほどの能力を発揮する領域は増える一方だ。しかもこれは他のテクノロジーの急速な進歩を促し、株価を高騰させている。ところが生産性の測定値はこの一〇年間で半減している。そして一九九〇年代末からは、大多数のアメリカ人の実質所得が停滞している。[5]

テクノロジーの歴史（本書では電気について取り上げた）の研究者が、こうしたパラドックスを指摘するのは初めてではない。一九八七年にはＭＩＴのロバート・ソローが、つぎのような辛辣な発言で有名になった。「コンピュータの時代はあらゆる場所に到来したが、生産性の統計だけは取り残されている」。コンピュータはあらゆる場所に登場したものの、生産性の向上の測定には反映されなかったのだ。このパターンはありふれていたため、「汎用テクノロジー」が登場したらどうなるのかという問題に経済学者は関心を持つようになった。汎用テクノロジーが実現すれば、幅広い部門で生産性の持続的な向上が可能になる。[6] 蒸気エンジンや電気は汎用テクノロジーだった。最近の事例としては、半導体やインターネットがある。そして私たちの会議の参加者にとって、ＡＩはリストに加えるべき有力な候補だった。私たちは何を期待すべきだろう。歴史を振り返ってみれば、こうしたテクノロジーが最終的に経済やビジネスや仕事を変容させたことがわかる。しかしそれまでの数十年間には何が起きたのだろう。時代のはざまには何があったのか。

ＡＩのシステムイノベーション

グーグルのＣＥＯサンダー・ピチャイは、つぎのように語った。「ＡＩはおそらく、人類がこれまで取り組んできたもののなかで最も重要だ。その影響は電気よりも大きいのではないか」[7]。グーグルがすでにAIの恩恵を受けていることは間違いないが、多くの企業はまだ蚊帳の外に置かれている。MITのスローンマネジメントレビュー誌が、世界的なコンサルティング会社BCGと共同で二〇二〇年に実施した調査によれば、AIから大きな金銭的利益を獲得していると回答した組織は、全体の一一パーセントにすぎなかった[8]。それは、AIを試さなかったからではない。全体の五九パーセントはAI戦略を考案しており、AIをソリューションとして導入または試験的に採用した組織は五七パーセントに達した。

グーグル・ブレイン・プロジェクトを立ち上げたAIのパイオニアで、百度の主任研究員でもあるアンドリュー・ンは、つぎのように明言した。「AIは新しい時代の電気だ。あらゆる産業を変容させ、莫大な経済的価値を創造する潜在能力を持っている」[9]。私たち著者も同感だ。AIは電気と同様、あらゆるものを変容させる潜在能力を持っている。ただし歴史が参考になるとすれば、変容が実現するまでの道のりは長くて険しい。

AIの未来については楽観的な見通しと過去の結果への失望が入り混じっているが、電気の事例からは、このふたつが本質的に相容れないわけではないことがわかる。ブリニョルフソンとロックとサイバーソンはパラドックスの時代を強調したが、未来についての楽観的な見通しは、今日までの結果への失望と共存するものだと考えるべきだ。実際、トランステック（変化を促すテクノロジー）の登場をきっかけに経済の再構築が進んでいるときには、概念的にも、このふたつが同時に存在する展開を予想できるだけの理由がある。

電気の第一波では、ロウソクが電球に、蒸気エンジンが電気モーターに取って代わられた。いずれもポイントソリューションで、再構築は必要とされず、経済は変容しなかった。

いまのＡＩは同じ状況で、予測分析の新しいツールとして応用されている段階だ。ヴェラフィンなど一握りの企業が、精度の向上した予測の恩恵を受けている。これらの企業は全体の一一パーセントを占め、すでに金銭的利益を確保しつつある。[10] いずれもかねてより予測を行なっており、ＡＩを導入したおかげでその精度は向上し、予測にかかる時間は短縮し、費用は安くなった。ＡＩに関して最も簡単に達成できる目標はポイントソリューションであり、それはすでに達成されつつある。

生み出された電力を分散すれば恩恵が広範囲におよぶ可能性が理解され、実行に移されてようやく、電気の真の潜在能力は発揮された。同様にＡＩも、予測に伴う恩恵が十分に活用されてこそ、真の潜在能力が発揮される。ここでは、予測が意思決定の向上に果たす役割が成功の大きな決め手になると本書は考える。予測が意思決定に大きな変化を引き起こせば、意思決定のシステム全体だけでなく、組織で意思決定が進行するプロセスにも調整が必要になるケースが多いことを、これから説明していく。システムが変化してはじめて、ＡＩの導入は真のテイクオフを果たす。

いまのＡＩは、時代のはざまから抜け出せない。すでにＡＩの可能性は明らかになったが、それが現実のものとなり、世界を変容させるほどの影響力を発揮する段階にはまだ達していない。ＡＩの導入に成功した一一パーセントのなかにヴェラフィンが大企業と共に含まれたのは、既存のシステムに予測がうまく組み込まれたからだ。大幅な修正を加えなくても、予測を利用できるプロセスとワークフローがすでに準備されていた。

残りの八九パーセントの企業には、そんなシステムがまだ準備されていない。将来の可能性は明らかにされたが、それを達成するまでの道のりは明らかではない。したがってこれから、状況を改善するために機械の予測をどのように利用すべきか、考えていく必要がある。意思決定を充実させるために予測を活用するということだ。

ＡＩの影響が人間の行動全般におよぶのは、人間の意思決定が改善されるからだ。大切なのは、データ収集やモデルの構築、予測など技術的な課題だけではない。正しい人間が正しい時に正しく決断できるような組織づくりも欠かせない。そして、いまよりも充実した情報が手に入るようになったら、どんな行動を改められるのか確認しておくことが、戦略的課題として浮上する。

舞台を設定する

時代のはざまはポイントソリューションの成功とそれに対する熱狂を特徴とするが、ＡＩはまだニッチのテクノロジーにしか見えない。アプリケーションソリューションの開発と実験はすでにある程度進行している。ただしその性質上、用途がきわめて限定されることが多い。アプリケーションソリューションによって能力が向上するのは、携帯電話や自動車の安全装置など既存の製品である。

アメリカ合衆国国勢調査局は、三〇万以上の企業を対象にＡＩの利用状況について尋ねた。これに対し、すでに導入している大企業は、既存のプロセスの自動化や改善にＡＩが役立っている点を強調した。この場合ＡＩはポイントソリューションとアプリケーションソリューションであり、システムに変更は加えられていない。こうしたＡＩは、導入する企業の生産性に適度な影響をおよぼす。[11]既存のワークフローを点検し、人間に代わってＡＩを導入できる場所を確認すれば、少しずつではあるが、意義のある利点がもたらされる。しかし、ここに最大のチャンスは存在しない。

時代のはざまには、経済的に実行可能なアプリケーションをなかなか導入できず、起業家も経営者も苦労する。ネイサン・ローゼンバーグはこう指摘する。どのテクノロジーに関しても「起業家が失敗する事例はいくつもあるが、多くの場合、起業家がたまたま注目した分野は大きなシステムの一部であり、システムの他の部分と関連し合っていた。その点を考慮しなかったことが失敗を招いた可能性が高い」[12]。

イノベーターが新しいシステムソリューションの創造に目を向けて初めて、本当の意味での変容は実現するだろう。システムソリューションによってＡＩが経済全体に広く普及すれば、その勢いに乗ってアプリケーションソリューションが加速する。ＡＩのシステムには、大きな規模と後続のイノベーションを実現させる潜在能力が備わっている。それは経済的な恩恵が期待できるシステムであり、追求するだけの価値があるだろう。

三つのソリューションの重要性を考えれば、具体的な内容についてここで正確に確認しておくべきだろう。本書では、それぞれの概念を以下のように定義した。

●ポイントソリューションは既存の手順を改善する。これは自立的に導入され、ソリューションが組み込まれたシステムに変化は引き起こされない。

●アプリケーションソリューションでは、新しい手順への交換が可能になる。これは自立的に導入され、ソリューションが組み込まれたシステムに変化は引き起こされない。

●システムソリューションでは、相互に関連し合う複数の手順に変化が加えられる。その結果、既存の手順が改善されるときもあれば、新しい手順が導入されるときもある。

以上の定義で最も大切なのは、自立的という部分だ。この言葉はポイントソリューションとアプリケーションソリューションの定義には登場するが、システムソリューションの定義には含まれない。ここで、自分が既存の手順や新しい手順を確保しており、新しいテクノロジーを導入すれば、その価値の向上につながる可能性があるところを想像してほしい。価値の向上がソリューションの開発や採用のコストを上回れば、ソリューションは経済的に意味がある。しかも、システムの他の部分が変更されるか否かにかかわらず、経済的に妥当だ。ではつぎに、新しいテクノロジーがもたらす恩恵が小さすぎて、他の部分を変化させないかぎり手順は改善されないと仮定しよう。この場合、他の部分に変化を加えないまま自立的にソリューションを導入するのは、経済的に不可能である。ソリューションを導入するためには、複数のプロセスを同時に変化させなければならない。

要するに、一部の工場では電気をポイントソリューションとして採用しやすく、蒸気からの転換がスムーズに進んだ。あるいは一部のアプリケーションは、電気エンジンを既存の生産システムに組み込む形で構築されたので、従来のシステムを使えば十分だった。しかし多くの状況では、工場は設計の見直しが必要だった。実際、ソリューションが経済的に意味を持つためには、集中化した電気系統と送電網の供給が欠かせなかった。既存の動力の代替品だった電気が、システムソリューションによって変容を遂げた結果、新しい動力を利用する機会が提供されるようになったのである。

次章では、『予測マシンの世紀』のテーマに立ち返る。この本によれば、現代のＡＩの進歩は本質的に、予測テクノロジーの改善を意味する。さらに、予測は意思決定へのインプットとしてのみ価値がある。そこで、こうした見解を反映して本書の目的に合わせると、先ほどの定義は以下のように修正される。

●ＡＩのポイントソリューション：予測が既存の意思決定の改善につながり、しかも意思決定が自立的に行なわれるとき、予測はポイントソリューションとして価値がある。

●ＡＩのアプリケーションソリューション：意思決定が新しい形で行なわれるとき、あるいは従来の意思決定に変化が引き起こされたとき、そしていずれの場合も意思決定が自立的に行なわれるとき、予測はアプリケーションソリューションとして価値がある。

●ＡＩのシステムソリューション：従来の意思決定が改善されるか、あるいは意思決定が新しい形で行なわれ、しかもシステムの他の部分でも意思決定が変化したとき、予測はシステムソリューションとして価値がある。

システムの変化は破壊的である

歴史が何かしらの参考になるなら、ＡＩの導入が最も増えるのは、システムに変化が引き起こされたときだろう。ただし、こうした変化は破壊的である。破壊的とは、業界の内部で大勢の人たちや企業の役割に変化が生じ、パワーシフトが引き起こされることを意味する。つまり経済的な勝者と敗者が生まれる可能性があり、システムの変化が急速だとその傾向はさらに強まる。

こうした破壊すなわちディスラプションがどんなものか理解してもらうため、ここで農業の予測について考えてほしい。農業は、機械化によって雇用が大幅に減少した産業である。ただし農業経営は未だに農家に任されている。経営が大規模になっても、意思決定を行なうのは相変わらず農家だ。実際、農場の多くは農家が経営している。農家は意思決定の一助として天気予報を利用してきた。しかし所有する農地の性質には、予測や意思決定に関する本人のスキルが独特の形で反映された。

いまや状況は変化しつつある。農家は相変わらず気象条件に影響されるが、作物や畑の状況によっても左右される。このさらなるリスクに注目したのが、インターネットによる天気予報を最初に提供したデイヴィッド・フリードバーグだった。彼はアメリカの農家を対象にした保険の販売を始めたとき、この点に気づいた。気象データと同様、アメリカ政府のデータは充実しており、赤外線衛星画像だけでなく、二九〇〇万件の畑の土壌の組成に関するデータもそろっていた。だからこれを利用すれば、畑や作物を対象にした気象関連のリスクを計算することができた[13]。

フリードバーグはクライメート・コーポレーションを立ち上げ、農家への保険販売を始めたが、畑に関して集めたデータにみんなが興味を持っている事実にほどなく気づいた。

彼［フリードバーグ］は農家に対し、畑にどれだけの水分が含まれているか、正確な情報を常に提供した。水分が一定のレベルを超えたときに手を加えると、畑はダメージを受けることを伝えた。さらに、降水量と温度に関する情報も毎日提供した。農家ならそんなことは理解していると思うかもしれないが、農家は数十種類の様々な畑を管理しており、しかもそれが複数の郡にまたがっている可能性があった。フリードバーグは農家に対し、作物の正確な生長段階、肥料をやる最良の時期、種蒔きに適した八日間の最適化、理想的な収穫日についての情報を伝えた[14]。

施肥、種蒔き、収穫など、農家の重要な意思決定において、予測は大きな原動力だった。こうした意思決定の目標はほぼ同じで、それは収穫量の最大化だ。「農業には常に主観的判断が関わり、農家は直感を働かせる必要があった。しかし、クライメート・コーポレーションが農業を意思決定の科学へと変化させた結果、確率が大きく注目された。農家はもはやルーレットを放棄して、ブラックジャックに手を出したようなものだ。そしてデイヴィッド・フリードバーグは、カードの数え方の指南役だった[15]」。

それまで農家にとってテクノロジーの変化といえば、新しい道具の登場だった。しかし新しい知識が普及すると、意思決定の方法が変化した。実際、意思決定そのものが変化しただけでなく、意思決定が行なわれる場所も変化した。新しい場所は、アメリカの農村地帯から遠く離れたサンフランシスコだ。西海岸に拠点を置く企業がカンザス州の農家に対し、トウモロコシの収穫時期を教えるようになったのである。

クライメート・コーポレーションは現在、農業に関するあらゆる意思決定に対処しているわけではない。重要な意思決定の一部は、未だに農家の手に委ねられている。しかしフリードバーグはつぎのように指摘する。「農家が下す決断はやがてゼロになるだろう。すべては外から観察され、予測される」[16]。そして農家も、この現実を少しずつ受け入れている。たとえば作家のマイケル・ルイスはつぎのように語る。「誰もフリードバーグに敢えて尋ねなかったが、もしも自分の知識が役に立たなくなったら、誰が自分を必要とするのかと悩んでいる」[17]。要するにいまは、ディスラプションや農業経営の集約化の前兆が見られる。その実現までにどれくらいの時間がかかるのか、あるいは一部の意思決定は自動化されないのかどうか、現時点ではわからない。ただし、こうした新しいツールに業界が大きな潜在能力を見出しているのは間違いない。クライメート・コーポレーションは二〇一三年、モンサントに一一億ドルで買収された。

予測マシンが改善するにつれて、農家は徐々に予測を取り入れて意思決定を行なうだけでなく、意思決定を他人に任せるようになっている。その結果、正しい情報やスキル、インセンティブや調整能力の持ち主が意思決定を行なえば、農業経営は改善される可能性がある。しかしそうなると、農家にはどんな役割が残されるだろう。いまはまだ土地を所有しているが、それも変化するまでにどれくらいの時間がかかるだろうか。

本書のプラン

本書の目的は、ＡＩのシステムソリューションの開発を促すことだ。意思決定と、そこで予測の果たす役割に真正面から集中的に取り組む。

第一部では、最初に三人の起業家の比較を行なったうえで、時代のはざまにＡＩを開発して導入する際に直面する課題を紹介した。ここには、電気をはじめ過去の汎用テクノロジーの傾向がおそらく反映されている。どんな課題や機会が予想されるか理解するための仲立ちとして、第三章では前書『予測マシンの世紀』のテーマに立ち返り、ＡＩの核心に予測がどのように関与しているか解説する。

第二部では、ポイントソリューションだけでは高価値を生み出せないことを理解してもらうため、意思決定のプロセスに詳しく迫り、三つの大きなテーマを取り上げる。最初のテーマは、意思決定の難しさ。ルールに従えばよいときと比べ、認知コストは高い。その一方、新しい情報に対応して行動を変化させられることは、意思決定の良いところだ。ただし予測の裏付けがなければ、せっかくの利点も効果が薄れる。二番目のテーマは、ＡＩの予測ではルールから意思決定に重点が移ることだ。その結果、ＡＩの良からぬ影響から組織を守るためのルールが設定され、それに引き続き何らかの措置が取られると、ＡＩの導入に伴う不確実性は見えない場所に隠される可能性がある。これではＡＩをどこに導入したらよいかわかりづらい。しかし不確実性が高い場所は、ディスラプションの影響を最も受けやすい。そのため不確実性が表面化すれば、必死で隠してきた企業は危機に陥るだろう。三番目のテーマは、複数の意思決定のあいだの関係性だ。複数の意思決定が関わり合っている状況に予測が導入され、予測の裏付けを持つ意思決定がルールに代わって重視されるようになると、実際のところシステムの信頼性が若干失われる。それを克服するためには、往々にしてシステム全体の変化が必要とされる。ここで問題なのは、既存のシステムを構成する複数の要素がルールのおかげで密着して切り離せないことで、しかもその方法はしばしば巧妙で曖昧だから厄介だ。これならいっそ、既存のシステムを変化させるよりも、新しいシステムをゼロから構築するほうがやさしい。歴史を振り返っても、システム全体を見直して最適化する必要があるときは、新規参入企業やスタートアップが既存の企業の成果をしばしば上回る。その結果、システムレベルの変化は既存の企業のディスラプションにつながる。

第三部では、新しいシステムを創造するプロセスについて考察する。ひとつの意思決定だけに予測を導入しても、新しいシステムは創造されない。こうした変化は、関わり合う意思決定のすべてを対象にしなければならない。そのためにはシステム重視のマインドセットを身に付け、複数の意思決定のあいだに成り立つ微妙な関係を理解することが先決だ。これまで意思決定の多くがルールに従っていたケースには、特に注意しなければならない。ＡＩの予測は、すでにイノベーションのプロセスに影響をおよぼし、システムの変化を引き起こしている。そこで、他の場所でどんな変化が必要か理解してもらうために、イノベーションのプロセスを簡単に説明する。

第四部では、システム全体の変化がもたらす重大な結果を明らかにする。それはパワーつまり権力への影響だ。プロセスがディスラプションの対象になると、経済に関するパワー配分が変化する。新しいシステムのもとでは、最も大きな経済的価値を生み出す人物が従来とは変化するのだ。実際、業界を変容させるディスラプションには、システム全体の変化が常に関わってきた。それを説明するため、つい最近の出来事を振り返る。そのあとは、パワーに伴う不安の一面に注目する。ＡＩについて論じるときは、機械がパワーを持つようになるのではないかと不安が募るものだ。しかしここで、ＡＩが行なうのは専ら予測であり、それが意思決定にインプットされることを理解してほしい。機械には強力なパワーがありそうに見えるが、決してパワーの原点ではない。機械の背後にいる人間が、機械の予測にどのように反応するか決定し、最終的な判断を下す。それを説明したあとは、予測――そして予測のもとになるデータ――が改善すると、企業は競争上の優位を確保できることを説明する。要するに、予測はパワーの蓄積を促す可能性を秘めている。

第五部では、予測がパワーの保有者の顔触れを変化させるメカニズム、すなわちＡＩがディスラプションを進める方法について詳しく取り上げる。かつて予測マシンがなかった時代には、意思決定者が予測も判断も引き受け、自分の思い通りに決断したものだ。ところが、ＡＩが導入されると予測と判断は切り離された（デカップリングされた）。このような状況では、現在の意思決定者は実際のところ、判断を下すうえで最も適任なのかという疑問が生じる。そこで、デカップリングのあとに判断を下すうえで絶好のポジションにいるのは誰か、ここでは考えてみたい。従来は判断を下す場所があちこちに分散していたが、これからはパワーが集中した場所で一気に判断が下される。同様に、予測の影響でルールよりも意思決定が重視され、さらに新しいシステムが構築されると、新しい人物が意思決定の役割を担い、新たに権力者となる。

最後の第六部ではシステムの設計を取り上げ、なかでも特に、新しいＡＩの開発を土台に構築された信頼できるシステムに注目する。そして、皆さんの企業や業界をひとつの意思決定（あるいは潜在的な意思決定）システムとして理解するために、どんなツールを利用できるか紹介する。たとえばブランクスレート（白紙状態）からのアプローチは、強力な予測マシンにアクセスできるとき、ごく基本的な少数の意思決定にミッションを絞り込むために役立つ。具体例として、住宅保険業界の取り組みを紹介する。そしてつぎに、医療がこれをどのように達成したか説明する。すでに医療は、ＡＩをアプリケーションとして導入したことをきっかけに、システムレベルの課題に直面している。

本書のまとめでは、多くの人たちを悩ませるＡＩのバイアスの事例を取り上げる。ポイントソリューションの段階ではＡＩのバイアスは厄介な問題で、予測マシンの導入への抵抗は正当化される。しかしバイアスを正しく理解するためには、システムのマインドセットが必要だ。システムを調整すればＡＩの予測をうまく導入できることを理解すると、ＡＩはバイアスを取り除くチャンスを潰すのではなく、むしろ提供してくれることもわかりやすくなる。

全体として本書では、ＡＩ導入の影響による業界の変容には時間がかかることを強調したい。最初はどうすればよいか戸惑う。実験に取り組んでも、需要を見誤って失敗するケースは多い。あるいは、ユニットエコノミクス（一顧客当たりの採算性）を確保できないケースもある。それでも最終的には誰かが成功し、利益を確保するための道筋を示すだろう。それを模倣するケースも出てくる。業界のリーダーは、有利な立場を守るために周囲を濠で囲み、それが成功するときもあるだろう。しかしどんなにあがいても、業界は変容する。そして勝者と敗者がかならず現れる。

キーポイント

●すごい予測能力を持つＡＩが登場しても、生産性の伸び率はこの一〇年間で半減したばかりか、大半のアメリカ人の実質所得は一九九〇年代末から横ばいだ。このパラドックスは新しいものではない。同様の現象は、一九八〇年代にコンピュータで経験しており、これは時代のはざまと呼ばれる。すなわちいまは、ＡＩのすごい力をすでに目撃したあとではあるが、それが広く採用される以前の段階である。ポイントソリューションとアプリケーションソリューションは、かなり短期間で設計して実行に移すことができるが、ＡＩの大きな潜在能力を解き放つシステムソリューションは、定着するまでに時間がかかる。

●ＡＩの三つのタイプのソリューション――ポイントソリューション、アプリケーションソリューション、システムソリューション――では、自立性が重要なコンセプトになる。ＡＩの予測がひとつの重要な事柄に関する意思決定能力を向上させ、それが価値の創造につながり、しかもその価値の創造がシステムの他の部分に影響をおよぼすことが期待できなければ、その場合にはポイントソリューション（既存の意思決定能力を向上させる）やアプリケーションソリューション（新しい意思決定の方法を導入する）がふさわしい。しかし意思決定能力を向上させて価値を創造すると、他にも影響がおよぶ場合は話が違う。価値の創造にはシステムの大幅な変更が必要とされるので、システムソリューションを実行しなければならない。

●システムソリューションは通常、ポイントソリューションやアプリケーションソリューションよりも実行が難しい。なぜならAIによって意思決定能力が向上すると、システムの他の意思決定にも影響がおよぶからだ。ポイントソリューションとアプリケーションソリューションは既存のシステムの強化につながるケースが多いが、システムソリューションは本質的に既存のソリューションに大きな打撃を与えるため、しばしばディスラプションにつながる。しかし多くの場合、AIへの投資から全体的に最大の収益率が見込めるのはシステムソリューションである。さらに、システムソリューションは一部の業界でディスラプションを引き起こす可能性があり、その結果として勝者と敗者が生まれる。

第三章　ＡＩは予測テクノロジーである

前書『予測マシンの世紀』では、ＡＩの経済的側面を簡単にまとめて考察した。ＡＩに内在する複雑さや大げさな報道をすべて取り去り、ひとつの要素に焦点を当てた。それは予測だ。新しいものから刺激的な部分をそぎ落とし、センセーショナルではないけれども本質的な部分に迫る作業は、経済学者の戦略集で重要なツールとして役に立つ。

人々はＡＩについて考えるとき、大衆文化のあちこちで見られるインテリジェントマシンのことを考える。Ｒ２‐Ｄ２やウォーリーなど、人間の役に立つロボットについて考える。『スタートレック』に登場するデータ（アンドロイド）や、『アイアンマン』に登場するジャービスなど、頼もしいチームメートについて考える。あるいは、『２００１年宇宙の旅』のＨＡＬ‐９０００や『アベンジャーズ』のウルトロンなど、ならず者について考える。こうしたマシンがどんな特異な行動をとり、何を意図するにせよ、ＡＩ搭載型のマシンとしてひとつの共通点がある。それは私たち人間と同じように考え推論し、行為主体性を持つことで、これには誰も異論がない。

人間と同じ能力を機械に与えるテクノロジーの開発を進めてもよいが、今日はまだ実現していない。いまは考える機械の開発よりも、統計的手法の分野での進歩が目覚ましい。この統計的手法の進歩には、非常に重要な意味がある。もしも潜在能力が発揮されれば、予測のコストは大幅に低下する。そして私たちは、あらゆる場所で予測を行なっているのだ。

ＡＩの開発では近年、機械学習の新たな手法、すなわち「深層学習」の素晴らしさを見せつける重要な出来事があった。ジェフリー・ヒントンがリーダーを務めるトロント大学のチームは二〇一二年、画像に写された内容を機械が認識する能力を、深層学習を使って劇的に向上させた。研究チームは数年間の歳月をかけて、何百万もの画像を集めたイメージネットと呼ばれるデータセットを利用しながら、新しい手法で画像を正確に認識するアルゴリズムの開発に取り組んだ。人間は画像のなかの対象物を種類ごとに分類するが、データセットの画像はそれに基づいてすでにラベル付けされていた。そのデータセットを使ってアルゴリズムを開発したうえで、完成したアルゴリズムに新しい画像を供給することを新たに目指した。そうなるとアルゴリズムは、画像の認識を人間と激しく競い合うようになる。人間はこのタスクに関して完璧ではないが、二〇一二年以前にはどのアルゴリズムよりも優秀だった。ところが二〇一二年を境に、そんな状況に変化が訪れた。

深層学習のアプローチでは、画像のなかの対象物を認識するタスクが予測問題と見なされた。目標は予測能力の向上であり、新しい画像を見せられたとき、人間ならそこに何があると考えるか予測する能力の開発に重点が置かれた。たとえば子犬の画像を見せられたときのタスクは、子犬の画像を分析して理解することではない。その代わりに、画像のなかにあるものは既存のラベルのどれに当てはまる可能性が最も高いかを推測する。つまり最も正確にラベルを推測するのが目標なので、予測が重要なタスクとなる。多くの特性やその様々な組み合わせを考慮することによって――コンピュータでも厄介なタスクだった――トロントのチームは素晴らしい成果を示した。深層学習は他のどのアルゴリズムよりも、いや最終的にはほとんどの人間よりも、優れた予測能力を発揮したのである。

このような説明からは、機械は問題解決にじっくり取り組むのではなく、「即興で問題を解決している」かのような印象を受けるかもしれない。ただしこの即興での解決能力は強化されている。機械による予測はどんなものよりも正確で、その点を重宝される。なぜなら、予測は意思決定を支える重要なインプットだからだ。

予測を補完する

予測は、意思決定への唯一のインプットではない。予測の重要性について把握するために、ここで他のふたつの重要なインプットについて理解しておくべきだろう。それは判断とデータだ。判断については、具体例で説明するのが最もわかりやすい。

映画『アイ，ロボット』で殺人課の刑事デル・スプーナーは、ロボットが人間に奉仕する未来に暮らしている。スプーナーはロボットが嫌いで、その嫌悪感ゆえに多くの策略を巡らす。映画では、彼がロボットに敵意を抱くきっかけになった裏話が紹介される。

スプーナーの車は、一二歳の少女が乗っている別の車と事故を起こした。どちらの車も橋から墜落し、彼も少女も確実に溺れるところだった。ここでロボットが助けたのは刑事のスプーナーで、少女ではなかった。彼はロボットが少女を助けるべきだったと考え、それをきっかけにロボットに恨みを抱くようになった。

相手はロボットだから、その決断についてスプーナーは詳しく分析することができた。その結果、ロボットは彼が生き残るチャンスを四五パーセント、少女が生き残るチャンスを僅か一一パーセントと予測したことがわかった。そしてロボットにはひとりしか助ける時間がなかったため、彼のほうが選ばれたのだ。しかしスプーナーは、少女が生き残るチャンスが一一パーセントならば、自分の代わりに救助しても成功する可能性は十分に高いと考えた。人間なら、そう考えるのが当然ではないか。

もしかしたらその通りかもしれない。ここでは判断の根拠が述べられている。判断とはすなわち、特殊な環境での特殊な行動の価値を決定するプロセスのことだ。少女を救うのが正しい決断だとスプーナーが考えたのは、少女の命は自分の命の四倍以上の価値があると確信したからだろう。少女の生存率が一一パーセントで、スプーナー刑事の生存率が四五パーセントだという情報を提供された人間が、どちらを救うべきか選択を迫られたら、ふたりの命の相対的価値を明確にしなければならない。しかしロボットは明らかに、すべての人間の命の価値は平等だと判断するようにプログラムされている。予測マシンを利用するときは、周囲の状況に左右されない明確な判断が必要とされる。

相関関係と因果関係

データから情報が提供されると、それに基づいて予測が立てられる。ＡＩが獲得するデータの質が高くなるほど、予測の質は改善する。どんな状況で予測するにせよ、具体的な状況に関するデータの質が充実すれば、予測も充実するものだ。統計学者によれば、何かを予測するにはデータの「サポート」が必要とされる。ただし、手に入ったデータからあまりにも多くを推測すると、予測は不正確になる恐れがある。

データのサポートを受けて予測するのは、あちこちからデータを集めることほど簡単ではない。データから多くを推測しすぎても、あまりにも遠い未来を予測しても困るが、そうならないことが確実に保証されるわけではない。なかには必要とされるデータが存在しないときもある。このような状況を考慮して、世界中の統計学の講座ではつぎの教えが何度も繰り返される。すなわち、相関はかならずしも因果関係を意味しない。

たとえばアメリカの玩具業界では、広告と収益のあいだに強い相関関係が成り立つ。一一月末に向けて広告への支出は急に跳ね上がり、その状態が一カ月間続く。広告への支出が多いこの時期には、おもちゃが飛ぶように売れる。データだけを見るなら、一年の残りの時期にも広告への支出を増やしたい誘惑に駆られるかもしれない。業界がクリスマス前の一カ月と同様、春先にも広告に積極的に投資さえすれば、四月の収益は確実に増加するのではないか。

ところが業界はそうした行動をとらない。四月のおもちゃの広告への支出は、一二月よりもずっと少ない。つまり、四月に広告への支出を増やしたらどうなるか色々と予測しても、そこにはデータによる裏付けがなかった。広告への支出と利益のあいだの相関関係を月ごとに調べても、広告を増やしたおかげで収益が増加したのか、それともクリスマスという時期が広告と収益のどちらの増加にもつながったのか、見分けることはできない。この相関関係が因果関係だとすれば、四月に広告費を増やせばおもちゃの売り上げは急増するだろう。もちろん、一二月の売り上げの大半を引き起こしたのが広告ではない可能性もある。むしろクリスマスへの期待感が、広告と売り上げの増加につながったのかもしれない。あるいは、一二月には実際に広告が売り上げを増加させたが、そもそも四月におもちゃを購入するアメリカ人ははるかに少ないので、この時期の広告には大した影響がない可能性も考えられる。

要するに、業界が広告戦略を変更した場合の四月のおもちゃの売り上げに関する適切な情報は、予測マシンだけでは提供されない[1]。この関係を発見するためには、統計学のなかでも「因果推論」という別の分野を利用する必要がある。AIと同様、この分野も過去数年間で大きく前進した（二〇二一年のノーベル経済学賞では、因果関係の分析における進歩が評価された）。いまや、こうしたツールがAIを補完していることは間違いない。おかげでAIには、様々な状況で効果的な予測を行なうために必要なデータが提供される。世界のトップのAI関連企業は、この点を認識している。たとえば二〇二一年にはノーベル経済学賞を三人が受賞したが、そのうちのふたりはアマゾンでも働いている。ふたりとも学者として研究に取り組んでいるが、グイド・インベンスはコアAIチームに所属する科学者であり、デイヴィッド・カードはアマゾンスカラーのひとりでもある[2]。

因果推論によれば、AIが役に立つ場所は関連データを収集できる分野に限定される。たとえばAIは、チェス、囲碁、スーパーマリオブラザーズなどのゲームが非常に得意だ。ゲームの設定は常に同じなので、いまゲームをするために過去のデータからあれこれ推論する必要がない。さらに、データに含まれない状況があっても——なぜならゲームはソフトウェアである——シミュレーション実験を行なうことは可能だ。こうした実験を通じてＡＩは不足したデータを補い、別の手段が使われたときや新しい戦略が試されたとき、何が起きるか確認することができる。囲碁のように高いレベルで競うゲームでは、ＡＩはずっと苦戦を強いられてきたが、ディープマインドのアルファ・ゴやアルファ・ゴ・ゼロはシミュレーション実験を利用した結果、必勝戦略を発見した。ディープマインドは何百万回もシミュレーション実験を行なった。複数の異なるアプローチが採用されたら何が起きるかシミュレーションを繰り返した結果、機械は勝利するための戦略を予測できるようになったのである。[3]

ビジネスの状況の多くでは、データが手に入る。そして手に入らなくても、実験を通じて収集できる場合は多い。ビジネスでの実験はゲームよりも時間がかかる。なぜなら、人間のペースで実験が行なわれるからで、コンピュータによるシミュレーションのスピードにはかなわない。それでも、ＡＩへのインプットとして役に立つ関連データを収集するために、強力なツールになることが期待できる。

一方、何が何を引き起こしているのか発見するため、統計学者はランダム化比較試験を主なツールとして利用する。この試験の結果は、新しい治療法を承認する際の絶対的基準である。試験では、ランダムに選ばれた集団のひとつに本物の薬が与えられ、もうひとつの集団に偽薬が与えられる。どちらの集団も同一ではなく、異なる人たちで構成されるが、その内訳は偶然の結果だ。いずれにせよ十分な人数が各集団に割り当てられれば、新しい治療法が特定の結果を引き起こしたのかどうか結論することができる。試験が正しく行なわれれば、病気と治療法のあいだに単なる相関関係ではなく、因果関係が成立すると結論するために必要なデータがしばしば提供される。

ただし、シミュレーション実験やランダム化比較試験、準ランダム化比較試験などのデータの収集が、困難なときや不可能なときもある。その最たるケースが、軍事分野でのＡＩのアプリケーションだ。一見すると、戦争はＡＩをツールとして活用できる理想的な場のような印象を受ける。軍事理論家のカール・フォン・クラウゼヴィッツは一九世紀に、「戦争は不確実性の領域だ」と記した。ここに予測を導入すれば不確実性が減少し、軍事的にかなり有利な立場を確保できる。ただし厄介なのは、戦争には敵が存在することだ。戦争では、「たとえＡＩがあらゆる問題の解決法をうまく最適化できたとしても、賢明な敵に対しては争点を変える動機を与えてしまうことになる」[4]。敵の行動はトレーニングデータセットで予想できず、平和時に集められたデータはほとんど役に立たないだろう。

この発想は、ビジネスのコンテクストにも当てはまる。あなたの予測を台無しにする機会を狙っている競争相手や、予測を迂回する方法を何とか見つけようとする顧客が存在しないかぎり、予測はうまく機能する。しかし顧客があなたのＡＩの重要な側面をリバースエンジニアリングしたうえで、そこに偽情報を提供することによって能力を向上させたら一大事だ。ＡＩがあなたの目標達成に貢献するためには、ＡＩが機能する方法を発見されてはならない。予測があなたのデータをサポートできず、因果推論に問題が引き起こされるときには、ポイントソリューションでは十分ではなく、システムレベルの変化が必要とされる場合が多い。そうはいっても、すでにＡＩの恩恵にあずかっている一一パーセントの企業では、しばしば手持ちのデータのサポートを受けて予測が行なわれ、ＡＩのポイントソリューションが十分に機能している。

予測の中心的役割

金融取引を受け入れるか拒むか、決断する場面を考えてほしい。この決断の鍵となるのは詐欺に関する予測で、ヴェラフィンが得意とするところだ。口座間の送金を伴う支払いが必要な取引を提案されたとしよう。取引が承認されれば金銭のやり取りを経て、具体的なモノやサービスの受け渡しが進む。もしも取引が承認されなければ、金銭のやり取りは行なわれず、そのあと何も起きない。そもそも取引に承認が義務付けられるのは、間違ったときのコストが高いからだ。口座を持たない人物から持ちかけられた取引を承認すれば、負債や厄介な問題が次々発生する。逆に、こうした問題を抱えていない取引を拒めば、金融取引のプロセス全体を支える現実の世界の活動にディスラプションを引き起こしてしまう。

こうした状況では、間違いを完全に回避できるようなシステムがあればよいと思うかもしれない。ここで問題なのは、間違いを回避するのが不可能なことではない。時間をかけて慎重に見直せば、銀行はおそらく回避することができる。では何が問題かといえば、間違いを完全に回避するためのコストは馬鹿にならないことだ。取引のプロセスがスローダウンし、取引手数料も高くなるだろう。そもそも取引では利便性が期待されるが、それが失われる可能性もある。いちいち電子メールを送って承認を受けてから、文書記録に取引の承認を書き込むようなやり方は、コストがあまりにも高い。ならばいっそ、昔ながらの方法に頼り、現金をすぐにその場でやり取りするほうがよいのではないか。

しかし銀行は別の道を選び、システムを機能させるためにゲッシング（推測）ゲームを行なっている。すなわち、どんなエラーが発生する可能性があるか推測しながら、バランスの確保に努める。取引の承認が厳しすぎると、合法的な取引の多くが拒絶され、顧客に不満を抱かせるリスクが発生する。逆に承認の基準が甘すぎると、詐欺師が違法な取引を行なう余地が生まれ、支払いを請求しても回収は難しく、銀行の最終損益に直接的な悪影響がおよぶ。このふたつのエラーは取引に付き物だが、承認をどれくらい厳格にすべきか推測したうえで閾値を設定し、ふたつを上手に釣り合わせなければならない。

銀行がＡＩを活用すればゲッシングゲームに熟達し、エラーの数は減少する。私たち著者はこの一〇年間、新たなモデルのＡＩ開発に経済学者として取り組んできたが、詐欺行為を見抜くことも役割のひとつと見なすようになった。ＡＩには哲学者、映画制作者、未来学者、不吉な出来事の予言者などが注目する。他にも、パーティーの会話での話題作りに、大勢の人たちが関心を示す。しかし私たち著者は、同じ立場を取らない。これまでＡＩの開発は、ニューラルネットワーク、機械学習、深層学習、敵対的最適化など、奇抜な名前を持つ手段によって進められ、成功を収めてきた。こうしたコンピュータ科学の成功は、ある分野の進歩――大きな進歩――を解明する手がかりになると私たちは考えている。その分野とは、予測の統計だ。実際のところＡＩは、詐欺という犯罪行為を取り締まるわけではない。銀行がコストをかけずに合法的な取引と違法な取引を見分ける能力、すなわち予測の改善に貢献している。

今日のＡＩは予測マシンであり、それに尽きる。ヴェラフィンも、予測を目標に掲げて実践している。現代では決済システムを機能させるため、かなりの部分の自動化が必要とされる。誰でも取引の承認にやましいところはないと信じたいが、そのためにはＡＩが役に立つ。銀行は顧客やその行動パターン、取引が行なわれる場所と時間などに関して大量の情報を確保しているが、ＡＩはこれらを参考にしたうえで、取引が合法的か否かの予測を立てる。実際この二〇年間で、予測は改善している。いまでは銀行業務や金融サービスで不正を検知するため、ＡＩがツールとして広範囲で採用されている。そして関連機関からは、予測の精度の改善から大きな恩恵を受けたという報告もある。[5]

　ヴェラフィンは予測をビジネスにしている。したがって、ＡＩの予測テクノロジーが大きな進化を遂げると、ヴェラフィンのような企業は確実に早い時期から恩恵を受ける。従来は銀行をはじめとする金融機関が独自に予測を行なってきた。取引の承認は、金融機関のビジネスの一部である。意思決定がうまくいくほど、承認の仕事は順調に進み、集められた情報のすべてが利用可能になる。ところが新たに登場したヴェラフィンは、学習能力を活用して顧客の情報をサポートするだけでなく、何千もの金融機関とその顧客が処理する取引を参考にして、アルゴリズムを洗練させた。ただし、予測市場でリーダーの地位を獲得するのは簡単だったわけではない。ヴェラフィンは二〇年ちかくも経験を積み重ねてきた。しかしここで注目すべきは、ヴェラフィンが過去も現在も予測に専念してきたことで、それによりこのゲームに熟達するための機会がＡＩによって創造されたのである。

予測にとどまらない

本書はヴェラフィンのような企業がテーマではないが、それでもヴェラフィンのことは真っ先に頭に思い浮かぶ。なぜならAIの導入とそれがもたらす影響力に関して、ルールではなく例外が明らかにされているからだ。ヴェラフィンでは、すべてがうまく収まっている。先ず、AIの主なアウトプットである予測が、ビジネスの中心に据えられた。つぎに、顧客である金融機関がヴェラフィンの製品を採用するために、ほとんど変化を加える必要がなかった。なぜなら、予測は金融機関のビジネスの中心でもあるからだ。そして三番目に、金融機関はすでに予測に基づいて意思決定を行なっていたので、外から予測を提供されても取り組み方がわかっていた。しかも、予測にエラーが発生したときの結果への対処にも慣れているので、AIを安心して導入することができた。銀行では、ポイントソリューション型のイノベーションが充実していたのである。

要するに、AIを導入する準備が整っているシステムのなかで、ヴェラフィンはすでに活動していた。だから、予測を活用するためにシステムを変える必要がなかった。意思決定の新しい方法をわざわざ創造しなくてよかったのだ。一方、ヴェラフィンが予測を提供している企業は、予測が何のために必要か理解するだけでなく、独自に予測をうまく利用することができた。そしてここが肝心なのだが、提供された予測に基づいて方向変換する能力を持っていた。

AIの導入はほとんどの企業にとって大変なプロセスになるが、その最終段階でどうすべきか考えるうえで、ヴェラフィンの事例は参考になる。もしもあなたがビジネスでAIの導入を考えるなら、それを実現できる立場を確保するために、予め藪を刈り取らなければならない。いや、森全体を切り払う必要があるかもしれない。本書では、不要なものを取り除くプロセスについて解説する。どんなニーズを変化させる必要があるのか、そして変化を実行に移すときはどんなジレンマや課題に直面するのかを紹介する。ポイントソリューションやアプリケーションソリューションならば、すでにあなたも実行できるし、そのために既存のシステムを変更させる必要はない。しかしここでは、システムレベルの変化について話を進める。自分がこれからどんな領域に足を踏み入れるのかわかっていれば、行動するだけの価値があるかどうか理解するための重要な一歩となる。

課題を明らかにする

前書『予測マシンの世紀』で最も多く参照される箇所のひとつが、思考実験である。特定の消費者が何を購入したいのか予測するため、アマゾンはＡＩを利用している。あなたがアマゾンのサイトで買い物をしようとすると、何千万もの選択肢を集めたカタログのなかから、どんなアイテムを勧めるかの決断をＡＩの予測がサポートする。あなたが勧められたアイテムに目を通して気に入ったものを注文すると、それが手元に配達される。買い物を始めてから数日で、商品はあなたのところに到着する。

ではこのコンテクストで、あなたが購入したいものをアマゾンがもっと正確に予測するようになったら、何が変化するのだろうか。たとえばアマゾンは、数日間の無駄を省こうとするかもしれない。先ずあなたがほしいものをＡＩが予測して、それがあなたのもとに配達され、あなたがそれを受け取っても拒んでもよければ、いっさいの無駄がない。これはショップ・ゼン・シップ（購入後に発送）

から、シップ・ゼン・ショップ（発送後に購入）への移行と呼ばれる。いきなり自宅に製品が届けられるのを気味悪がる人もいるだろうが、それがいかに便利か想像するのは難しくない。

シップ・ゼン・ショップへの移行を、私たち著者はアプリケーションソリューションとして考えた。アマゾンが予測能力を生かし、特定の商品を配達すべきかどうか決断すれば、アイテムを配達してもらうかどうか、顧客が決定する必要はなくなる。買い物を負担に感じる人は多い。だから予測の精度が上がって新しいサービスが低価格で提供されれば、それはアプリケーションソリューションとして効果を発揮する。

アマゾンはまだこれを実行に移していないが、新しい取り組みを慎重に進めている。すでに「予測出荷」というアイデアの特許を取得しており、限定的に実行している。[6] ここでは消費者が自発的に製品を注文する代わりに、製品を定期的に購入する選択肢が提供される。たとえば、あなたの家庭ではトイレットペーパーをどれくらい消費するのか確認したうえで、定期的な間隔を置いて製品を届けることを約束してもよい。これならアマゾンには確実に需要が発生する。在庫を消費者に引き渡す一方、消費者は定期購入の見返りに価格を割り引いてもらう。

しかし思考実験が簡単に通用するほど、シップ・ゼン・ショップの実践は簡単ではない。もしも予測が完璧なら、これが難しいアプリケーションソリューションとは思えない。しかし予測は完璧ではないし、これから簡単になる可能性もないだろう。そうなるとアマゾンは、あなたが受け取りを拒否した製品を回収する方法を決めておく必要がある。製品を安全に配達するだけでも難しいのに、ポーチに返品を置いて、安全に返送するのはさらに厄介だ。顧客にとって、返品の作業は苦痛になる可能性がある。したがって、ほとんどコストをかけずに返品できるシステムが確立されない限り、アマゾンのシップ・ゼン・ショップがスタートする見込みは低い。実際、アマゾンにはすでに返品が溢れている。そのため、返却されたアイテムの多くはもう一度販売される代わりに、そのまま廃棄処分にされる。[7] アマゾンの既存のシステムでは、返品を物流システムに戻すよりも、廃棄するほうが安上がりなのだ。したがってここからは、シップ・ゼン・ショップはアプリケーションソリューションとして役立つように見えるかもしれないが、システムの他の部分に変更を加えない限り採算は取れないという教訓が得られる。[8]『予測マシンの世紀』を執筆したときには十分に理解していなかったが、シップ・ゼン・ショップはシステムソリューションである。なぜなら、他の重要な意思決定に影響をおよぼすからだ。そして返却をもっと費用対効果の高い方法でスムーズに進めるためには、アマゾンのシステムの設計の見直しが必要とされる。

では何から？

「そうかわかった。では、何から取り組めばよいのか」。ＡＩテクノロジーの導入を始めた企業や組織の多くから、私たち著者はこう尋ねられる。これらの企業はＡＩに関する大げさな報道を耳にした。そして、『予測マシンの世紀』で紹介した脚本に従って、ＡＩ導入のプロセスを始めている。タスクについて検討し、ＡＩが提供する予測を活用できる機会を特定するため、チームを編成している。そもそも予測とは、集めた情報を必要な情報に変換するプロセスである。そして前書でも指摘したが、

ＡＩの最近のイノベーションは、予測をより良く、より速く、より安くすることに積極的に取り組んでいる。

こうした進化の結果は至る所に見られるので、もはやわざわざ考えたりしない。あなたの携帯電話にはＡＩテクノロジーが満載されている。ロックを解除するときには、あなたの顔を簡単に認識する。あなただけが通過を許される厳重なバリアの背後に、携帯電話が存在しているようには感じられない。しかしあなたが画面までたどり着くと、まさにその瞬間に何を望んでいるのか携帯電話が予測して、それに基づいてアプリが表示される。いまはお気に入りのコーヒーショップのそばにいて、注文を考えているだろうか。それとも車のなかにいて、どの方向に進むべきか迷っているだろうか。携帯電話はこうした質問への答えを教えてくれるが、それがすごい機能とは思えない。要するに、ＡＩを使った予測のなかでも、ハードルの低い目標はすでに達成されているのだ。そうなると企業は「それだけでよいのか」と疑問を抱くようになる。

本書では、この疑問への答えはノーだと考える。ＡＩは至る所に存在しているように感じられるが、かつてブレークスルーを果たした他の多くのテクノロジーと同様、まだ始まったばかりの段階だ。電気、内燃機関、半導体といった重要なテクノロジー革命は、どれも最初は進歩が遅く、本領を発揮するまでには数十年を要した。ＡＩによる予測も同じだ。ＡＩテクノロジーの変化には独特のパターンがあるという大げさな報道もあるが、そんなことはない。

いまはまだローラーコースターに乗って、制御不能な力に振り回される段階ではない。時代のはざまで、ようやくチャンスを摑み始めたところだ。「つぎは何をすべきか？」という疑問に回答できる人々や企業が、ＡＩのために新たな道を切り開いてくれるだろう。

私たち著者は経済学者なので、経済の観点からこうした疑問への回答を考える。ただし、予測のコスト低下が観察されたら、予測を導入する機会が増えるという単純な経済の仕組みだけに注目するわけではない。人々や企業がこれからどう決断するかという疑問には、魔法の力で最適な回答が簡単に得られるわけではないという明白な事実にも目を向ける。意思決定を行なうにはじっくり考えて丁寧にプロセスを踏む必要があり、独自のコストを伴うことを忘れてはいけない。

予測をうまく活用するためには、予測を何のために利用するのか考えるだけでなく、これまで意思決定者は予測なしですませてきた事実を見過ごしてはならない。何かが欠けているときはあきらめるのではなく、不足を補う行動をとるものだ。インフォームド・チョイス（情報に基づく選択）に必要な情報が手に入らないときは、無分別に行動して良からぬ結果を招かないように、バリアを張って身の安全を守ろうとする。これではＡＩの予測が現実のものになっても、利用する決定的な機会が直ちに訪れないのも無理はない。将来的に意思決定を行なう可能性があっても、必要な情報が欠如していることを前提にして、強力なバリアを張り巡らせているのだ。

要するに、つぎに何をすべきか決断するためには、予測には何ができるかという点ばかりに目を向けても十分ではない。そんな質問をされないように張り巡らされているバリアについても考えなければならない。このあと本書では意思決定を分解し、あなたがＡＩの予測を生かせる明らかなチャンスだけでなく、わかりにくいけれども大きな可能性を秘めたチャンスにも注目するためのツールキットを提供する。

キーポイント

●近年はAIが進化したおかげで、予測にかかるコストが低下した。私たちはすでに集めた情報（たとえば、過去の不正な金融取引に関するデータ）を利用して、必要でもまだ入手されていないデータ（たとえば、現在の金融取引は不正かどうか）を生み出す。予測は、意思決定へのインプットである。インプットのコストが下がれば、利用する機会は増える。したがって予測のコストが低下すれば、AIを利用する機会は増える。一方、予測のコストが下がると、機械の予測に代わられたもの（たとえば、人間による予測）の価値は低下する。逆に、機械の予測を補うものの価値は高くなる。機械の予測を補うもののなかでは、データと判断のふたつが重要である。データは、AIモデルを訓練するために使われる。判断は、意思決定のプロセスで予測と一緒に進行する。予測は可能性を表現するが、判断は願望――何を欲するか――を表現する。したがって意思決定を行なうときには、決断（予測）から生じる結果が実現する可能性について先ず考え、つぎに実現したらどのように評価されるかを考える（判断）。

●おそらくAIの予測に関する最大の誤解は、相関関係を因果関係と取り違えることだ。相関関係はしばしばアプリケーションに役立つ。しかし、因果関係に関する情報を伝えるためにAIが必要とされるときは、関連するデータを集めるためにランダム化比較試験を行なう。何が何を引き起こしているのか統計学者が発見するために、この試験は最高のツールである。

●『予測マシンの世紀』では、アマゾンのレコメンデーションエンジンに関する思考実験を紹介し、予測機能が向上したら何が起きるか想像した。ツールは当初、顧客に対してアイテムを以前よりも正確に推奨するようになった。ところがこの能力が大きく向上し、ある時点で閾値を超えると、アマゾンはつぎのように考えた。「顧客が望むアイテムをこれだけ正確に予測できるなら、注文を受けるまで待つ理由はない。先にこちらから製品を送ってしまおう」。ただし、この新しいビジネスモデルは、まだ採用されていない。なぜか。オリジナルのポイントソリューションならば、ＡＩは既存のシステムでレコメンデーションを改善するので、アマゾンのシステムを変化させなくても効果が発揮される。しかし新しいモデルを実行に移すためには、アマゾンはシステム全体を見直す必要があり、なかでも返品処理に重点的に取り組まなければならない。現在では返品システムのコストが高いので、別の顧客に販売するため倉庫に戻すよりも、廃棄処分にするほうが安上がりなケースが多い。思考実験で設定された閾値を超えるためには、ポイントソリューションからシステムソリューションへの移行が必要になる。『予測マシンの世紀』では、私たち著者はこの違いを正当に評価しなかった。

第二部

ルール

第四章　決断すべきか否か

ちょっと秘密を教えようか。経済学者は本当のところ、人間が完全に合理的だとは信じていない。確かに風刺画に登場する計算高いエージェントは、目の前のあらゆるオプション——時間的・空間的に何百万もの選択肢が準備される——をすべて慎重に検討する。そのうえで、利益にせよ幸せにせよ、他の何かにせよ、何が目的なのか正確に理解したうえで、行動計画を忠実に実行する。経済学者が作成するモデルには、いま紹介したような合理的エージェントがしばしば登場するので、それを真に受けたくもなる。しかも実際に経済学者は、こうしたモデルが立てた予測を真剣に受け止める。しかしその一方、本物の人間はそんな合理性からかけ離れていることを実体験から理解している。「経済学者は、誰もが合理的だと信じている」と決めつけられると、経済学者は呆れた表情を浮かべる。そんなことはない。誰もが合理的だと信じるのは、まったく理屈に合わない。

それでもやはり、人間は計算高くて行動に矛盾がなく、一定の興味に従って行動するという前提は、何千人、いや何百万人もの行動を理解するために役に立つ。たとえば、タバコ税の導入が、喫煙回数の減少につながるかどうか知りたいとしよう。コストが高くなればみんなが行動を控えることは、影響のひとつとして考えられる。一方、どれくらい頻度が下がるのか、コストを上げればそれだけで十分なのかは別問題だ。それを知るためには、個人個人の経歴、ストレス、所属する社会集団について理解するだけでなく、タバコ会社がどんなマーケティングの手法を展開するのか確認する必要がある。それでも社会科学では、人々は物事について慎重に意思決定を行なうという認識が、格好の出発点になるケースは多い。

今日は何を着ようかと、人々は毎日考えて決断する。スティーブ・ジョブズがどんな場面でもどんな天気でも、黒いタートルネックとジーンズで通したのは有名な話だ。マーク・ザッカーバーグはジーンズをはき、その上にはかならずグレーのTシャツを着る。バラク・オバマは大統領時代、スーツの色をグレーかブルーに限定したが、その理由についてヴァニティフェア誌でマイケル・ルイスにつぎのように説明した。

「僕がグレーかブルーのスーツしか着ないのは知っているよね。これは決断を減らすためだ。何を食べようか、何を着ようかと、いちいち頭を悩ませたくない。他にも決め事は多すぎるほどあるんだ」とオバマは語ってから、些細な決断にエネルギーを奪われると、もっと重要な決断を下す能力が損なわれることを示す調査結果を紹介した。だから買い物のあとは疲労困憊する。「意思決定に費やすエネルギーは、分散させてはいけない。行動はできるだけ型にはめるんだ。忙しい一日のなかで、つまらないことに気を取られている余裕はないよ」[1]。

共著者のひとり（ジョシュア）はかつて、グローバルサプライチェーンでお気に入りの靴を選んで購入した（参考までに、全部で六足だった）。なぜなら、あと一〇年間は靴を購入したくなかったからだ。この選択には、まさに決断を回避する意図が込められていた。習慣を形成し、ルールに従うのは、最適化の追求に伴うコストを認識しているからだ。だから事実上、決断しないことを決断する。このプロセスはあらゆる場所で進行している。自分自身についてちょっと考えてほしい。潜在的な決断のほとんどが、実行に移されていないはずだ。決断を選択できるけれども、わざわざ選択しない。

ＡＩをテーマにする本書にとって、これは由々しき事態だ。そもそもＡＩの予測は、意思決定が行なわれなければ役に立たない。しかも、問題はこれだけではない。私たちは互いに依存し合う構成要素を組み合わせてシステムを構築するが、それはしばしば信頼性への投資を目的にしている。システムの一部で、他の部分で期待も予想もされないことが実行されては困る。すべての構成要素は信頼し合わなければならない。そしてシステムに信頼性を植え付けるために、ルールが設定される。ところがＡＩの予測はルールに従わず、代わりに意思決定を促す。そのため、既存のシステムを支えてきた信頼性は崩れ去る。つまり、ＡＩの予測に基づく意思決定が行なわれるようにシステムを設計し直さないかぎり、ＡＩを利用することに価値はない。

だからここでは先ず、決断しない決断について取り上げたい。なぜそうするのか理解したうえで、ＡＩは私たちの心に変化を引き起こし、潜在的な決断を現実化させるのかどうか考えていく。これから本書を読めばおわかりになるが、私たち著者はＡＩにその能力があると信じている。ＡＩは多大な恩恵をもたらし、組織の対応に重大な影響をおよぼす可能性を秘めている。

設定したら忘れる

決断することよりもしないことのほうがたやすい。つまり、情報を集めて処理したら、あらゆる選択肢を比較検討して決断する一連のプロセスは、回避するほうが容易だ。経済ではこのプロセスが大前提にされる。他人が期待通りに行動してくれると確信できなくても、意思決定を任せてしまう。

ハーバート・サイモンは、これを誰よりも理解していた。彼は限定合理性に関する研究でノーベル経済学賞を受賞しただけでなく、ＡＩ研究のパイオニアとしてチューリング賞を受賞した。彼の最初の仕事はミルウォーキー郡公園の委員だったが、このとき、活動資金が最適な形で配分されないことを発見した。人々の行動は、経済学者が作成するモデルのようには最適化されない現実が、コンピュータの登場によって明らかになったのだ。[2] 一九五〇年代にサイモンは、最新式のコンピュータをプログラムして高度な意思決定を任せようとしたが、このとき最適化に伴うコストを発見した。私たちは複雑な環境で求められる高度な微積分を動的に理解したとしても――それはまず不可能だが――そんな環境で意思決定に伴い発生する問題の解決に、集中的に取り組むことには関心を持たない。使えるコンピューティングリソース〔コンピュータシステムが計算やデータ処理を行なうために必要な物理的・仮想的資源〕が限られた状況では、かつて原始的なコンピュータで奮闘したサイモンと同様、手元にあるもので間に合わせてしまう。

「手元にあるもので間に合わせる」ことを、サイモンは「満足化」と気の利いた言葉で表現した。最適化ではなく満足化においては、より良い解決策を探し求める代わりに、これで十分だと思える行動を実行に移す。複雑な環境に対処せず、考えられる選択肢の幅を狭める。新しい情報に基づいて選択肢を常にアップデートする代わりに、新しい情報に影響されないルールやルーティンや習慣を採用する。つまり、情報は完全に無視される。

ただし、人々は時として自ら意思決定を行なうより、ルールをデフォルトとして受け入れるという指摘は興味深いが、ただ指摘するだけでは本書の目的から外れる。意思決定が行なわれるのはどんなときか、理解しておく必要もある。では、特定の問題を解決する手段として、積極的な意思決定ではなくデフォルトのルールが優先されるときは、何が決め手になるのだろうか。

評価の低い結果

意思決定においては、ふたつの点が広く考慮される。結果の評価は高いか低いかという点がひとつ。そしてもうひとつは、情報収集の費用は安いか高いかという点だ。先ずは、意思決定の結果について考えよう。情報に関しては、そのあとすぐに取り上げる。良い結果が期待できないときに知恵を絞っても無駄だという概念が、哲学には定着している。以下の有名な比喩は、フランスの哲学者ジャン・ビュリダンの名言に基づいたものだ。道がふたつに分かれた辻にロバが立っていて、一方の道の先には干し草、もう一方の道の先には水を入れたバケツが置かれていたら、距離の近いほうを選ぶと考えられる。しかし距離が同じだと、どちらを選ぶべきか決めかねているうちに、最後は餓死してしまう。コンピュータのロックループでも、同様の難問の発生は想像できる。[3] ただし、これについて詳しく取り上げると本章の目的から外れるので、ここでは、決断に時間をかけてもそれに比例して良い結果が得られるわけではないことを心に留めてほしい。

では、認知的負荷を限定するため、ジョブズとザッカーバーグとオバマが服装に関して定めたルールについて再び取り上げよう。服装選びに時間をかけても、良い結果が得られないことを三人とも認識した。何を着ようかと毎日悩んでも、ほとんど意味はない。目を閉じて、最初に手に触れたものを選んでもよいが、そこまでの自信はない。だから三人とも、意識的に選択肢を狭めたのである。

しかしほとんどの人にとって、服装選びの結果はどうでもよいことではない。ジョブズやザッカーバーグならば、職場で何でも好きなものを着ることができる。オバマはほとんど毎日スーツを着なければならず、スーツを着てさえいれば、実際のところ誰も色など気にせず、黄褐色でなければ何でも許された。[4] でもその他大勢の私たちには、そんな贅沢は許されない。では、あなたはすべての衣装に毎日目を通すだろうか。それとも小分けにして、一定のルールに従ってそのなかの一組を選ぶだろうか。よく考えてみれば、悩む時間を減らすために選択肢を狭めている人は多いのではないか。意思決定に伴う複雑さを軽減するため、服装選びなどの結果は軽んじられる。

服装選びの事例は、最適化にこだわると、評価の低い結果の決断に時間をかけて認知的負荷を高めてしまうことを思い出させてくれる。一方、結果と認知的負荷は密接に関わり合っているときもある。人生のパートナー選びや子作りについて考えてほしい。選択を間違えれば代償は大きいので、じっくり時間をかけて慎重に判断する必要がある。このように何かを決断する際には、予め時間をかけて十分に検討してから実行に移すときもあれば、他にもっと重要な結果が予想されるので、自ら決断する代わりにデフォルトのルールに従う選択肢をとるときもある。じっくり検討するケースと、代わりに決断を放棄するケースがあるのだ。

コストの高い情報

自ら積極的に決断する道を選ぶ際の二番目の決め手は情報、すなわち、意思決定に必要な情報の獲得に伴うコストだ。情報収集のコストが高いと、意思決定が大した結果に結びつかないように見えかねず、じっくり考えて決断するよりも、デフォルトのルールを採用したくなる。

あなたは今日、傘を持っていくべきだろうか。他人にはどうでもよいことだが、この選択は重大な結果につながる可能性がある。もしも傘を持っていかないほうを選び、雨に降られたら、その日は悪い一日になる。傘を持っていけば、こうした事態は確実に回避できるが、これもまたコストを伴う。もちろん、正しい情報が手に入れば（たとえば、このあと雨は降るか、あなたのいる場所に雨は降りそうか）、雨の確率が高ければ傘を持っていくし、低ければ持っていかない。でも、確率がフィフティ・フィフティのときはどうすればよいか。

この本質的にはコイントスと同じ状況を理解するため、つぎのように考えてみよう。もしも雨に濡れたら、手持ちの一〇ドルが損失をこうむる。逆に傘を持って出かけて雨に降られなくても、余計な負担がかかったせいで手持ちの一〇ドルが損失をこうむる。[5] いずれの場合も予想されるコストは一〇ドルの半分、すなわち五ドルとなる。コストが同じなら、傘を持っていくべきか否かという問題には無関心になる。

　しかし玄関から出て空模様を眺め、今日はどうしようかと悩む前に、天気予報をチェックすることができる。もしも雨の確率が五〇パーセント以上という予報だったら、その日は傘を持っていくし、五〇パーセント未満ならば持っていかない。だが、この問題を単純化して、もっと十分な情報が手に入る情況を考えてみたらどうか。もしも天気予報で雨の降らない確率が九〇パーセントならば、悩む必要はない。しかし天気予報は常にそこまで明快とは限らない。雨の確率が四〇パーセントや三〇パーセントぐらいでは、五〇パーセントの確率と大差なく、漠然とした情報を頼りに傘について決断するのは難しい。風向きや気圧などを一通りチェックしても決めかねた挙句、意思決定に伴う認知コストが利益を上回る状況に舞い戻り、手持ちの一〇ドルが五ドルの損失をこうむるところで落ち着く。

　この決断は決定木の樹形図で表現することが可能で、ＭＢＡの経済学や決定分析の講義でも必須の要素になっている。ここでは、木の枝が選択を意味する。たとえば図４‐１では、傘を持っていくか、それとも置いていくかが（黒丸の部分で）選択される。この決断は不確実な状況で下されるが、どちらの決断も雨の枝と晴れの枝に分岐する（黒丸の延長線上の白い丸からは、自然条件によって結果が「選ばれる」）。天気予報を知らなければ、傘を持っていく場合も置いていく場合も、雨が降る確率は五〇パーセントだと考えられる。しかしここでは、雨の確率は九〇パーセントだという予報が手に入り、それに基づく結果が最後の枝の先端に記される。四つの結果（傘を持っていく＋雨が降る、

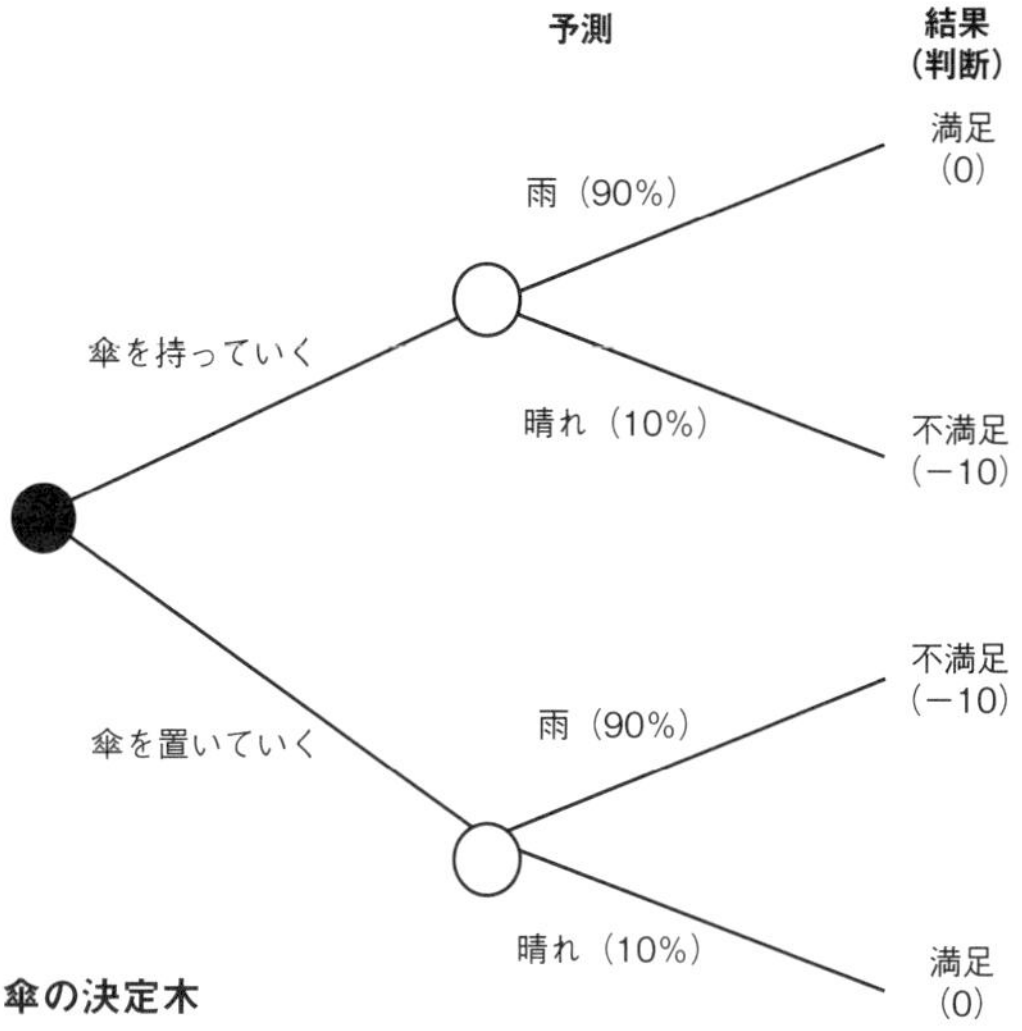

図4-1　傘の決定木

傘を持っていく＋晴れる、傘を置いていく＋雨が降る、傘を置いていく＋晴れる）をまとめれば、すでに紹介したように、それぞれの結果を金銭的に表現することができる。

ここでは、もしも悪いことが起きれば、結果はコストとして解釈される。コストの総額については、誰かが（この場合にはあなたが）判断を下す。だから本書では、コストの総額を判断と見なすことにした。実際、判断は重要な概念であり、本書では一貫して決定的な役割を果たす。なかでも判断を下す人によって、多くの面で意思決定は左右される。もしもここで予測マシンを使えば、予測と判断を切り離すことができる。しかし予測マシンがないと、意思決定者はしばしばどちらの役目も引き受けなければならない。いま取り上げている事例では、傘を携行する場合もしない場合も、悪い結果によって手持ちの一〇ドルが損失をこうむる。雨の予報が九〇パーセントのときに傘を持っていけば、コストは一ドル。傘を持っていかなければコストは九ドルとなる。分別のある人間はこの予報を知ったら、傘を持っていくほうを選択するだろう。

結局のところ決断しない人は多く、予測が手に入らないときはその傾向が特に強い。その代わりにたとえば、一日の活動に柔軟性を持たせる可能性がある。雨が降ったら外で過ごす時間を調整する選択肢もあり、この場合には傘を持って出かけないことがデフォルトルールになる。一方、小さな折りたたみ傘を購入する選択肢もあるだろう。傘が長持ちしないのでコストはかかるが、持ち運びが簡単だ。この場合には、常に傘を持ち歩くことがデフォルトルールになり、雨が降るかどうか考えることさえなくなる。

要するに、最適な選択を行なうための情報収集にコストがかかるときは、私たちはそもそも情報について考えなくてもすむように、習慣やルールに従って行動する。いちいち意識するわけではないが、毎回同じ行動をとるのだ。

意思決定で得られるもの

もしもあなたが意思決定を控えてルールにこだわるなら、一見するとAIの予測は役に立ちそうもない。AIの仕事は、意思決定に必要な情報を集めて提供することだ。もしもあなたが意思決定を行なわなければ、せっかく集めた情報に価値はない。

AIの役割はより良い予測の提供であり、そこからは基本的に、より良い決断を下すために必要な情報が手に入る。天気予報に曖昧さがなく信頼できれば、それを参考にして傘を持っていくかどうか決断できる。より良い情報が手に入れば、ルールなど放棄して、実際に自ら決断を下すために時間をかける価値がある。

傘の事例でも十分な情報が手に入れば、あなたはコストから解放される。雨に濡れるにせよ、不要な傘を持ち歩くにせよ、このあと天気がどうなるかわかれば、コストを負担する必要がなくなる。それには先ず、従来の習慣を捨て去り、たとえば常に傘を持ち歩くのをやめなければならない。代わりにアプリを開き、予測マシンから提供される雨の予想を確認したうえで、傘を持っていくべきかどうか決断すればよい。アプリから情報を提供されたら、おそらく理由など考えずに素直に従うだろう。傘に関する基準を定めるのはアプリのプログラマーかもしれないが、それでもルールに従う段階から自ら決断する段階への移行が確実に実現する。実際のところ、傘に関してはここまで徹底されないとしても、アプリから提案される楽曲のプレイリストや、ソーシャルメディアから提供されるニュースに注目する人は多い。いずれも意思決定が核心を占める。提言に従うことを選択すれば、（新聞を一面から順番に読むなど）ルールには頼らず、自ら決断することになる。

ＡＩ予測に基づいて意思決定を行なう段階に移行すれば、得られるものは大きい。それは、「強制的な実験」に関する過去の報告からも暗示される。たとえば、コロナ禍では多くの人たちが在宅勤務を経験した。それまで、在宅勤務の生産性については実際のところわからなかったが、従来と異なる方法をとるしかない状況に追い込まれた結果、教訓を学んだ。過去の習慣を破った結果、新しいことを学習したのである。もしもコロナ禍が去っても以前の働き方に逆戻りしなければ、働く場所に関する意思決定が、いまや重視されることを意味する。[6]

二〇一四年に二日間のストが決行され、ロンドンの地下鉄網全体の運行に影響がおよんだときも、同様の報告があった。六〇パーセント以上の駅が閉鎖されたため、大勢の人たちが日頃の行動パターンの変更を迫られた。使い慣れた駅が閉鎖されると、代わりに距離がほとんど変わらない駅に注目が集まった。しかもここは雨の多いイギリスで、ストのあいだも雨が降ったため、徒歩や自転車での通勤通学は選択肢から外された。この地下鉄ストに関する調査からは、期間は二日間と短かったものの、不便な経験をきっかけに通勤通学のパターンを変更した人は、全体の五パーセント以上にのぼったことがわかった。[7] なかでも（地理的特徴が省略された）地下鉄路線図が実態と大きくかけ離れていた人たちは、パターンを変更する可能性が最も高かった。駅のあいだの正確な距離が、路線図からは確認できなかったのだ。利用する駅を変更した結果、一日につき六分以上が短縮されたと推定される。通勤通学時間は平均するとおよそ三〇分なのだから、時間が二〇パーセント節約されたことになる。これだけの時間があれば、何を着ていくか決断する余裕も生まれる。

ルールには順応性がなく、次善の策になる可能性があることが、いまの事例からはわかる。一方、二〇一五年五月にオーストラリアのパースで小売ガソリンの価格競争が三週間にわたって勃発したときには、情報が公開された結果、価格変動の実態が多くの人に明らかになった。ここで注目すべきは、ガソリンスタンドごとに異なる価格を表示するプラットフォーム（後にはアプリ）が、パースでは二〇〇一年から存在していたことだ。この価格競争をきっかけに、アプリの利用価値はたちまち高くなった。しかも、アプリの利用は価格競争のあいだも終わってからも七〇パーセント増加した。実際、かつては検索に縁のなかった人たちが習慣を改め、意思決定の一環として最も安い価格を確認するようになった[8]。

要するに、ルールに従っているときは、情報収集や意思決定の価値に気づかないのかもしれない。意思決定に伴う恩恵は、隠れたまま使われていないという現実が、これらの事例からはわかる。しかしＡＩを何らかの形で利用すれば、今後は可能性が開かれることも期待できる。

意思決定を行なわないことへの投資

ジョブズやザッカーバーグやオバマは、日々の服選びに関する決断を本当に回避していたのだろうか。毎日の服装を見る限り、答えはイエスだが、全体像を眺めると、そうとも言えない。毎日同じものを着るつもりなら、その目的にかなったものを選ぶほうがよい。条件が異なると着心地が悪くなるものや、状況によって不適切に見られるものは避けるべきだ。三人ともおそらく、最終的な選択にたどり着くまでにかなりの時間を費やしたのではないか。

こうして見ると、ルールでは意思決定が欠如しているのではなく、前もって意思決定が行なわれている。計画を立てるときはかならず、準備段階で決断を下すものだ。旅行するときに、宿泊施設の予約や帰りのフライトの選択を行なわず、荷造りに頭を悩ませないような人は滅多にいない。頻繁に旅行する人は、旅行用の洗面用具や充電器をすでに準備しているので、荷造りの認知的負荷が軽減される。こうしてプロセス全体を通じ、必要なときに必要な回数だけ意思決定が行なわれ、前もって時間をかけることで無駄な時間が節約される。
ただし意思決定を行なわないですむように投資すると、根づいた習慣を簡単に捨てられなくなる。習慣がうまく機能しているあいだは、意思決定の導入が改善につながることに気づかなくなるのだ。したがってあなたが意思決定を促すＡＩを開発したとしても、導入されるまでは困難な戦いに直面するだろう。

実際ほとんどの企業や組織は、意思決定を行なわないですむように投資を行なっている。その規模の大きさに比べると、著名人が服装選びに悩まないための投資など微々たるものだ。意思決定を売り物にして高く評価される組織のほとんどは、実のところ正反対の行動をとっており、標準作業手順書（ＳＯＰ）を中心に業務を展開している。ＳＯＰには、作業を行なう手順が組織全体を対象に事細かく記されている。もちろん、企業ごとに具体的な内容は異なるが、どの企業もＳＯＰなしではやっていけない。

ＳＯＰがあれば、いちいち決断する手間が省ける。すでに紹介した個人の選択と同様、認知的負荷を軽減するための投資で重要な役割を果たす。さらにＳＯＰからは、信頼性が恩恵としてもたらされる。組織のみんながルールに従っていれば、他の人たちに仕事の内容を伝えるため、わざわざ会議を開くなどのコストをかける必要がなくなる。

建設業界はしばしばプロセス全体をシンプルな作業に分解する。建設スケジュールは毎日細かく決められており、あらゆる作業をどんな順番で実行していくかの一覧表が作られている。[9] 作業の成果も予め計画されている。そのため現場の作業員は、自分に与えられた仕事以外について考える必要がない。完成したらそれを報告するのが唯一の役割である。チェックマークを入れたら、つぎの仕事に移る。なかには変化や見直しが必要な例外もあるが、大体はすべてが計画に従ってスムーズに進行する。各自が自らの役割をこなし、それが終了した時点で報告すればよい。

こうしたルールから信頼性が生み出されれば不確実性が低下するので、作業を調整するために積極的に動く必要がなくなる。事実上、意思決定が前もって行なわれ、計画のなかに組み込まれる。ただし、計画そのものの方針を変更するためにはコストがかかる。小さな問題が発生する分には、計画の進行に支障はない。一方、大きな問題は進行を妨げる可能性がある。ところがＳＯＰが定着していると、計画の変更や調整は簡単にはいかない。本書でもあとから取り上げるが、ルールが細かく調整され組み合わされたシステムにＡＩを導入したくても、その実現はすぐには困難だ。要するにＡＩを導入すれば意思決定が可能になるが、意思決定が行なわれると、システムの調整作業が難しくなってしまうのだ。

新しい意思決定

ＡＩ予測は有意義である。必要不可欠な情報が提供されるので、ルールにこだわらなくても、予測を頼りに決断すれば良い結果が保証される。

古くからのルールに代わって新しい意思決定が導入されたとしても、古くからのルールは孤立して存在するわけではない。なかなか解消されない不確実性の影響を食い止めるため、ルールのまわりは建物や足場に囲まれている。実際、こうした隔離対策には、どの企業も業界も熱心に取り組んでいる。新たな意思決定を導入する機会が組織のなかにあったとしても、外から見えないように隠されているのだ。したがって今後はこの現実を認識し、新たな意思決定を導入できる場所を見つけ出したうえで、既存のルールと取り替えることが課題になる。この課題については、次章で詳しく取り上げる。

キーポイント

- ルールとは、予め下す決断である。意思決定を行なうときは、ルールに従うときと異なり、決断する時や場所で手に入る情報を考慮する余地がある。したがって、意思決定に基づいた行動は状況に対応できるので、ルールに従う行動よりも良い結果が得られるケースが多い。では、それでも意思決定ではなくルールに頼るのはなぜか。それは、意思決定は認知コストが高いからだ。では、コストに見合う価値が得られるのはどんなときか。それは、重要な結果が得られるときや、情報入手のコストが低いときだ。AIを導入しても結果に変化は生じないが、情報入手のコストは低下する。
- AIシステムのコンテクストでは、ルールと意思決定のトレードオフがきわめて重要になる。なぜならAIの大きな利点は、意思決定能力を向上させることだからだ。AIはルールにほとんど価値を提供しない。むしろAIは予測を生み出すが、予測は意思決定を左右する重要な情報として入力される。したがってAIが強力になるほど、情報（予測）にかかるコストは低下して、ルールに従う代わりに意思決定を行なうときの相対的リターンが増加する。AIが進化すれば、意思決定の一部はルールから解放されるだろう。

●しかし、ルールは認知コストを低下させるだけでなく、信頼性を向上させることもできる。ひとつの意思決定は、しばしば他の意思決定に影響をおよぼす。そして複数の意思決定が依存し合っているシステムでは、信頼性がきわめて重要になる。たとえば、ほとんどの組織は標準作業手順書（SOP）というルールを採用しており、SOPによって認知的負荷の軽減と信頼性の向上が促される。そのため、AI予測を使ってルールから意思決定への移行を促したければ、信頼性の低下を埋め合わせるためにシステムを設計し直す必要があるだろう。

第五章　隠された不確実性

経済学者のジョージ・スティグラーは、かつてこう語った。「飛行機に絶対に乗り遅れたくなければ、空港で時間を持て余すことになる」[1]。これは数十年前の発言だが、彼は今日でも同じ発言をするだろうか。

韓国の仁川空港の新しい第二ターミナルを設計した建築家たちは、そうならないことを期待している。ここでは出発時間よりも早めに到着しても、やることがたくさんあるので無駄に時間をつぶす必要がない。スパでリラックスしても、カジノでギャンブルを体験しても、美術展やダンスを鑑賞しても、アイススケートを楽しんでもよい。心ゆくまで買い物を楽しんでも、軽い食事をすませてもよいし、「ＮＡＰゾーン」では睡眠をとることもできる。しかもこれは新しい空港ターミナルにとって、例外ではなく標準になっている。シンガポールの空港には最近、五階分の高さの滝を備えた庭園が併設された。ドーハの空港には、プールや子供の娯楽施設が設けられている。バンクーバーの空港には水族館がある。アムステルダムの空港では、国内の有名な美術館から借りてきた美術品が定期的に展示されている。[2]
仁川で設計を担当した建築事務所のゲンスラーにとっては、空港を「目的地」にすることが目標だった。
新世代の空港は、ターミナルを単なる玄関とは見なさない。実際、我々は新しい現実を認識している。セキュリティが強化された影響で、乗客がターミナルで過ごす時間は増えた。そのため乗客は、収益を増やし、評判を高め、空港の新しい可能性を創造するために欠かせない存在になった。この点が理解された結果、空港がターミナルを目的地と見なす傾向は強くなるばかりだ。いまや乗客は、ターミナルにも大金を落としてくれる。[3]

これにはスティグラーも反論できないだろう。空港でゆっくり時間を過ごしたいと思えば、いくら時間があっても十分ではない。そして、人々は期待通りに行動している。

「乗客は一〇年ほど前に比べ、空港のなかで過ごす時間が最大で一時間延長された」と、建築家のトム・テオバルドは語る。彼が代表を務めるフェントレス・アーキテクツは、空港の設計を専門に手がけている。彼によると、空の旅は劇的に変化したが、一九六〇年代や一九七〇年代に建設された空港でも待ち時間が長くなった傾向は目立つ。[4]

では、何が優先されるのだろう。空港が「目的地」として設計されるのは、最近の現象だ。しかし昔ながらの空港でも、乗客が過ごす時間は長くなっている。つまり、わざわざ長い時間を過ごす方針が選択されているが、それはなぜだろう。実は、搭乗口にたどり着くまでの時間が定まらないからだ。途中の道路が渋滞し、駐車場を探すまでに時間がかかり、セキュリティチェックで待たされる可能性がある。フライトそのものも、チケットの交換手数料を請求され、オーバーブッキングで搭乗を拒否される可能性があるし、出遅れたら頭上の荷物棚を使えない恐れもある。定刻通りに搭乗するのは以前よりも困難で、失敗したときの代償は大きくなっている。たとえ九ホールのゴルフコースが併設されていなくても（バンコクの空港では体験できる）、早めに到着して読書でもしていたい。[5]ところが新しいアメニティが加わると、そもそもフライトの一時間前に空港に到着しておきたい理由を忘れてしまう。そして早めの到着が新しいルールとして定着するのだ。

これがどんなにおかしな状況か考えてほしい。仁川空港は一九九二年以来、拡張に一〇〇億ドルを費やしてきた。このコストの大半は、セキュリティチェックをすませた乗客を対象に、大胆な設計の広大なターミナルスペースを建設するために使われた。ところが仁川空港のミッションステートメントには、「スムーズな航空輸送を保証すること」が目標だと記されている。[6]乗客をスムーズに移動させること以外に、何か目標を掲げている空港は見当たらない。それでも空港は設計に工夫を凝らし、乗客を引き止めるための方法を考える。しかもいまや、空港の収入のおよそ四〇パーセントは航空事業とは無関係で、なかでも小売店からの賃貸料が最も大きな比重を占めている。[7]空港の設計者は仕事を忠実にこなしている。その結果、空港の収益は増加する一方で、どの乗客も空港で過ごす時間を増やさなければならない理由について考えなくなった。

現代の空港は、「不確実性が隠された」ケースの典型だ。最適な決断を下すために必要な情報――たとえば、空港に向けて出発する時間など――が手に入らなければ、とりあえずルールに従うものだ。空の旅は変更される可能性があり、空港に到着して手続きをすませてからも何があるかわからない。そんなときはルールに従うほうが安心だが、そうなると空港での待ち時間は長くなる。もしも空港での待ち時間が不愉快なら、旅そのものが不愉快になり、あなたが旅行の回数を減らすことを空港は理解している。そのため待ち時間を快適にするだけでなく、ついでにそこから利益を確保する方法について頭をひねる。だから空港に早めに到着すると、食事やそれ以外の活動に惜しげもなく出費したくなる。ちょうど映画館で、価格設定の高いポップコーンがおいしそうに見えるのと同じだ。ルールに付随するコストを実感できず、おまけにフライトに乗り遅れない保証があれば、ルールや習慣に縛られても気にならない。不確実性は見えない場所に隠され、ルールを選んだ乗客のために創造されたシステムの全容が、五階建てビルに匹敵する高さの滝が流れる華やかな建物となって姿を現す。

ＡＩ対応型の新しい意思決定を行なう機会を探すには、どうすればよいか。前章では、ルールをじっくり観察したうえで、意思決定への移行が可能かどうか確認すべきであると学んだ。ＡＩは、不確実性を容認するのではなく歓迎する。本章では、ＡＩ対応型の新しい意思決定の攻撃目標が、ルールだけではないことを紹介する。ルールを守るために構築された建物や足場も標的にされる。そもそもルールには不確実性が付き物で、無駄や効率の悪さが目立つものだが、そのいっさいが建物や足場によって覆い隠されている。ここには、ＡＩを導入するチャンスが眠っている。しかもそれはすごいチャンスだ。実際に空港でも、ＡＩをごく簡単に導入するだけで、現在の空港を象徴するすべてのものが脅威にさらされる。

代替システムの空港

ＡＩの予測は空港にとって脅威だが、それについて検討する前に、ひとつ触れておきたいことがある。それは代替システムだ。あらゆるものには代替システムが考えられるが、空港も例外ではない。代替システムから対岸を眺めれば、いまのシステムへの理解も深まる。では具体例として、現実離れした超リッチな空港について考えてみよう。ここでは民間航空機の発着がないので、一般客のために設計された空港ターミナルなど存在しないし、新たに建設する機会もない。その代わりに、誰もがプライベートジェットで乗り入れ、プライベートターミナルを利用する。普通なら、超富裕層は華やかで魅力的なレストランやアートギャラリーを訪れるが、空港のプライベートターミナルはきわめて質素だ。

プライベートターミナルを快適な場所にするための投資が行なわれないのは、超富裕層は庶民を悩ませる不確実性と無縁だからだ。民間航空機の場合は、スケジュールに縛られる。定刻までに手続きをすませない乗客は、置いてきぼりにされる。しかしプライベートジェットの場合、スケジュールはもっと柔軟で、そもそも存在しない可能性もある。乗客の姿が見えなければ、到着するまで出発しない。逆に早めに到着すれば、予定よりも早く出発する。少なくとも乗客は待つ必要がないように、システム全体が設計されている。待つ必要がなければ、待ち時間を快適にするための投資など不要だ。さらに超富裕層は、空港に向けて出発する時間を制約されない。いつでも好きなときに出発できる。このような経験をできる人たちが増えれば、最適なターミナルを大聖堂のように豪華にする必要はなく、質素な施設で十分になる。

こうした代替システムの空港を体験するために、金持ちになる必要はない。到着ゲートの向こう側の世界を、出発ゲートの向こう側の世界と比べてみればよい。出発エリアと切り離された到着エリアは、簡素な作りになっている。フードコートは見かけるかもしれないが、それ以外はすべて、乗客を空港から早く追い出すために設計されている。したがって、特に急ぐ必要がない人も対象に含め、タクシー乗り場や駐車場が近くに配置されている。あなたは使い慣れた空港の到着エリアで、外に出るための最善の方法を覚えていると思うが、それ以外の詳細を記憶しているだろうか。

ＡＩ空港の脅威

空港は、ＡＩにとって無縁の場所ではない。航空交通管制にはＡＩベースのシステムが導入され、航空機の到着や空の渋滞に関する予測を改善するために使われている。[8] オランダのアイントホーフェン空港には、ＡＩによる手荷物処理システムが試験的に導入されている。乗客は写真を撮ったあとに荷物を預け、目的地に着いたら回収する。荷物にラベルを貼り付ける必要はない。[9] そしてプライバシーポリシーへの同意を条件に、人間でも同じことを試そうと考えている。[10] もしも実現すれば、フライトまでに要する手続きの時間は短縮されるだろう。

ただしこれだけでは、飛行機に搭乗するまでのプロセスを混乱させる重大な原因の解消にはつながらない。それは途中の交通事情と空港でのセキュリティだ。それでも交通事情に関しては、すでに変化が進んでいる。ウェイズなどのナビゲーションアプリは交通事情を考慮しながら、時間帯による空港までの所要時間を満足できる程度に予測することができる。アプリはまだ完璧ではないが、徐々に改善されている。

これまでは、飛行機に乗り遅れないために早めに出発すべきだというルールが定着しており、乗客はそのルールに従って空港へ出発する時間を決めてきた。しかしいまやフライト時刻をスマホの予定表に追加すれば、アプリがベストの出発時間を教えてくれるだけでなく、それに合わせてタイムスケジュールを決めてくれる。しかも近い将来には、飛行機の出発時間に伴う不確実性も考慮されることが期待できる。アプリが進化すれば、飛行機の出発予定時刻に基づいて空港への出発時間を計算する代わりに、様々な状況を考慮したうえで、実際の出発時刻を予測するようになる。それでも不確実性は残るが、まったく情報がない段階から正確な情報を確保できる段階への移行は大きな進歩で、待ち時間の短縮につながる。同様に、ウーバーの配車サービスの利用者は、かつてはタクシーの空港への到着予定時間など特に気にしなかったが、いまや到着予定時間に関する情報に注目し、配車サービスのきわめて重要な特徴と見なすようになった。そのためウーバーは、ＡＩを使って予測を行なっている[11]。

そしてＡＩは、セキュリティチェックの列の待ち時間も予測できる。こうして十分な体制が整えば、ルールに従う代わりに、ＡＩを使って空港へ出発する時間を決められるようになる。新しい可能性が生まれれば、一部の人たちが真っ先に飛びつくものだが、空港のケースも例外ではない。仁川など多くの空港では、もはや待ち時間は深刻な問題とは言えない。したがって、詳しい情報に基づいて決断する必要もなくなるかもしれない。

ＡＩの普及により生まれたナビゲーションアプリや、フライトの出発遅延を予測するＡＩの開発者は、空港ターミナル内での活動から生み出される利益と直接の利害関係がない。むしろＡＩ搭載アプリの価値は、空港での待ち時間を好まない乗客の人数によって決まる。したがって、空港での待ち時間のコストがいまのところ低下しているなら、アプリの価値は下がる。

一方、セキュリティチェックの待ち時間の予測は別問題である。空港関係者は、セキュリティチェックにかける時間を短縮し、不確実性を減らしたいと主張するが、私たち経済学者から見ると、この動機は乗客の行動と協調しない。確かにセキュリティチェックの時間が短縮されれば、その先の搭乗エリアで過ごす時間は増える。しかし同時に、不確実性が減少すると、乗客は空港に到着する時間を遅らせる可能性もある。乗客がターミナルに到着するまでの道のりでも、到着してからの手続きでも、どちらでもＡＩによって不確実性が解消されたらどうだろう。それでも空港は、自分たちが制御できる不確実性を解消したいと思うだろうか。

ルールを調整する

ただし大局的な見地から問題なのは、空港ではなくルールのほうだ。不確実性の受け入れに伴うコストへの対策としてルールは作られるが、ルールもまた独自の問題を生み出す。

いわゆるシャーキーの法則は、テクノロジーライターのクレイ・シャーキーが考案したもので、それによると「組織は自らが解決策となるべき問題を維持しようとする」（つまり解決に専念するうちに、いつのまにかその問題を永続させてしまう）。同じことは企業にも当てはまる。飛行機に搭乗するまでの待ち時間を強いられる人たちを何らかの方法で助けたいとあなたの企業が考えるうちに、待ち時間の解消という目標は忘れられる可能性がある。

ＡＩ対応型の新たな意思決定を行なう機会を見つけたければ、ルールを厳重に守るガードレールの向こう側に目を向けなければならない。というのもルールは、不確実性をガードレールの後ろに隠しているからだ。ここで、その不確実性を新たな意思決定のターゲットに定めれば、不確実性に伴うコストは軽減され、ルールのせいで容認するしかなかった悪い結果が引き起こされる可能性は減少する。

ガードレールの一例が、イギリスで農家を長年にわたって守ってきた生け垣《ヘッジ》だ。生け垣は、頑丈な木や植物を丁寧に規則正しく並べて完成されたもので、野原に境界線を引く壁として重宝される。野原にたくさんの家畜が放牧されているときは特に役に立ち、家畜の見張り番を雇う必要がない。あるいは、突然の豪雨で土壌が浸食する事態を防ぎ、強風から作物を守ってくれる存在でもある。このように生け垣は、リスクの高い出来事の悪影響を様々な形で防いでくれる。それがわかれば、「ヘッジング」（リスク回避）という言葉がこの習慣に由来すると聞いても驚かない。ヘッジングは本来の意味から進化を遂げ、いまでは保険業務の用語として広く使われている。

ただし生け垣はコストを伴う。農地が分割されるので、一部の農業技術は利用できなくなる。たとえば機械化は、広大な土地しか対象にできない。実際、第二次世界大戦後にイギリス政府は、生け垣を撤去する農家に補助金を提供した。ただしリスク管理に果たしてきた役割が顧みられず、撤去が行き過ぎたケースも発生した。いまでは生け垣を復活させる運動も始まり、なかでもプリンス・オブ・ウェールズ（現チャールズ国王）が率先する運動は注目される。[12]

潜在的な意思決定者を危険から守って身の安全を確保するため、高額の投資が行なわれる状況は多い。たとえば、何マイルも続くハイウェイにはガードレールが設けられ、車が盛り土や丘陵から墜落したり、対向車線にはみ出したりする事態を防いでくれる。幸い、ほとんどは実際に活用されないが、おかげで道路の安全は確保される。人間のドライバーが誤りを犯す可能性を考えれば、ガードレールなしでは安全を十分に確保できない。

もっと一般的なものとしては、様々な措置が事細かく記された建築基準法があるが、これは建物内部の人たちを不慮の出来事から守ることが目的である。不慮の出来事には火事の他に、天気、建物の土台の劣化、地震などの天災によるダメージなども含まれる。

こうした保護措置は概して、解決策が過剰な印象を与える点が共通している。いずれも特定の出来事——一生に一度しか経験しない嵐や、一世紀に一度しか発生しない洪水——を想定して考案されている。こうした出来事が実際に起きれば、万全の対策は役に立つ。しかし何も起きなければ、不信を抱かれる。『ヤバい経済学——悪ガキ教授が世の裏側を探検する』（望月衛訳、東洋経済新報社、二〇〇六年）の著者スティーヴン・レヴィットとスティーヴン・ダブナーは何年も前から、飛行機用の救命ベストやゴムボート――そのセーフティデモは言うまでもない――がいかに無駄であるか指摘してきた。実際、不時着水に成功した飛行機はほとんどなかった[13]。ところが二〇〇九年、USエアウェイズの飛行機を操縦していたサレンバーガー機長は、エンジンが停止した機体を無事ハドソン川に不時着させた。このように確率の低い出来事が一度でもあれば、万が一のための救命ベストは必要なのだろうか。それは判断が難しい。そして、起こり得る結果が実際に起きないからと言って、発生する確率がゼロだとは結論できない。

しかし、レヴィットとダブナーが重視するのはつぎの点だ。保護措置を講じるとき、潜在的な不確定要素が実現する可能性について、あるいはそれが時間と共に変化する可能性について評価することはできる。だが、悪い結果が生じる確率を減らすための投資が過剰かどうか、判断することはできない。なぜならリスク管理戦略を導入すれば、不確定要素に関連する情報は手に入らなくなるからだ。実際、余程のことがなければ高いリスクを伴わなくなったものに対し、あまりにも無駄な投資が行なわれている可能性は十分に考えられる。

温室システム

空港は、AIが不確実性のコストを解消しにくい場所のように思える。しかし、あなたの日頃の活動のなかにもチャンスは眠っている可能性がある。隠れた不確定要素を見つけ出し、AI予測に基づく新しい形の意思決定を行なえば、あなたの仕事のやり方は大きく変化するかもしれない。

作物の栽培には不確定要素が蔓延しているが、それには天気の影響が大きい。暑すぎても寒すぎても、湿度が高くても不十分でも、あるいは風が強すぎても、収穫高は落ち込む可能性がある。それを考えれば、天気に左右されない室内での栽培を選びたくなる。ここで問題は、作物には光が必要なことだ。しかし温室なら、室内で栽培しても光の恩恵を受けられる。農家が温室を使えば、温度や湿度や注水を厳密に管理できる。[14] しかし、管理に伴う代償は安くない。暖房や冷房や人工照明は、いずれもエネルギーを必要とする。ただしエネルギーの必要量は予測も管理も可能だ。

厄介なのは、制御された気候を好むのは作物だけではないことだ。温室では害虫も繁殖する。アブラムシ、ブヨ、赤虫、ダニなどが、戸外よりも順調に育って短期間で繁殖する。[15] マサチューセッツ州が作成した温室管理ハンドブックは、三分の一を害虫対策に費やしている。[16] 実際、農家はこの作業に多くの時間をとられる。温室を管理するための作業の多くは、害虫の温室への侵入を防ぎ、侵入したらその影響を減らすことが目的である。

そして、ここではＡＩが役に立つ可能性がある。たとえばエコエーションというスタートアップは、温室での害虫管理の改善にＡＩを利用している。[17] エコエーションでは、スカウティング（細かい分析作業）システムが採用されている。はじめに、人間のオペレーターが温室のなかの機械を動かす。すると機械のビジョンシステムが、害虫が侵入している可能性やリスクの発生したエリアについて予測する。これは、まさに現在の状況の予測で、殺虫剤など害虫対策グッズが、今日はどこで必要か農家に伝えられる。しかもＡＩはこのデータに基づき、一週間後に温室全体が害虫の影響をどのように受けるか、予測することも可能だ。一週間のリードタイムがあれば、害虫対策グッズを注文して準備することができる。[18] しかし、いちばんの利点はコストの節約だ。AIを利用すれば、適切な害虫対策グッズを適切なときに注文できる。エコエーションはいままさに、このサービスを売り込んでいる。ただしシステム全体を眺めると、コストの節約よりも大きな利点が見えてくる。これまで農家は害虫の被害を最小限に抑えるため、たくさんのルールを忠実に守ってきた。害虫耐性のある作物を植え、監視が行き届くように温室の規模を抑え、一定の気候条件を温室内で創造するなど、様々な努力を重ねてきた。こうしたルールの制約から解放されることには、実質的な価値がある。AIが害虫に関して優れた予測をするようになれば、温室を活用する方法は従来と異なるものになる可能性がある。農家は害虫に弱い作物を栽培できるし、規模の大きな温室も建設可能になる。エネルギーを節約するために、代替戦略も考案できる。エコエーションなどAI関連企業が害虫管理で優れた成果を上げれば、既存のルールを手放して新しいシステムを構築することができる。空港と同様に農業でも、AIはルールから意思決定への移行を促すのだ。

キーポイント

- AI対応型の意思決定が実現するチャンスが生まれると、その標的にされるのはルールだけではない。採用されてきたルールは無駄や効率の悪さを引き起こす不確実性を伴うが、それが言うなれば建物や足場に囲まれ隠されている。したがって、こうした障害物の撤去も目標にしなければならない。

●たとえば現代の空港は、不確実性を隠すために高価な建物や足場が構築されている。不確実性の大きな原因は、道路の渋滞とセキュリティチェックが引き起こす遅延だ。そのため人々は出発予定時刻よりもずっと早く到着しなければならず、それがルールとして定着している。豪華な施設が準備された新しい空港では、待ち時間に退屈することがない。そのため乗客は、自分がルールに縛られているという事実を忘れてしまう。

●温室で害虫の侵入状況をＡＩが予測するようになれば、農家の害虫予防能力は向上する。これはポイントソリューションに該当する。もしも害虫に関するＡＩの予測能力が十分に向上すれば、ＡＩはポイントソリューションにとどまらず、システムレベルの変化を促すことができる。温室では、構造設計やワークフロー全体が、害虫侵入のリスクの影響を受ける。しかしＡＩによって予測が改善されれば、農家は従来と異なる（害虫に強い）作物を栽培し、温室の規模を拡大し、斬新な代替省エネ戦略を進められる。

第六章　ルールは接着剤である

外科医でメディカルライターのアトゥール・ガワンデは、チェックリストが大好きだ。好きが高じて、ついには *The Checklist Manifesto*（『アナタはなぜチェックリストを使わないのか？　重大な局面で〝正しい決断〟をする方法』吉田竜訳、晋遊舎、二〇一一年）を出版した。この本の目的はひとつ。チェックリストに印を入れるのは仕事ができない証拠ではないことを、高度なスキルと専門知識を持つスーパースペシャリストに理解してもらうことだ。どんどん複雑さを増す環境で仕事をこなすために、これは不可欠な部分である。

チェックリストは、現代の組織が生存するために欠かせない要素だ。かつて陸軍は新しい爆撃機の導入を検討したとき、当初はボーイング社のモデル２９９を却下して、代わりにマクドネル・ダグラス社の爆撃機を選んだ。両者を比較すると、モデル２９９の有効積載量は五倍で、スピードは速く、航続距離も二倍だったが、墜落事故を起こしていた。この事故の原因は設計上のミスではなく、パイロットエラーだった。要するに、こちらのほうが操縦しにくかったのである。

それでも陸軍は、数機のモデル299を購入する決断を下した。ただし受け入れ態勢を整えるに当たり、パイロットへの訓練を増やすのではなく、もっとシンプルなやり方を選んだ。ガワンデによれば、チェックリストを作成してパイロットに渡したのだ。そこには、離着陸など様々な活動で必要とされるステップがリストアップされていた。

これが存在するだけでも、航空学がいかに進歩したかわかる。飛行機が誕生した頃は、空に飛ばすまでかなり神経を使ったが、手順は複雑ではなかった。飛行機を離陸させるのは、車をガレージからバックで出すようなもので、パイロットにチェックリストなど不要だった。しかし今回の新しい飛行機は、手順がきわめて複雑なので、どんなパイロットも――たとえベテランでも――記憶だけに頼ることはできない。

パイロットは、チェックリストを確認しながらモデル299を飛ばした。そして飛行距離は全部で一八〇万マイルに達したが、一度も事故は起きなかった。最終的に陸軍は、モデル299を一万三〇〇〇機ちかく注文し、B‐17と名付けた。[1]

現代医学は非常に複雑なので、飛行機と同じアプローチから恩恵を受けられるとガワンデは強調するが、その一方、売り込みが難しいことを理解していた。結局のところトップクラスの外科医は、手をよく洗うことにも未だに抵抗する。[2] それでもチェックリストは、工事現場からチーズケーキファクトリー〔カジュアルレストラン〕まで、あちこちの複雑な環境で重宝されている。チェックリストで命が救われるなら、医者も文句を言わずに採用すべきだ。

ここでチェックリストの価値についてガワンデと議論するつもりはない。チェックリストの利用者には共感する。そもそもチェックリストを導入するのは、不確実性が存在するからだ。複雑なシステムは、関連し合う多くの部分から成り立つ。そして、どの部分でも大勢の人たちが、システムを機能させるためのタスクをこなしている。そうなるとチェックリストは、タスクの終了を報告するための単なる指標ではない。それはむしろルールが明示されたものであり、従わなければならない。信頼性を確保して、エラーを減らすために存在しているのだ。代わりに専門家が観察に基づいて意思決定を行なえば、厄介な問題や不確実性に他の人たちが悩まされることになる。

大企業はチェックリストを採用しているが、他には標準作業手順書（ＳＯＰ）も同様の役割を果たしている。第四章でも述べたようにＳＯＰは、人々が従うべきあらゆるステップを特定した膨大なマニュアルで、各作業の終了時点でチェック印をつける。このような形で、ＳＯＰは複雑な組織を機能させるために役立つが、それが何を象徴しているのか、ここで正確に認識しておくべきだ。実はＳＯＰは従うべきルールであり、意思決定とは関係ない。

組織には、不確実性を覆い隠すために無数のルールが隅々まで刻み込まれているが、ＳＯＰやチェックリストを見れば、隠された不確実性の正体がわかる。どのルールにも、その設定を促した不確実性が存在するが、どのルールに対しても、つぎのように問いかけることができる。ＡＩが予測するようになれば、ルールから意思決定の段階への移行が実現し、ＳＯＰマニュアルが取り除かれる。その結果、生産性は向上するのだろうか。

人はそれぞれ異なる

ルールはすべての人に同じ行動を求め、すべての人を同じであるかのように扱う。しかし誰もが同じというわけではない。人はそれぞれ異なる。おそらくこれは、マーケティングにとって重要な教訓だろう。そのためマーケティング担当者は人々を複数の集団に分類し、各集団がどんな製品に魅力を感じるのか調べたうえで、それぞれに目玉製品を売り込む。

マーケティング担当者がすべての人を同じものとして扱うなら、それは情報が不足しているからだ。情報が手に入れば、特定の個人向けの製品やサービスを提供するだろう。全員を同じように扱うルールを手放し、どの人にも正しいときに正しい製品を提供するための決断を下せるようになる。

ラジオはルールに支配されている。ラジオ局に雇われたＤＪは、ラジオを聴いているすべての人に同じ曲を流す。一方、スポティファイやアップルミュージックやパンドラなどのストリーミング・ミュージックサービスは意思決定を行ない、特定の個人向けのプレイリストを提供する。

では、特定の個人向けのプレイリストから価値を創造する際には、どんな課題に直面するだろうか。パンドラに所属する研究者のデイヴィッド・ライリーとホンカイ・チャンは、自分たちの会社を未だに支配するルールを調べた結果、そんな疑問を抱いた。プレイリストは個別化されたが、それ以外の業務はルールに制約されていたのだ。パンドラは、フリーミアムモデル（基本的なサービスや商品を無料で提供するフリーと、より高度なサービスや商品を有料で提供するプレミアムをあわせ、収益を確保するビジネスモデル」を採用しており、一部の顧客は料金を支払い、広告なしで楽曲を聴くことができる。それ以外の人は一時間ごとに一定の数の広告が挿入されるが、無料で楽曲を聴くことができる。

ライリーとチャンはワシントン大学教授のアリ・ゴリとの共同研究の結果、人々がどれくらい広告を嫌い、どれくらいサービスを好むのか測定した実験から得られたデータに対し、AIを応用できることに気づいた。AIが個人を対象に予測を行なえば、人々が平均してどれだけ広告を嫌うかだけでなく、人々のあいだにどのような違いが存在するかも評価できる。こうした情報が手に入れば、広告を挿入する際にルールにこだわる必要がなくなる。ルールとは無関係に、広告を増やしても減らしてもよい。[3]実際、提供する広告の数を個別化すれば、利益が大幅に増加することが確認された。どの顧客は広告の数を減らすと音楽を聴く時間が増えるのか、AIは予測した。さらに、誰が有料バージョンへの切り替えに興味を持つかも予測した。

こうした情報が手に入ると、誰にでも同じ数の広告を見せるルールは不要になった。一時間ごとに挿入される広告の数を減らすと視聴時間を増やしてくれそうな消費者には、広告数を減らせばよい。あるいは、有料バージョンに切り替えてくれそうな消費者に対し、広告の数を増やしてもよい。パンドラの研究部門は、AIは新たな形の意思決定を可能にしてくれることを明らかにした。

しかし、話はそう簡単ではない。広告の能力を拡大するためには、広告主を見つける必要がある。ゴリとライリーとチャンの試算では、広告スロットは三分の二しか埋まらず、同じ広告を同じ顧客に何度も見せないためには新しい広告主が必要だった。[4]AI対応型の意思決定を実行に移すためには、新しい広告販売戦略が欠かせなかった。

さらに、顧客の反応を理解する必要もある。ＡＩをうまく使えば、無料と有料のどちらとも決めかねている顧客を見つけ、広告を徐々に増やすことができる。あるいは無料バージョンの質を落とせば、顧客は有料バージョンに切り替えるかもしれない。ただし、パンドラが自分たちのデータを利用していることを知ったら、顧客は困惑するだろう。したがってこの戦略は、顧客がサービスから完全に離れるリスクを伴う。

このような制約の影響から、パンドラは未だにこの分野でＡＩの導入に踏み切っていない。広告をどのくらい見せるか決断するため、相変わらずルールに頼っている。ＡＩシステムの構築は、ルールを手放すための第一歩である。ＡＩ対応型の意思決定を可能にするには、プロセスを変化させなければならない。

アナザー・ブリック・イン・ザ・ウォール（壁に穴をあける）

教育にはルールが溢れている。どこに座るか、どのように行動するか、何をすべきか、ルールで決められている。私たち著者のひとり（アヴィ）は子供の学校から、教育方針や実践方法について五九ページにわたって記された「保護者用の」ガイドを受け取った。そこにはアレルギー、シラミ、怪我、予防接種など健康と安全に関するルールが紹介されている。ほかには宿題の方針、誕生日の祝い方、携帯電話の使い方、送り迎え、クラス分けの方針についても記されている。しかも、その対象は保護者だけだ！

こうしたルールは役に立つ。安全で効率的な教育制度は、ルールのおかげで成り立っている。ドラマ『となりのサインフェルド』でコズモ・クレイマーはこう語った。「ルールはルールなんだから、向き合おうよ。ルールがなければ大混乱だ」[5]。

もちろん、ルールが多くなりすぎる可能性はある。教育が画一性を創造しているという不安には、長い歴史がある。一八五九年にジョン・スチュアート・ミルは、『自由論』のなかでこう記した。「国家による一般教育は、人々を型にはめるための手段にすぎず、同じような人間がつぎつぎ生み出される」[6]。

教育関係者も、ルールと柔軟性のあいだの緊張関係を十分に意識している。教育関連の文書もこれを取り上げ、解決を試みている。ニューヨーク州の幼児教育学習指導要領では、つぎのように強調されている。

すべての子供にあらゆる状況で同じ教育やカリキュラムを提供する画一的な方法は、この指導要領の目的ではない。規格化された指導ではなく、個人向けに差別化され調整され、文化や言語の違いなど、各自が置かれた状況に配慮した指導の結果、子供の学習や行動の成果を期待できることが、この指導要領の目標である。すべての子供に同じ学習目標を準備しているが、目標を達成する手段は子供ひとりひとりによって大きく異なる。[7]

つまり、すべての子供にとっての基準は存在するが、ひとりひとりが受ける教育は異なる。これは素晴らしいビジョンであり、やりがいもある。最高の教師にはその実現が可能で、教室では生徒個人に合わせて教え方を工夫できる。なかには、こうしたやり方に戸惑う教師もいるだろう。しかもグローバルな視点に立つと、実現はさらに難しい。富裕国はひとりの子供の教育に何千ドルも費やすが、貧困国の多くでは、ひとりの子供に一年間にかける費用はたったの五〇ドル。これほど資源が乏しいと、ルールからの解放は容易ではない。[8]

真っ先に思い浮かぶのはアントレプレナーシップ（起業家精神）の教育だ。世界銀行などの援助機関や世界各地の政府は、途上国でおよそ四〇〇万人の潜在的な起業家や既存の起業家を訓練するため、毎年一〇億ドル以上を費やせる。[9] 訓練プログラムの多くは、商慣習や利益の改善を目的とするが、どれも費用が高く、投資収益率がかならずしも高いとは言えない。オンライン・トレーニングは期待できるが、成果にバラつきがある。包括的なインフォマーシャル〔ドキュメンタリー形式のテレビCM〕には、ほとんど効果がない。そこからは、個人向けの集中トレーニングが最も効果的だという教訓が得られる。したがって今後は、個人向けの教育を大きな規模で提供する方法の考案が課題となる。

経済学者のイージョウ・ジンとジェンギュン・サンは、ここではＡＩが役に立つと考えた。そこで大規模なｅコマース・プラットフォームを利用して、何十万人もの新しい販売業者を対象にアントレプレナーシップの訓練を施した。この訓練プログラムでは数十種類のモジュールが準備され、ウェブサイトの立ち上げ、マーケティング戦略、顧客サービスに重点的に取り組んだ。たとえば訓練では、製品を説明するためのベストプラクティス（最善の方法）を確認するチェックリストも準備された。そうすれば顧客は、これから購入する製品について十分に理解できる。他には、検索エンジンの最適化やキーワードの選定に関する訓練も行なわれた。

ただし、すべてのモジュールがすべての販売業者に関連しているわけではないし、新しい販売業者にはどんな訓練が役に立つのかわからない可能性もある。しかし、ＡＩは個別化を可能にした。ＡＩは販売業者の営業活動や製品についてのデータを集め、訓練の手順を考案したうえで、販売業者にふさわしいモジュールを提言した。そのあと販売業者は、提言に従ってモジュールを導入した。このようにして、アントレプレナーシップの訓練が何十万人もの販売業者に個別に提供された。すべての販売業者に同じ情報を提供する代わりにＡＩを利用したおかげで、どの起業家にはどんな訓練がふさわしいか新しい形で決断できるようになったのである。

このプログラムでは、効果を測定するためにランダム化比較試験が行なわれた。[10] プラットフォームに新たに参加した八〇〇万の企業のうち、二〇〇万社に訓練の機会が提供され、そのうちのおよそ五〇万社が実際にそれを利用した。訓練を受けた企業は、収益が六・六パーセント増加した。そして年間を通じて、このプログラムは販売業者全体の収益をおよそ六〇〇万ドル増やした。これは、一社につき年間で一二ドルとなるので、大した数字のようには見えないが、最初の総収益は二〇〇ドルだった。人間の教師が個別に訓練を施しても、ここまで費用効率を高めることはできない。ＡＩならば何十万もの企業を対象にして、どの起業家にはどの訓練を提供すべきか判断することができる。ＡＩを利用すればルールよりも意思決定が優先され、価値が大きな規模で創造される。

密着したルールを切り離す

様々なルールがシステムに組み込まれた状態が長いあいだ続くと、システムそのものの姿が見えにくくなる。なぜならルールは頼りになるので、無数のルールや手順がシステムを覆い隠している可能性があるからだ。これでは何かひとつが動くために、すべてが一斉に動かなければならない。

　パンドラの無料バージョンでは、すべてのユーザーが同じ量の広告を提供される。これは、広告付きメディア全般に言えることだ。ネットワークテレビ局では、三〇分のうちの八分が広告に割り当てられる。このルールによって、ネットワークには収益がもたらされてきた。しかもこのルールのまわりには、他にも様々なプロセスが考案された。たとえば番組の長さは二二分間か四四分間に決められており、放送作家は番組のすべてのエピソードを同じ長さにしなければならない。そしてコマーシャルの前には、自然な形で中断されるような配慮が必要だ。ネットワークテレビ局のシステムは、このルールと切っても切れない関係にある。

　そんなシステムに代わるコンテンツデザインの一例がユーチューブだ。ユーチューブのコンテンツクリエーターは、コンテンツをどんな長さに創造してもよい。システムにはＡＩが利用され、どの視聴者がどのコンテンツに最も興味を抱くか予測する。カタログには選択肢が無数に集められているように見えるが、検索エンジンとレコメンデーションエンジンをＡＩが駆動させているおかげで、視聴者はお気に入りのコンテンツを見つけることができる。さらにＡＩは、どのユーザーがどの広告に最も関心を持つか予測することもできる。そしてここが重要だが、この予測能力は、ユーザーごとに異なるコンテンツを視聴できるシステムのほうがはるかに役に立つ。同様の予測能力を持つＡＩをネットワークテレビジョンが導入しても、あらゆる視聴者に同じコンテンツを見せるシステムでは役に立たない。最も多くの視聴者に最もアピールする広告を予測するのがせいぜいだろう。

要するに、コンテンツや広告への視聴者の関心を予測するAIは、ネットワークテレビジョンシステムよりもユーチューブシステムのほうではるかに役に立つ。そしてAIは、大量のコンテンツを集めたカタログから適切なものを選び出し、それに広告をマッチングさせるなど、直接的に手を下す一方、間接的には、コンテンツの長さに柔軟性を持たせる。なぜなら、適切なコンテンツを発見して適切な広告とマッチングさせるソリューションを進めるうちに、コンテンツと広告とタイミングが様々な形で組み合わされるからだ。おかげでネットワークテレビジョンとは異なり、コンテンツの長さが柔軟に変更される。

学校制度では、同じ学年の生徒は同じことを学ぶ。すなわち、固定されたカリキュラムが存在する。「生徒は年齢ごとに同じ教育を受ける。これではまるで、最も重視されるのが製造年月日の統一であるかのような印象を受ける」[11]。たとえば私たち著者が暮らすオンタリオ州では、二〇〇九年に誕生した子供のほとんどは二〇一五年に小学校に、二〇二三年に中等学校に入学する。このルールは、学業成績や社会環境に起因する不確実性への対策として設定された。実際、学校制度は様々なルールが密着した状態になっている。そのため生徒の学習ニーズは多様性が限られ、そんなニーズに対応するために教師は訓練を施す。みんなよりも遅れている生徒には、補習などのささやかな支援が行なわれる。つぎに中学校のレベルになると、同年代の子供の標準的なプロセスに付いていけない子供を対象にして、オルタナティブスクール、体験学習プログラム、高等学校卒業程度認定書など、複数の名目的な教育プログラムが提供される。

　次善の学習コンテンツを各生徒の能力に応じて予測するＡＩを導入すれば、教育の個別化が実現するだろう。これなら学習速度の速い生徒は、退屈しないうちに新しい知識を学ぶことができる。一方、進み方が遅くて補習が必要な生徒には、時間をかけてわかりやすく教える余裕が生まれるので、生徒は十分に理解してからつぎの段階に進むことができる。こうしてＡＩをポイントソリューションとして導入すれば、既存の学校制度のもとで学力はある程度まで向上するが、やはり影響は制約される。なぜなら生徒は年齢別の学習カリキュラムを終了すると、あとは学年末までやることがなくなるからだ。あるいは学習を継続したくても、教師からのサポートは限られる。教師は往々にして、特定のレベル（たとえば中学校の数学）を教えるための訓練を受ける。しかし、どの学問分野でも呑み込みの速い生徒と遅い生徒の差は広がる一方なので、既存の教育制度では高学年になるにしたがって問題が深刻化する。教師が生徒をサポートするためには様々な話題に習熟し、教えられる分野を拡大しなければならない。

　その代わりに、生徒はひとつのクラスとして学校での勉強に取り組むが（身体の発育や社会性の発達は生物学の観点から判断する）、個々の学習ニーズに応じてたくさんのチューターや教師が個別指導を行なう制度を想像してほしい。各生徒を担当するチューターや教師を決定する際、生徒の年齢は考慮しない。特定の学問分野で抱える問題や、その時点での能力に応じて判断される。既存の制度でＡＩを利用するよりも、こうした新しい制度でＡＩを利用するほうが、影響力はずっと大きい。なぜならどの生徒も、学習のニーズやスタイルに合わせて個別化された教育を受けられるからだ。ひとつの教科で習熟度が速くても、他の教科では遅い生徒には、その点を考慮した方針が採用される。特定のスキルを集中的に学ぶ必要のある生徒の学習は、その分野を専門とする教師が担当する。これなら教師は、ほとんどの生徒を対象にした教育方針を選ぶ必要がない。たとえば読字障害のある生徒の指導を得意とする教師も、数学コンテストで生徒に良い成績をとらせるのが得意な教師も、自分が最高の能力を発揮できる分野にすべての時間を費やせばよい。

二二分間の番組も年齢別のカリキュラムも、不確実性に対処するために導入された。そして、どちらもシステムのパフォーマンスを最適化するため、様々な形で支えられてきた。うわべだけ見ている人にはわからないが、ここではシステムを強固にするため、様々なルールが密着している。したがって、ルールに制約されずに意思決定を行なう段階への移行をＡＩによって実現する発想は、一見すると魅力的ではあるが、その影響は限定される。なぜなら何かルールを取り除きたくても、システムの他の要素と密接に結びついており、簡単には切り離せないからだ。

次善のコンテンツを予測するＡＩを既存の学校制度に導入しても、影響は限られる。現在の教育制度は、ひとつのクラスをひとりの教師が担当する年齢別のカリキュラムを土台としており、その傾向は小学校で特に顕著だ。しかし、同じＡＩを対照的な制度に導入したらどうか。ＡＩによって個別化されたコンテンツをうまく活用できる制度ならば、ＡＩを組み込んでも良い結果が期待できる。個別相談やグループプロジェクトや教師による個別指導を取り入れ、従来とは異なる形の研修を受けた大勢のチューターや教師が柔軟な形でサポートすれば、教育だけでなく生徒個人の成長にも、ＡＩははるかに大きな影響力を発揮する。

要するに、現代の教育制度では年齢に応じたカリキュラムがルールとして定着し、強固な制度が出来上がっている。これではＡＩを利用して学習コンテンツを個別化しても、制度にもたらす恩恵は限定される。個別最適化学習を実現するＡＩの潜在能力を発揮するための大きな課題は、予測モデルの構築ではない。現在の教育制度は長年にわたって年齢別のカリキュラムというルールに縛られてきたが、先ずはそんなルールから解放されなければならない。

キーポイント

●ＳＯＰ（標準作業手順書）と同様、チェックリストはルールが明示されたものであり、従わなければならない。それらは信頼性を確保して、エラーを減らすために存在する。しかしその代わりに、人々が自らの観察結果に基づいて意思決定を行なう選択肢もある。ルールを手放して意思決定を行なうようになれば、対象となる活動の質は向上するかもしれないが、他の人たちに問題が引き起こされ、不確実性が生み出される可能性がある。

●システムのなかでは複数のルールが密着している。そのため、ひとつのルールをＡＩ対応型の意思決定と置き換えるのは容易なことではない。ルールを受け入れると同時に変化に抵抗する部分からほとんどが成り立つシステムには、たとえ非常に強力なＡＩを導入しても、追加される価値はしばしば制約される。様々な部分が依存し合い、密着状態にあるからだ。

●その一例が、AIを利用した個別化教育である。生徒に提供する次善のコンテンツがAIによって予測される。年齢別のカリキュラムがルールとして定着した制度にAIを取り入れても、限られた恩恵しかもたらされない。対照的に、（年齢とは無関係な）個別相談、グループプロジェクト、教師のサポートなどを取り入れた新しいシステムに同じAIを組み込めば、教育全体にも、生徒の個人的な成長にも、ずっと大きな影響がもたらされる可能性が高い。AIによる個別化教育の大きな課題は、予測モデルの構築ではない。現在の教育制度は長年にわたってカリキュラムというルールに縛られてきたが、そこから教育を解放することが重要だ。

第三部

システム

第七章　硬直的なシステムと柔軟なシステム

ＡＩは私たちを新型コロナウイルスから救えなかったが、救える可能性はあった。不確実な状況に直面すると、多くの国はルールとして定着している公衆衛生の手順に従い、意思決定を顧みなかった。すでに指摘したようにＡＩの予測は、ルールから意思決定への移行を促す潜在能力を秘めている。ＡＩの利用がスムーズな変化につながることについて論じる出発点として、ここではパンデミックについて取り上げる。

ＡＩが私たちを新型コロナウイルスから救えなかったのは、ＡＩの準備が整っていなかったからではない。私たち人間に、ＡＩを利用する準備が整っていなかったからだ。想定外のパンデミックに直面したときは、経済を維持するために決断を下さなければならない。しかし多くの国では、公共部門の公衆衛生機関によって確立された従来のルールが、こうした意思決定の導入を阻んだ。ただし、僅かな例外は存在しており、本章ではそのひとつを紹介したい。一握りの大企業から成る集団がイノベーションプラットフォームを創造した結果、システムが円滑に動作するようになったのだ。ルールに基づくシステムは情報を無視してあらゆる活動を停止に追い込むが、新しいプラットフォームでは不確実な状況で意思決定が賢明に行なわれ、そんな事態が回避された。

最もコストの高いルール

いまでは私たち全員が、パンデミックのあいだに発生する健康上のリスクについて詳しくなった。二〇二一年一月には、およそ九〇〇〇万人のアメリカ国民が新型コロナウイルスに感染した。[1]感染者にとって、新型コロナウイルスは深刻な健康上の問題だった。しかし、残りの三億二〇〇〇万のアメリカ国民は感染しなかったのだから、これは健康上の問題ではなかった。それでもやはり、仕事や学業や遊びの能力が深刻な影響を受けた。結局、大勢の人たちが新型コロナウイルスの影響を受けたのは、健康上の問題が理由ではなく、予測に不備があったからだ。誰が感染してウイルスを拡散する可能性があるかを予測するために必要な情報が欠如していた。

公衆衛生当局は、つぎのようなメッセージを発した。自分以外は全員がウイルスに感染した危険人物だと想定して対処すれば、身の安全を守れる。感染症は人から人へと広がる。したがって、誰が感染しているのかわからなければ、他人との接触は危険になり得る。だからパンデミックのあいだは、他人と距離を置けばよい。自分の身を守るためには、それが最も簡単な方法である。

ではこれを決定木のコンテクストで考えてみよう。ここでの最初の行動は、他人と距離を置くか交流するか、どちらを選ぶか決断することだ（図7－1を参照）。もしも自主隔離を選べば、自分から

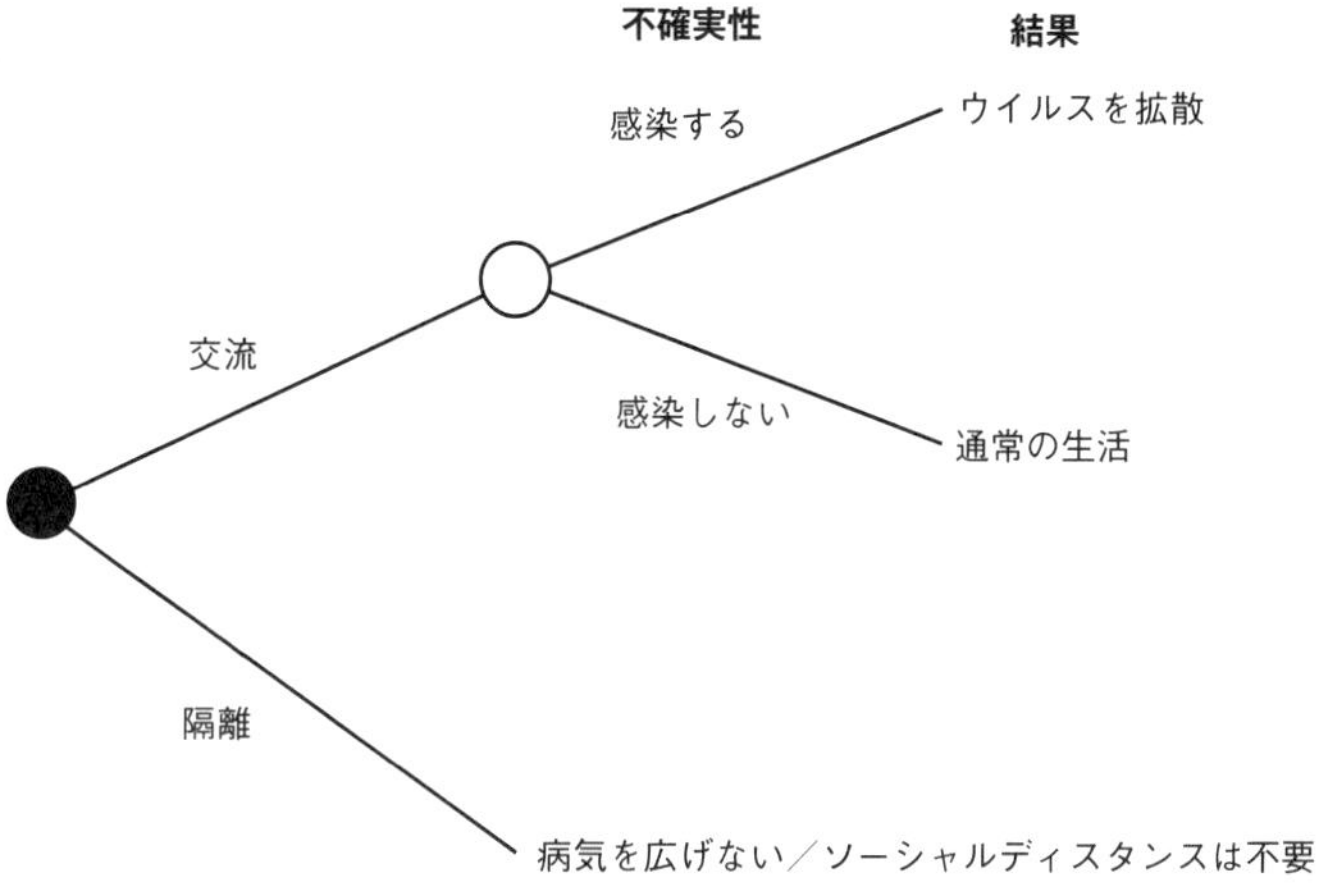

図7-1　決定木：隔離すべきか、交流すべきか

病気を広げる心配はないが、他人と距離を置くことは個人的なコストを伴う。一方、他人と交流するほうを選べば、自分が感染したかどうかによって結果は左右される。もしも感染していれば、ウイルスを拡散する可能性がある。そして感染していなければ、通常の生活が継続する。

　決定木からは、ほとんどの人たちが感染していないために生じる問題が浮き彫りになる。もしもあなたが現時点で新型コロナウイルスに感染していることが確認されれば、感染していないときよりも危険人物になる。つまり誰が感染しているか感染していないかがわかれば、行動を使い分けることができる。感染者からは距離を置き、それ以外の人たちとは普段通りに接すればよい。今回パンデミックが猛威を振るっているあいだは、こうした予測ができなかったために深刻な問題が発生した。誰が感染しているのか確認して、感染者を遠ざけることができれば、パンデミックに伴うコストの多くは回避できたはずだ。[2] 感染者が隔離されれば、他の人たちは安心して日常生活を継続できた。そうすれば混乱が避けられるだけでなく、感染の連鎖が断ち切られるので、最終的にパンデミックは収束する。ここで問題なのは、ソーシャルディスタンスをルールから意思決定に移行させるために、情報が必要だったことだ。そして、不確実性を解決するために必要な情報がなければ、予測はうまくいかず、問題を抱えてしまう。

新型コロナウイルスの問題は予測だった

予測に関する問題を特定するための第一歩は、不確実性がどこに存在するか問いかけることだ。いざ取り組んでみると、パンデミックは不確実な要素ばかりだ。そもそも、パンデミックを引き起こす病原体にいつ襲われるかわからないのだから恐ろしいが、この問題はＡＩで十分に解決できる。むしろ、ここではもっと身近な問題に注目したい。それはパンデミックのマネジメントだ。パンデミックを引き起こしそうな病原体や、すでにパンデミックを起こした病原体が存在しているとき、それを速やかに収束させるためには、どんな不確実性に集中的に取り組めばよいのか。

おそらくこれは、パンデミックのマネジメントという問題への取り組みとしては風変わりかもしれない。私たちは、パンデミックを公衆衛生上の問題としてとらえることに慣れている。収束させるためのワクチンをどのように見つければよいか、命を救うためにはどんな治療をすべきか、感染を最小限に抑えるにはどんな行動制限が必要かを考える。しかし、パンデミックをパンデミックたらしめているものは何かを解き明かしてみると、重大な事実が浮かび上がる。それは公衆衛生に関しては無論、経済活動や社会生活の面でも多大な人的コストを強いられながら、まさにその感染防止のための行動制限により通常の生活が奪われてしまったことだ。

パンデミックが発生して最初の数カ月には、感染を予測するための様々なツールが開発された。公衆衛生当局は当初、感染の可能性を確かめるために接触追跡を行なった。感染者の近くにいれば、感染している可能性は高い。こうした接触確認（コンタクトトレーシング）は、直近に（過去二週間以内に）感染した可能性のある人を予測するために役立つ。ただし多くの国で、これはたくさんの人手を要し、その割に確実性のないプロセスだった。感染者にいちいち連絡をとり、どこにいたか尋ねる必要があった。そこで韓国では、公衆衛生当局が新しい仕組みを考案した。監視カメラとクレジットカードの読み取り機と携帯電話から集めたデータを組み合わせ、接触確認による感染拡大防止策をサポートしたのである。[3]

イノベーションは接触確認だけではない。AI専門家は、感染の有無を予測するためのツールも開発した。[4]あるチームは、携帯電話に向かって咳をしてもらい、無症状感染を検出するツールを開発した。ギリシャの国境では、旅行の形態や出発地や人口統計情報などの要因をAIツールが考慮して、情報が一週間ごとに更新された。その結果から特定された無症状感染者の人数は、ランダムな監視の一・八五倍にのぼり、追加の検査を受けずに入国できる旅行者の特定に役立った。[5]そして、AIに頼らない予測ツールも開発された。体温を検知するサーマルカメラや体温計は多くの場所で使われ、熱が高ければ新型コロナウイルスに感染している可能性が高いと判断された。タイでは、感染者のにおいを嗅いで特定する訓練を受けた犬が導入された。[6]

二〇二〇年の秋までには、感染の予測には迅速抗原検査（ＲＡＴ）が最も効果的であることを多くの人たちが理解した。ポリメラーゼ連鎖反応（ＰＣＲ）テストは微量のウイルスを検知できるが、抗原検査に比べて結果の判明が遅く、費用も高かった。[7]

予測とは、情報の欠如を埋め合わせるプロセスである。そして新型コロナウイルスの検査には、感染の有無を確かめるために必要な情報を補う効果があった。もちろん他の予測と同様、ＲＡＴも一〇〇パーセント正確というわけではない。それでも抗原検査で偽陽性になることは滅多にないので、検査で陽性だった人物が感染していない可能性は低い。[8] したがって、みんなに抗原検査を受けてもらい、陽性者の自宅待機を徹底すれば、感染の拡大を抑えることができる。ＰＣＲテストに同じことは当てはまらない。感染してから数週間もしくは数カ月後に、陽性判定が出る可能性があるからだ。要するに二〇二〇年の秋までには、新型コロナウイルスを予測できる低価格のツールが大量生産されるようになったのである。これはＡＩツールではなく、従来とは異なるタイプの予測装置だった。

こうした知識を吸収した私たち著者は、疫学者のローラ・ロセラ、政治学者のジャニス・スタインや創造的破壊ラボ（ＣＤＬ）の所長ソニア・セニクと共同で、企業向けの迅速な検査プログラムを考案し、職場の安全を確保するために導入してもらうことにした。[9]

このプログラムでは、社員に定期的に検査を受けてもらい、陽性者には自宅待機してもらう。これなら、周りにいる同僚は直近の検査で陰性だったことがわかるので、安心して働くことができる。この予測ツールは簡単に手に入るし、プランの実行も面倒ではなく、大事な職場を閉鎖しなくても安全が確保される。そして時間が経過すれば、経済活動も再開される。

ところがほどなく、予測ツールを導入すれば解決するほど、問題は簡単でないことがわかった。企業のシステムは数多くのルールに縛られており、情報ベースの意思決定を行なう場としてふさわしくないのだ。社員の健康について情報を集めようとすれば、プライバシーに関するルールが立ちはだかる。職場へのアクセスは労働組合関連のルールによって制約される。個人情報の保存と処理は、データセキュリティに関するルールの干渉を受ける。テストを行なったあとに緩衝液を廃棄することは、有害廃棄物処理に関するルールで禁じられている。誰かが陽性者になって職場を離れたら、休職中の費用を誰が負担するのかは、労働者災害補償に関するルールで決められている。これらは氷山の一角だ。

　情報の問題を一刻も早く解決しなければ、経済活動は停止に追い込まれる恐れがある。ところが、システム全体が数多くのルールの制約を受けているので、情報ベースの意思決定による問題解決はほぼ不可能だった。そうなるとシステムを円滑に進めるための方法を見つけなければならない。情報、すなわち感染力の予測に関する情報にもっと迅速に対応できるシステムが必要とされた。

　そこで私たちは、複数のＣＥＯやソートリーダー（特定の分野での第一人者）とこの問題について話し合った。かつてイングランド銀行とカナダ銀行の総裁を務めたマーク・カーニー、アトランタの疾病予防管理センターの元所長ブレンダ・フィッツジェラルド、作家のマーガレット・アトウッドなどに意見を聞いた。そして二〇二〇年の一〇月までには、柔軟性のあるシステムを導入するための環境の整備に、一二人のＣＥＯが同意してくれた。[10]その全員が、このプロジェクトに専念する社員を直属の部下のなかから選び、ルールによって張り巡らされた障壁を出来るところから撤去する作業を任せた。こうした柔軟性のある環境で考案されたシステムに他の企業や公衆衛生機関が刺激され、ルールベースの硬直的なシステムの一部を手放して、情報に基づき柔軟に決断してくれることを目指した。

ＣＤＬ（創造的破壊ラボ）のラピッド・スクリーニング・コンソーシアムの創立パートナーとなった一二の大企業は、製造、運輸、金融サービス、公共サービス、小売りなどの分野で、全部で五〇万人以上の社員を採用している。どのＣＥＯも検査を実行する態勢を整え、職場を閉鎖しなくても社員の安全を確保できるシステムの導入に熱心だった。このプロジェクトを始めてほどなく社員に行なったアンケートでは、自分も同僚も職場に入る前に検査を受ければ、安心だという回答も寄せられた。[11]

創立メンバーの企業のひとつは二〇二一年一月一一日、トロントのダウンタウンで第一号のパイロットプロジェクトを始めた。それから数カ月間、システムはうまく機能した。感染が確認された一部の社員は職場で同僚に近づかないので、社員は安心して仕事に専念した。こうした環境が整っていなければ、感染者が出た時点で職場を閉鎖するしかないが、管理職はそんな決断を迫られずにすんだ。やがて、この結果を参考にしてプレイブックが作成され、他の企業だけでなく、最終的には企業以外の組織――非営利団体、キャンプ、デイサービス、学校など――にも提供された。このプレイブックには、データを報告するプロセスのセットアップ、ＲＡＴ検査の実施、検査会場の設置、プロセスの管理に関わるスタッフの訓練、社員や労働組合に対するプログラムの告知、データフローの管理、使用済みの検査薬の廃棄、陽性が判明した社員の支援業務、ＲＡＴ検査薬の政府からの注文などの方法が紹介されている。

やがて他の企業も、ルールの制約から解放され始めた。カナダでは全国レベルでも州レベルでも、社員は最初に職場で指導を受け、最終的には自宅で、医療従事者の助けを借りずに自ら検査を行なうようになった。

ただし、検査には追跡調査が必要だ。新型コロナウイルスの濃厚接触者になっても検査結果が陰性で大丈夫だと思い込んでも、早ければ数日後、場合によっては数週間後に症状が現れる可能性がある。こうしたリスクを減らすためには、検査を頻繁に行ない、誰がいつ検査を受けたのか追跡できるデータシステムが必要になる。ところが企業は、社員のプライバシーが守られなければデータシステムを認めようとしない。そこで私たちは、プライバシーに関する社員の不安を解消する一方、コンプライアンスに関する公衆衛生上の要件を満たすような形で、データ追跡システムを考案した。

企業の方針も、ＲＡＴ検査をサポートするような形で進化した。病気手当などで労働環境が守られなければ、社員は検査に消極的になる。したがって雇用者は、誰がどんなときに検査を受けるのか決めておかなければならない。検査を行なう日は就業日と見なされるのかどうか、検査はどこで実施するのか、陽性者にはどんな対応をとるのか、決めておく必要がある。さらに、こうした保健安全上の決断において、責任の所在を特定しておく必要もある。当初、社員や管理職や医療従事者の責任を決定するプロセスは存在しなかった。しかし私たちのプレイブックを信頼した企業は、ルールでがんじがらめの状態から解放された。その結果、標準作業手順書も導入され、自由にシェアされ常に更新されている。

最終的に、私たちが考案した職場のＲＡＴシステムは、カナダの二〇〇〇以上の組織で利用された。そして陽性者の自宅待機が徹底された結果、職場や学校から何千人もの新型コロナウイルスの患者が締め出された。しかしそれまでには、いくつもの大変な課題に直面した。当初から参加していた組織のほとんどが、検査を大がかりに実施するまでには半年を要した。そして、何万人もの社員が定期的に検査を受けるまでには一年かかった。予測ツールの考案は大きな問題の一部にすぎず、どちらかと言えば取り組みやすい。しかし小さくても、新型コロナウイルスの情報問題を解決するために必要な変化の一部であり、人々が職場や学校に戻るための手助けになる。

柔軟なシステム

本章では、予測マシンを活用するためにはルールを手放して、意思決定を行なう必要があることをメッセージとして伝えたい。ただしシステム、すなわち何かを実行するための手順が、こうした変化を受け入れなければならない。システムの信頼性を高めるために様々なルールが密接に関わり合っている状況では、システムのなかで意思決定を行なおうとしても良い結果は得られない。

ここで、二〇二〇年の春に多くの人たちが従ったルールに注目してみよう。それはステイホームだ。誰が新型コロナウイルスに感染しているかわからない不確実な状況のなかで、ステイホームというルールは定着した。

ただしこのルールは、様々な困難を生み出した。そもそも多くの人たちは家の外で働き、彼らが営むビジネスの顧客は、家を離れることができなければならない。ところがレストランも小売店も劇場も、ロックダウンの間は営業できない。みんなが外出を許されなければ、大勢の人たちが職を失う。

ルールに付随するこうした課題に対処するため、世界各地の政府は賃金補助や業務支援といった対策を打ち出したが、いずれも費用のかかる解決策である。

つぎに、隔離にも独自の課題がある。人々の精神状態への影響だ。世間から孤立すると、子供たちが安全かどうか、高齢者に必要なものが提供されているかどうか、確認するのは難しい。コロナ禍では通院する代わりにオンライン診療となり、なかにはまったく診療を受けられないケースもあった。そしてこれらの問題からは、新しいルールが生み出された。新しいルールのもとで、家族はお互いに健康状態をチェックした。多くの学校は家庭学習の方針を採用した。医者は、手遅れにならないうちに患者を診察するよう奨励された。なかには高齢者の安全を確保するため、家庭内にモニターが設置された地域もあった。

私たちはしばしばルールに傾倒するが、ルールは独自の効率の悪さを伴うことを、パンデミックの事例は思い出させてくれる。新型コロナウイルスの場合、感染の問題解決に予測を使えなかったため、経済活動全体があっという間に停止に追い込まれた。そのため大量の失業者が発生し、社会生活や学校教育が中断された。もしも予測が可能で、しかも柔軟なシステムが正しく機能しているなかに組み込まれていれば、ルールに頼らず自らの決断でパンデミックに対処できただろう。そうすれば健康が犠牲にならず、社会全体が負担するコストも最小限に抑えられた。この問題については、第六章でも取り上げた。全員に同じ製品や同じ教育を提供することを目指すルールは、私たちが下す決断や創造する価値を制約する。

ＡＩの予測によって自ら意思決定を行なう可能性が開け、それを活用できる新たなチャンスを探すときには、ルールが大きな障害として立ちはだかる。今回のパンデミックでも、必要な予測を行なうツールは存在した。感染しているかどうかわからないとき、迅速抗原検査（RAT）を実施すれば不足している情報を補えた。扶養手続きにも、疾病手当金や隔離などのようなイノベーションが見られた。しかしルールから意思決定の段階に移行して、複数の意思決定が相互作用するためには、柔軟なシステムのもとでの調整が必要になる。意思決定者は他人の行動を理解したうえで、変化を起こさなければならない。ただし新しいシステムには大きな破壊力があるので、最初は新しい組織を対象にすべきだろう。それなら既存の組織に合わせて調整する必要がなく、強制されずに成長することができる。

さらに広い視点に立つなら、不確実性を明らかにすれば、予測ベースの新たな意思決定の実現への第一歩が記される。そのプロセスを効果的に進めるためには、これまで依存してきた手順を変化させる必要がある。そしてこれは、第二章でも述べたようにシステムソリューションにつながる。

キーポイント

●私たちはパンデミックに対処するため、ソーシャルディスタンスというルールを使った。しかしその結果、教育制度や医療制度や世界経済のかなりの部分が停止に追い込まれた。さらに、隔離は心の健康に影響をおよぼした。それについて十分に理解されるまでには、数十年を要するだろう。ソーシャルディスタンスのルールの周辺には、他にもたくさんのルールが作られた。レストランの人数制限、公共交通機関でのマナー、学校の教育メソッド、スポーツイベントの制限、賃金補助、救急医療の手順などがある。

●ほとんどの人は、新型コロナウイルスを健康上の問題として考えたが、本書では視点を改め、情報の問題としてとらえる。[12] 感染者にとって、新型コロナウイルスは実際に健康上の問題だった。しかし感染を免れた大半の人たちにとっては、健康上の問題ではなく、情報の問題だった。なぜなら、感染者についての情報が手に入らなかったため、全員を感染者と見なすルールに従わざるを得なかったからだ。おかげで経済活動は停止に追い込まれた。代わりにもっと正確な予測が可能だったら、情報の問題は解決できたはずだ。そうすれば、感染した可能性が高い人だけを隔離できた。ＡＩ予測を利用すれば、自ら意思決定を行なう可能性が開かれる。ただし、それを活用する新たなチャンスを見つけようとすると、ルールが大きな障害として立ちはだかる。

●予測マシンを活用するためには、ルールを手放して自ら意思決定を行なう段階へ移行しなければならない場合が多い。ただし、こうした変化をシステムが受け入れなければならない。システムの信頼性を維持するために複数のルールが密接に関連し合っているときには、システムに意思決定の要素を取り入れても効果は期待できない。私たち著者は新型コロナウイルス対策として、小さいけれどもルールに縛られない柔軟なシステムを考案した。当初は一二の大企業が参加した。各企業のＣ

EOは上級幹部に対し、社員に迅速抗原検査（RAT）を実施して、その結果から今後の予測を行ない、それを参考に情報ベースの決断を下すように命じた。一二の企業のいずれも、従来のシステムのもとでは活動停止に追い込まれたはずだが、新しい環境のもとでは事業を継続することができた。この成功に刺激され、二〇〇〇以上の組織が新しいシステムを採用し、ルールを手放して自ら意思決定を行なう段階に移行した。

第八章　システムのマインドセット

アラン・チューリングが第二次世界大戦中にドイツ軍の暗号を解読したブレッチリー・パークでは、人間とコンピュータが競うコンテストが毎年開催される。このコンテストは、有名なイミテーションゲーム（いまではチューリングテストとして知られる）に基づいて進行し、人間の審査員はコンピュータを介して正体不明の存在とインスタントメッセージでの会話を交わす。会話の相手はコンピュータプログラムか人間のいずれかで、どちらも自分は人間だと相手に思わせようとする。もしもあなたが参加者なら、作家のブライアン・クリスチャンが指摘したように、実際のところ「最も人間らしい人間」になろうと努力する。[1]普通なら人間が人間だと判定されるが、審査員に人間だと納得させるために苦労する人は多い。

こうした人間とマシンインテリジェンスの一騎打ちは、いまではＡＩ研究の中核を成している。画像のなかにあるものを、アルゴリズムは人間よりもどれだけ正確に特定するだろうか。自動運転車は人間が運転する車と比べ、事故を起こす可能性が少ないだろうか。ＡＩは人事部の人間と比べ、面接で優秀な人材を選んで採用するだろうか。コンピュータは囲碁の世界チャンピオンを打ち負かすだろうか。

このように比較した結果から、機械が人間に取って代わると断言することはできない。たとえば車は馬よりも性能が優れているが、競馬は未だに行なわれている。機械は人間と比べ、どんな距離も速く走るが、オリンピックは特に問題なく継続している。たとえ機械が人間より上手に囲碁を打っても、それで何かが変わるわけではない。メトリクス（定量的な評価基準）から何かが発見されても、機械がかならずしも人間の代わりになるわけではない。

しかし特定のタスクを行なう人物を人間が選ぶとき、私情を交えたり、面白半分で取り組んだりすれば効果は薄れる。そうなると、純粋に効率の観点からパフォーマンスを評価して、コストベースで代わりの存在を見つけるために、メトリクスが採用される。その結果、機械でもタスクの実行が可能で、しかも人間ほどコストがかからないことがわかれば、間違いなく人間の代わりに採用されるだろう。たとえば馬は未だにレースをするが、もはや人間の移動手段としては使われない。物理的なタスクでは、すでに機械が人間の代わりを務めている。同じことは、おそらく認知に関しても実現するだろう。

人間の仕事をタスクごとに細かく分類し、ＡＩの時代に機械が人間の代わりをできるところはないか見つけ出す作業に、いまではどこでも業界を挙げて取り組んでいる。たとえば放射線科医の業務は、三〇もの異なるタスクに分類される[2]（図８－１を参照）。ただし、機械による予測と直接関係があるのは、そのなかでもひとつしかない。すなわち、画像診断の結果について解釈する三番目のタスクだけである。

どの仕事もこのように分類し、ＡＩに対する脆弱性を評価することは可能だ。二〇一三年にはオックスフォード大学マーティンスクールでの研究によって、アメリカの仕事の半分ちかくは自動化の波に呑み込まれると指摘された。[3] これでは、ＡＩへの不安は募るばかりだ。エリック・ブリニョルフソンとトム・ミッチェルとダニエル・ロックは、九六四の職業、一万八一五六のタスク、二〇六九の作業活動を対象にして、「機械学習への適正」を測定した。その結果、危険にさらされる職業のなかには、（おすすめ品を紹介する）コンシェルジュやクレジットカードの信用承認など、すでに注目されてきたものが数多く含まれた。マッサージのセラピストや動物学者や考古学者の仕事はセーフだった。意外なことでもないが、労働分野を専門とする世界の著名なマクロ経済学者は、ＡＩが一部のタスクを奪うことへの不安を表明している。人間の労働者にはほとんど何も残されず、所得分布の最上層以外は、特に深刻な影響を受ける可能性が懸念された。[4]

ただし、現在のＡＩの潮流が押し寄せて一〇年になるが、機械が人間の代わりを務めるようになったタスクはほとんど存在しない。チャットボットが顧客サービスで果たす役割は大きくなったし、翻訳で機械が占める割合が増えているのは事実だ。しかし、テクノロジーの導入による失業はまだ深刻ではないし、人間が行なう仕事はたくさん残っている。たとえＡＩが人間のパフォーマンスを上回っても、機械に置き換えるよりは、長所も短所も併せ持つ人間を使うほうが安上がりなケースは多い。したがって、労働に比例して資本コストが支払われるのだから、機械が人間の仕事を奪うのは時間の問題だと、ダロン・アセモグルやパスカル・レストレポなどの経済学者は主張するが、いまのところ

図8-1　放射線科医の職業に関連する30のタスク

1. 電子カルテ、患者との面談、口述筆記レポートを通じ、あるいは紹介状を書いた診療所と連絡をとり、患者の病歴を把握する。
2. これらに関する解釈をまとめた包括的なレポートを準備する。
3. 磁気共鳴画像（ＭＲＩ）、コンピュータ断層撮影（ＣＴ）、陽電子放射断層撮影（ＰＥＴ）、心臓核医学トレッドミル検査、マンモグラフィ、超音波など、画像診断を行なって結果をまとめる。
4. 画像保管システムや通信システムを使い、画像や情報を見直して伝達する。
5. 受け持ち医や患者や家族に対し、検査結果や診断情報を伝える。
6. 放射線治療を受ける患者にカウンセリングを行ない、プロセス、リスク、利点、代替療法について説明する。
7. 放射線技師に対し、望ましい技術やポジションや映像について指示する。
8. 画像ベースの診断に関して医療専門家と相談する。
9. 放射線治療を他の医療行為と調整する。
10. 実施されたすべての検査の成果と解釈と結果を記録する。
11. 患者やスタッフを守るための基準を確立または実行する。
12. 画像が適切に品質管理されるための処置を考案または監視する。
13. 血圧、痛み、鎮静剤の過剰な投与、出血など、治療のあいだやその後に発生する複雑な問題を認め、適切に処理する。
14. 専門知識を維持するだけでなく深めるために、教育活動に継続的に参加する。
15. エラーのリスクが高い分野についての話し合いなど、質の改善につながる活動に参加する。
16. 画像ガイド下生検、経皮的血管形成術、経皮経肝胆道ドレナージ、腎瘻カテーテル挿入など、侵襲的な処置を行なう。
17. 放射線治療を受ける患者の治療計画を立てる。
18. 外来の患者や研究対象者にラジオアイソトープを投与する。
19. 放射性物質を診断や治療で使用する際の臨床症状、限界、評価、リスクについて他の医者に忠告する。
20. 放射線を投与する量を計算、測定して準備する。
21. 患者が退院する前に、診断に用いた画像の質をチェックして間違いがないか確認する。
22. コンピュータ断層撮影、超音波検査、核磁気共鳴画像診断、血管造影など、他のタイプの処置と核医学治療を比較する。
23. 核医学の技術者や専門家に対し、望ましい投与量、技術、ポジション、投影法について指示を与える。
24. 患者やスタッフを対象にした放射線防護基準を確立して実行する。
25. 核医学部局を対象に計画ならびに処置方法を考案する。
26. 決められた処置が確実に守られるように、放射性物質の取り扱いを監視する。
27. それぞれの患者に放射性核種を処方して投与する。
28. 処置やそこで使われたラジオアイソトープの妥当性を判断するため、要求される処置や患者の病歴を見直す。
29. 核医学や放射線診断学など、大学院レベルの専門知識を教える。
30. 線量評価装置とサーベイメーターをテストして、正常に動作していることを確認する。

出典：O*NET, https://www.onetonline.org/link/summary/29-1224.00. From “29-1224.00—Radiologists,” by the National Center for O*NET Development. Used under the CC BY 4.0 license.

はみんな一息つくことができる。

しかし、ＡＩが私たちの職場に引き起こす変化や、それがモノの生産方法におよぼす影響については、別の考え方もある。いまやＡＩの可能性を分析し、タスクを実行させようとするための努力が大々的に進められているが、そこでは過去に新しいテクノロジーが一気に採用されたときに背景にあったものが無視されていると、スタンフォード大学教授のティム・ブレスナハンは主張する。それは、システム全体にわたる変化だ。

ブレスナハンによれば、グーグルやフェイスブックやネットフリックスなど、ＡＩが積極的に採用されている場所では、すでにこれが進行している。

こうした形でのＡＩテクノロジーの応用に、タスクの代用化は貢献していない。ＡＩが早くから導入されて大きな成果を上げたのは、人間が手がけているタスクを機械が引き継いだからではない。そして観測筋がタスクの代用化に注目するのは、実際にそれが進行しているからではない。汎用ＡＩは「普通なら人間が行なうタスク」を引き受けると、定義に謳われているからだ。汎用ＡＩの商品化が近い将来に実現する可能性は低いのだから、それまでのあいだは、ＡＩテクノロジーが実際にどんな能力を持ち、どんな分野への応用が可能かという点に注目すべきだ。もっとも、時間が経過するうちに一部のタスクの代用化は実現するかもしれないが、それはＡＩテクノロジーのバリュープロポジションと無関係である。[5]

有力なテクノロジー企業のＡＩはデモンストレーションプロジェクトではない。本格的な生産システムから、何十億ドルもの収益が生み出される。タスクごとにシステムが構築され、その一部にＡＩが導入されているわけではない。むしろ巨大なテクノロジー企業は、まったく新しいシステムを構築した。

ＡＩの導入に成功するには、システムのマインドセットが必要とされる。これはタスクのマインドセットとは対照的で、ＡＩの潜在能力にもっと広い視点から注目する。そのうえで、真の価値を生み出すには、機械の予測と人間のどちらにおいても、意思決定のシステムを見直して再構築する必要があることが、システムのマインドセットでは認識される。これはすでに一部で実現しているが、歴史を見るかぎり、ＡＩ予測など新しい汎用テクノロジーを活用してシステム全体の変化を進めやすいのは、既存の企業ではなく、むしろ業界に新規参入した企業のほうだ。車は馬よりも高い能力を発揮するが、そのためにはガソリンスタンドや良い道路、そしてまったく新しい法整備が必要だった。

価値ＶＳコスト

経済学者はコストに注目する傾向が強く、私たち著者も経済学者として、同じ罪を犯した。前書『予測マシンの世紀』では、ＡＩが進歩すれば予測のコストが大きく低下する結果、ＡＩの利用のスケールアップにつながることを大前提にした。そして、ＡＩが最初に利用されるのは、すでに予測が行なわれている場所ではないかと推測した。たとえば売り上げの予想や天気予報には明確に、写真や言語の分類には見えない形で、予測が導入されている。その一方、絶好のチャンスが実現するのは、ＡＩが新しい分野に導入され利用されるときで、それは予測のコストが十分に低下した時点で実現することを意識していた。

同時に私たち著者は、創造的破壊ラボでＡＩ関連のスタートアップと共同作業を行なった経験を通じ、起業家が最初にＡＩシステムの価値を企業に売り込むときには、雇用関連コストの節約につながる点を強調することに気づいた。ＡＩ製品に値段をつける際にはコストを重視して、賃金などのコストがどれだけ節約されるか計算する。そしてその結果に基づき、代わりに導入される機械の値段を提示している。

しかし大体は売り込みが難しい。起業家のあなたがどこかの企業を訪れたとき、この仕事をなくせば人件費が年間で五万ドル節約されると説得した結果、ＡＩ製品が人間の仕事をすべて引き受けるようになればよい。しかし起業家が熱心に売り込んでも、おそらく取り除かれるのは仕事を構成するタスクのひとつにすぎない。これでは、見込み客が人件費を節約して満足するには十分ではない。

それよりはむしろ、代用化ではなく価値に焦点を絞るほうが、売り込みは成功する。ＡＩ製品の導入により、利益の増加につながる点を訴えればよい。たとえば従来よりも品質の高い製品が顧客に提供されるため、ＡＩが特定のタスクをこなすコストが人間よりも低いことを強調する必要がない。その結果、ＡＩ導入への社内の抵抗が少なくなれば、売り込みは楽になる。要するに、コストの節約ではなく価値の向上に焦点を絞ったアプローチで臨めば、ＡＩの導入に相手が惹きつけられる可能性は高くなる。[6]

同じようなコストと価値の対立関係は、過去の技術革命でも見られた。たとえば第一章で取り上げた電気の場合、蒸気に代わって製造業の動力として定着するまでには時間がかかり、数十年を要した。すでに操業している工場にとっては、コストが蒸気よりも低くならない限り電気を導入する意味はなかった。これでは、蒸気での操業を前提とする工場への売り込みは難しかった。対照的に、電気を導入すれば工場の設計を見直す機会が創出され、家賃が高い都市ではなく、郊外に大きな平屋の施設を建設できることを製造業者が認識するようになると、新しい工場への投資に対する関心は高まった。新しい設計からは、生産性の大幅な向上が期待された。ちなみに電気自動車はかつて、ガソリン車よりも有望なテクノロジーだと考えられた。しかし走行距離はガソリン車のほうが長く、二一世紀に入って蓄電池の技術が進歩するまでは少なくとも、ガソリン車の優位は揺るがなかった。設計が見直された製造工場の場合には、電気の導入が価値の向上につながったが、車ではそうならなかった。製造工場では、価値が勝利を収めたのである。

新しいシステムを導入する際には、既存のシステムに取って代わる必要があることを忘れないでほしい。コストを計算して数字を示すだけでは、変換はまず進まない。新しいシステムの構築には移行コストがかかる。そして、既存のシステムに伴うコストの一部を節約することしか望めなければ、新しいシステムへの移行に価値があることが証明される可能性は低い。むしろ、新しいシステムのもとで何か新しいことが可能になるなら、たとえば新しい価値が創造される機会が提供されるなら、その点に注目すれば導入を検討してもらえるだろう。

システムの変化に伴う課題

医療にＡＩを導入する可能性については、多くのことが書かれてきた[7]。エリック・トポルの『ディープメディスン　ＡＩで思いやりのある医療を！』（中村祐輔監訳、柴田裕之訳、ＮＴＴ出版、二〇二〇年）では、ＡＩによって診断が改善される結果、厄介事から解放された医者は患者と過ごす時間を作り、患者のニーズを理解できるようになると解説されている。医療へのＡＩの応用は、病気の診断、ロボット外科手術、遠隔患者モニタリング、個別化治療、薬の発見とリパーパシング（別の疾患への適用）など多岐にわたる[8]。ただしこのような機会からは、「ＡＩの影の側面が医療にもたらす」影響への不安が生じる。というのも、ＡＩは医者と診断を競うことになるからだ[9]。

おそらく『ディープメディスン』が大きな反響を呼んだのは、著者のトポルが医療制度を理解しているだけでなく（彼は心臓病専門医であり、スクリプス研究所の教授として分子医学を研究している）、ＡＩについても理解しており（ＡＩテクノロジーの医療への応用がどんな能力を発揮して、どんな限界に直面するか、学ぶためにかなりの投資を行なっている）、おまけに複雑な物事をわかりやすく伝えたり解釈したりする能力が優れているからだろう（スクリプス研究所のなかに臨床研究所を開設し、所長を務めている[10]）。ただし、ひとつだけ問題がある。彼は経済学者ではない。したがって、インセンティブの観点から人間の行動について書いているわけではない。ひょっとしたら、医者はそんな原始的な本能を超越した存在だと信じているのかもしれない。しかしここで気がかりなのは、新しいＡＩテクノロジーを既存の医療システムに導入するだけでは、テクノロジーを利用するためのインセンティブが医者のあいだで働かない可能性だ。医者はこれまで、診療ごとの個別支払いや、ボリュームベースの支払いによって報酬を受けてきた。新しい方針が報酬の増加につながればよいが、減少する可能性もある。

ＡＩの導入によって自由な時間を手に入れた医者は、患者の話を聞いて絆を深めるとトポルは信じている。ただし、過去に生産性を向上させたツールが登場した結果、医者が患者と交流する時間が増えた明確な証拠は存在しない。むしろ反対の可能性も考えられる。もしもＡＩが医者の生産性を向上させたら、医者は患者ひとりひとりに費やす時間を減らし、それでも収入は減少しないかもしれない。トポルが掲げた高邁な目標を達成するためには、新しいＡＩテクノロジーを導入するだけでは十分ではない。新しいシステムが必要とされる。トポルの著書が目指した形で医者がテクノロジーのツールを利用するためには、インセンティブ、訓練、方法、文化などを刷新しなければならない。

つまり、ＡＩの導入が医療の充実につながる機会は多く、『ディープメディスン』などでもその点が指摘されるものの、意外でもないが、医療はＡＩ採用の最前線ではない。ＡＩや機械学習の採用に関してあらゆる産業を対象にした調査結果で、医療は最下位に近かった。二〇一九年末の時点で、ＡＩを導入した仕事が業務全体に占める割合は、他のどの産業よりも低かった。例外は建設産業と、アートおよびエンタテインメント産業だけだった。宿泊や食事を提供するサービス産業や、輸送や倉庫管理を手がける産業でさえ、ＡＩ関連のスキルを持つ社員の人数は医療よりも多かった。[11] 医療制度が特に複雑であることが理由のひとつだろう。図８－２で紹介するアメリカ医療制度のイラストは、オバマケアを図解するために議会が二〇一〇年に作成したものだ。[12]

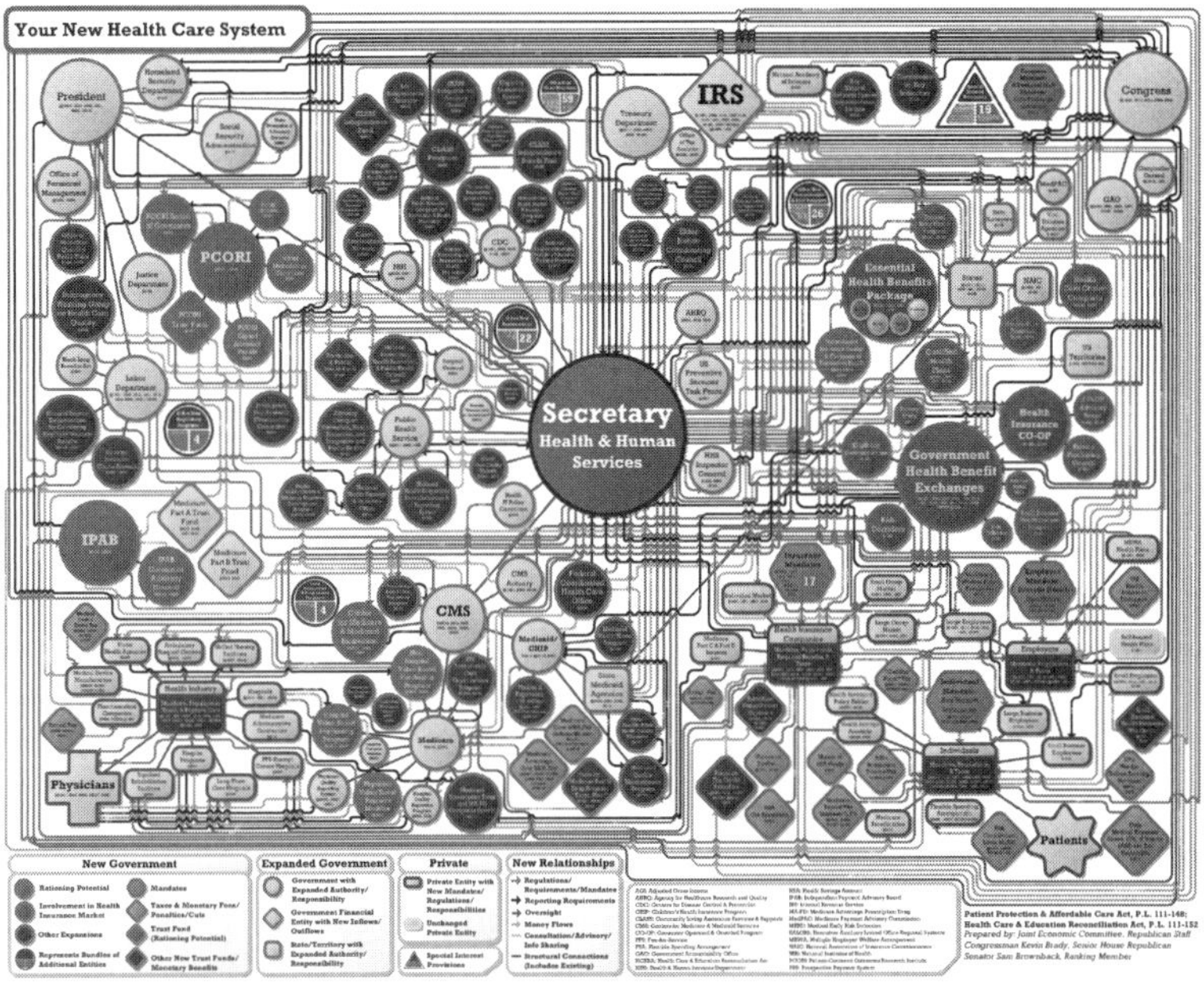

図8-2　アメリカの医療制度の略図、2010年

出典：Joint Economic Committee, Republican Staff, "Understanding the Obamacare Chart," July 2010, https://www.jec.senate.gov/public/_cache/files/96b779aa-6d2e-4c41-a719-24e865cacf66/understanding-the-obamacare-chart.pdf.

様々な決断を調整しなければならない状況では、ポイントソリューションやアプリケーションソリューションを導入しても他の部分を変化させなければ、創造される価値は限定される。ＡＩによって個別化治療が可能になることは簡単に想像できるが、それを実現させるためには、大勢の人たちが行動の変化を求められる（個人データをもっと集め、もっと個別化された医療を提供し、バリューベースの支払いを徹底させなければならない）。そもそも医療にＡＩのポイントソリューションが導入されても、誰も使えないような予測が立てられることがあまりにも多い（提言される治療の選択肢が実際には手に入らないからだ）。そしてＡＩのアプリケーションソリューションが導入されても、誰もとれないような行動が提案されることがあまりにも多い（責任に関するルールが徹底しているので、実際に採用するのが難しい）。あるいは、（給与体系と矛盾しているので）誰もとりたくないような行動が提案される。要するに問題は、予測が良くないことでも、行動が役に立たないことでもない。あらゆる可動部分の調整が容易ではないことだ。

実現には、システムの変化が欠かせない。実際、ＡＩ対応型の新しい医療制度に関しては、いくつも構想が立てられている。ただしＡＩが診断を下すためには、医療において誰が何を実行すべきかを定めたルールを変更しなければならない[13]。機械が診断を下すようになれば、医療の人間的側面が医者の主な役割になり、医療以外の部分で様々な変化が必要になる。医学部はもはや、学生に事実を覚えさせるだけの場所ではなくなる。生物学を十分に理解して、テストで高得点を挙げた受験者を選抜するやり方は通用しない。およそ一〇年にわたって専門教育を受けても、医者としてのスキルは改善しない。むしろ患者と向き合う医者は、学士号を取得すれば十分かもしれない。そうなると、誰がどんな医療サービスを提供すべきか、規制の枠組みを大胆に変更する必要がある。もしかしたら、患者のケアは薬剤師の主な役割になるかもしれない。かつての医者の領域に、ソーシャルワーカーが進出する可能性もある。第一八章では、医療でＡＩのシステムソリューションを開発するためのプロセスを紹介したうえで、新しいシステムが救急医療に導入されると何が関与してくるか、構想のひとつを紹介する。ただし、あまりにもたくさんの変化が必要とされるので、いま取り上げたシナリオのいずれも実現する見込みはなさそうだ。

　一方でＡＩは、世界の医療制度に変化を引き起こす可能性もある。たとえば世界銀行は、ＡＩのようなテクノロジーが国ごとの格差を解消し、公平な競争条件が確保される可能性に注目している。[14]遠隔患者モニタリングと機械による診断を組み合わせれば、アクセスしにくい場所でも医療の改善は可能だ。

　カメルーンでは、心臓専門医は都市部の病院に勤務するが、二五〇〇万人の国民の多くは、これらの病院から遠く離れた場所に住んでいる。したがって心血管に疾患を抱えていても、診断を受けることができない。カメルーンの発明家アーサー・ザングが開発したカーディオパッドは、この問題を解決した。カーディオパッドをツールとして使えば、リモートで心電図を記録することができる。これなら、心臓専門医が現地で心電図をとる必要はない。このツールのおかげで、何千人もの患者のリモート診断が可能になったが、それでも最終的な診断を下すのは心臓専門医の役目だ。二〇二〇年には二〇人の心臓専門医がカーディオパッドを利用したが、対応しきれずに圧倒された。国全体で、心臓専門医は六〇人しかいなかったのだ。カーディオパッドは心電図へのアクセスという問題を解決したが、診断のスケールアップには手が付けられていない。それには診断を行なえる機械と、その診断を受け入れる人間が必要になる。さらに、何千人もの患者を診断できるようになったら、病気を治療するためのインフラを整備しなければならない。

現在、診断と診療は一括りにされている。しかし診断を切り離しても、治療が必要な患者の人数が減るわけではなく、既存のシステムはほとんど混乱しない。カーディオパッドはシステムの一部として、心臓専門医と患者を隔てる距離の問題に取り組んでいる。しかしカメルーンで心血管の疾患の治療を大きく改善するためには、むしろ診断の仕方を変更し、新しい治療方針を考案したうえで、診断に加えられた変化をうまく利用しなければならない。こうしたシステムソリューションは、まだこれから開発しなければならない[15]。それまでカメルーンでは、国内の何千人もの患者に提供する医療がカーディオパッドによって改善し続けても、心血管の健康を全国レベルで改善することはできない。

IBMは、カーディオパッドよりもずっと会社の規模が大きい。同社が開発した人工知能ワトソンは壮大な計画で、医療にとてつもない影響を与えるという触れ込みだった。しかし、そんな期待に応えることはできなかった。データに問題があり、現実的に間違った予測を立てるリスクがあったのだ。IBMのあるパートナーはこう語った。「簡単にできると思ったが、実際のところ本当に難しかった[16]」。AIのポイントソリューションやアプリケーションソリューションに見合うタスクを特定するのは簡単で、IBMもそれには成功した。しかし、こうした解決策を既存のシステムに組み込むのは難しい。そして新しいシステムはまだ登場していない。

一八〇度の転換

時代のはざまが始まった時期は、しばしばＡＩ導入の機会を持ちかけられる。新たにＡＩを導入すれば組織が抱える問題を予測できるという触れ込みで、販売業者はあなたにアプローチしてくる。あるいはあなたは、ひとつまたは複数のタスクの支援にＡＩを利用できる機会はないか確認するため、ワークフローの分析を社内チームに命じているかもしれない。[17]これは良いアプローチだが、ひとつのことをするための良いアプローチでしかない。つまり、ＡＩをポイントソリューションに使おうとしているだけだ。

むしろ価値があるのは、組織に変革を起こすためにＡＩを採用する機会を探すことだ。ここまで読んできた皆さんが、それをわかってくれたことを願う。そのためにはシステム全体を見直したうえで、システムの改善をＡＩがどのように促すのか理解する必要がある。そこにこそ、ＡＩを活用する絶好の機会が存在する。

ただし、システムのマインドセットを持つべきだと言うのは簡単だが、実際にそんなマインドセットを育むのは難しい。隠された不確実性は、当然ながら見つけにくい。既存のシステムをがんじがらめにしている数々のルールは、簡単には取り除けない。ここで第一歩を踏み出すためには、システムの変化が必要だと認識しなければならない。実際に経済の一部門では、それがすでに認識されている。それについては次章で取り上げる。

キーポイント

●現在、AIを経済のあらゆる部門に導入する計画では、タスクレベルの思考に基づくアプローチが優勢である。ひとつの職業を構成するタスクのなかから、人間ではなくAIのほうが正確かつ迅速に予測を立てられ、しかも費用が安いものを特定することを主に目指す。企業のリーダーや経営コンサルタントや学者は、ほとんどがこのアプローチに集中してきた。

●タスクレベルの思考が幅を利かせている現状には驚くばかりだ。というのも、これまでにAIが最も大がかりに導入されているのは、人間の労働をAIが肩代わりできるタスクではないからだ。むしろ注目すべきはシステムの見直しの分野で、これはAIの予測能力が向上したおかげで可能になった（アマゾン、グーグル、ネットフリックス、メタ、アップルで実践されている）。タスクレベルの思考から生み出されるポイントソリューションでは、人間の労働がAIに代用された場合、どれだけのコスト節約につながるかという点がしばしば注目される。対照的に、システムレベルの思考から生み出されるシステムソリューションでは、通常はコストの節約ではなく、価値の創造に焦点が当てられる。

●医療ではAIが多くの場面で応用されている。それは病気の診断、ロボット外科手術、遠隔患者モニタリング、個別化治療、薬の発見とリパーパシングなど多岐にわたる。ところが現在までのところ、医療制度がＡＩから引き出す利益は限定的だ。規制当局の承認を得るまでに時間がかかることが理由のひとつだ。しかしもっと重要なのは、既存の医療制度にＡＩを使ったポイントソリューションを利用しても、十分な恩恵がもたらされないことだ。医療でＡＩのパワーを十分に活用するためには、システムソリューションのアプローチが必要とされる。システムが刷新され、新たに開発された強力な予測テクノロジーにアクセスできるようになった状況で、人々の健康を守るためにはどんな行動が最善か、白紙の状態で想像しなければならない。それには訓練、納入、報酬、プライバシー、責任の見直しが必要だ。要するに、システムのマインドセットを身に付けなければならない。

第九章　最も素晴らしいシステム

「アルファフォールドは、ＡＩに関する過去最高の成果だ」と、フォーブス誌の記事は宣言した。確かに大げさな表現ではある。ネイチャーのような堅い学術雑誌さながらに「すべてを変化させるだろう」と明言した。[1]

アルファフォールドはたんぱく質構造を予測する。たんぱく質は生命の構成要素であり、細胞内で起きることのほとんどに関わっている。たんぱく質がどのように機能して何を実行するかは、立体構造の形状によって決定される。分子生物学では、「構造によって機能が決まる」のだ。

科学者はかねてより、この構造が何に由来するのかわからなかった。ねじれや折り畳みといった最終的な形状の多くに、たんぱく質の構成要素がどのように関わっているのかは謎だった。過去数十年間、優れたたんぱく質構造を手に入れるための主な手段は研究室での実験だった。

アルファフォールドは、たんぱく質のアミノ酸配列から立体構造を予測できる。このツールを手に入れた科学者は、生命の構成要素であるたんぱく質に関して新たな事実を発見できるようになった。[2]

たとえばカリフォルニア大学サンフランシスコ校の研究者はアルファフォールドを使って、SARS-CoV-2ウイルスを構成する、詳細がそれまで知られていなかったたんぱく質の解明に乗り出し、新型コロナウイルス感染症（Covid-19）の治療の発展に貢献した。コロラド大学ボルダー校の科学者は、抗生物質への耐性の拡大を防ぐため、特定の細菌たんぱく質構造の解明に長年取り組んできた。しかしアルファフォールドを使うと、構造は一五分で解明された。[3] 別の研究室でも、他の複数のツールを使ってたんぱく質構造の解明に一〇年間取り組んできたが、アルファフォールドは三〇分で答えを出してくれた。[4] この研究室の所長のアンドレイ・ルーパスはこう語る。「これは医療を変化させせ、研究を変化させせ、バイオエンジニアリングを変化させるだろう」。

発明の手法を発明する

ＡＩが経済を変容させる潜在能力が最も高い分野をひとつ挙げなければならないとしたら、それは通常のビジネス活動のほとんどよりもはるかに上流に位置する分野、すなわちイノベーションや発明を支えるシステムである。幸いにも、この分野ではＡＩを活用する人たちが、ＡＩの導入にはシステムのマインドセットが必要だと認識しているようだ。アルファフォールドが医療や研究やバイオエンジニアリングに変化を引き起こすためには、ポイントソリューションだけでは十分ではない。

私たち著者が二〇一七年に主催した第一回全米経済研究所（ＮＢＥＲ）の人工知能経済学学会で、経済学者のイアン・コックバーンとレベッカ・ヘンダーソンとスコット・スターンは、ＡＩには「イノベーションのプロセスそのものを変化させる潜在能力がある」と主張した。データサイエンスはすでに、科学的プロセスの構成要素に含まれている。そんなデータサイエンスにAIが加われば、中身はもっと充実し、時間は短縮され、コストが下がり、新しいタイプの予測が可能になるだろう。その結果、研究に新しい道が開かれ、研究室のなかの生産性が向上する。[5] ここでは特定の製品を改善するために、新しいツールを研究に取り入れるのではない。このツールからは、製品を創造するための新しい方法が生み出される。そのため経済への影響は、イノベーションのコスト低下に限定されない。[6] むしろイノベーションの脚本を書き換えることができる。

かつては顕微鏡も、発明を生み出す新しい手法だった。顕微鏡からは、病気の病原体説が生まれた。そして病気の病原体説からは、現代医学の多くが生み出された。この説のおかげで、猛威を振るうウイルスやバクテリアを手なずけられた。さらに、医療の他の側面にも変化が引き起こされた。手術は医療の一環として役に立ち、出産は安全になった。そして病院は、人々が死ぬためではなく、回復するために訪れる場所になった。[7]

しかしAIは、単なる発明の手段ではない。むしろ、汎用テクノロジーになる可能性が高い。だからAIの導入にはシステムの変化が必要であり、AIの潜在能力からはパラドックスが暗示される。

新しいイノベーションのシステム

イノベーションには、試行錯誤のプロセスが構造化されている。図9‐1には、このプロセスが多

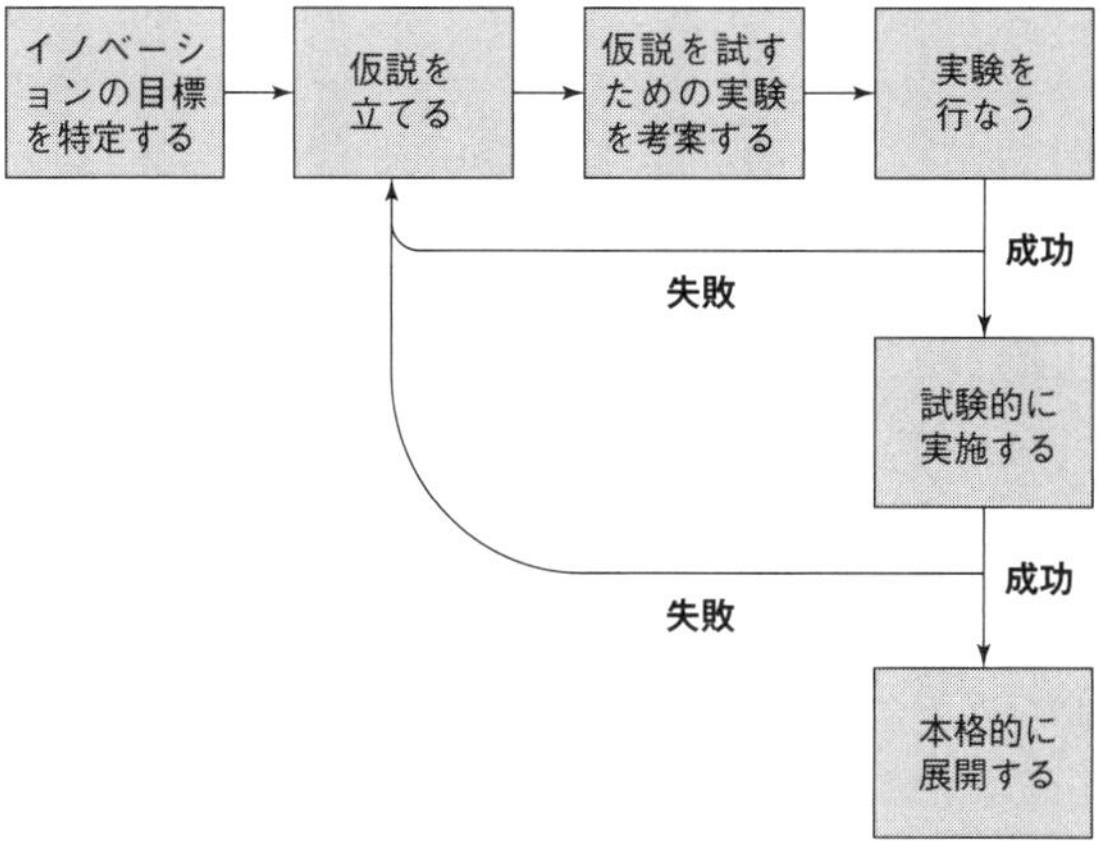

図9-1　イノベーションのプロセス

くの状況でどのように機能するかを示した。最初に研究機関は目標を特定し、それを達成する方法についての仮説を立てる。つぎに、有力な仮説を試すための実験を考案し、実際にそれを行なう。この実験はしばしば失敗に終わる。しかしそこから教訓を学び、新しい仮説が立てられれば、失敗は無駄にならない。そのうち仮説のひとつが成功する。するとそれが試験的に実施される。それが成功したら、イノベーションは本格的に展開される。

このプロセスは、コンテンツ・レコメンドエンジンのように比較的シンプルなイノベーションシステムにも、医薬品開発のような複雑なシステムにも応用できる。ここで、それぞれについて考えてみよう。

アマゾンやスポティファイで見られるレコメンデーションシステムでは、ユーザーエンゲージメントの最大化と売り上げの増加が目標にされるだろう。ビジネススクール教授のドキュン・リーとカーティック・ホサナガーは大手のオンライン小売業者と協力し、レコメンダーエンジンが売り上げにおよぼす影響を詳しく調べた。具体的には、「これを購入する人はこれも購入する」という提言に基づいた「協調フィルタリング」タイプのレコメンダーエンジンを、検索エンジンにキーワードを入力すると候補が自動的に表示されるタイプと比較した。オンライン小売業者は、レコメンダーエンジンのほうが売り上げの増加につながるという仮説を立てた。そこで実験ではユーザーをランダムに分類し、一方には新しいレコメンダーエンジンを、もう一方にはキーワードに基づく従来の検索エンジンを使わせた。するとほとんどのカテゴリーで、新しいエンジンのほうが購入される機会は多かった。介入には効果があったので、この小売業者は新しいレコメンダーエンジンを導入した。

レコメンダーエンジンからは、いくつかの新しい機会が提供される可能性もあった。実際にはレコメンダーエンジンは製品の流通に変化を引き起こし、同じ人気商品を購入する人が増える一方、人気のない商品やロングテール商品〔ニッチで販売機会の少ない商品〕の購入者は減少した。流通がこのような形で変化するのは、「これを購入する人はこれも購入する」ことを前提にするレコメンデーションによって、最も人気の高い商品の売り上げがさらに増えるからだ。書籍では、当時は誰もが『ダ・ヴィンチ・コード』を購入していたから、これをみんなに勧めておけば十分だった。全体の利益、特にロングテール商品の利益を増やすために、それ以上の改善を加えることは顧みられなかった。ここではレコメンダーエンジンがAIのポイントソリューションと見なされ、既存のワークフローにうまく収まった。ロングテール商品の購入量の減少を逆転させるためには、他の複数の部門との調整が必要になる。それを実行に移すのは大変な作業だと、エンジニアは考えた。新しいアルゴリズムは、意図せぬ結果をもたらすかもしれない。そして何よりも、「エンジニアは既存のシステムを破壊したく

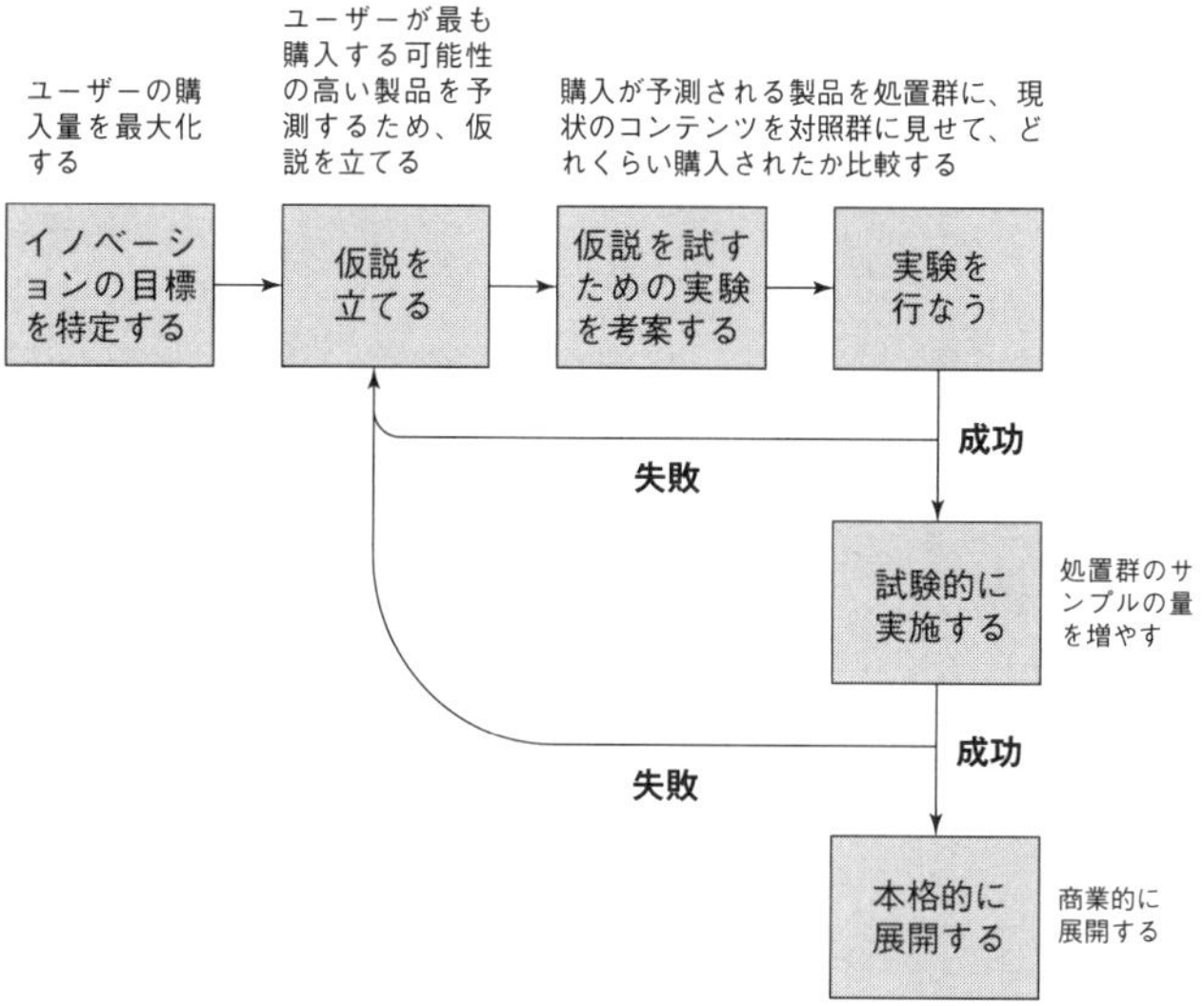

図9-2　シンプルなプロセス：エンジンのレコメンデーションのためのABテスト
〔どちらがより良い結果を出せるか検証するテスト〕

なかった」。予想される利益を消滅させるような、システムレベルの変化は必要なかった。[8]

イノベーション重視のＡＩならば、このプロセスに変化を引き起こす。最善のレコメンデーションエンジンについて仮説を立てる代わりに、ＡＩが既存のデータを使いながら、夥しい数のレコメンデーションエンジンの候補を考案する（図９－２を参照）。こうして仮説を立てる段階で時間が短縮されれば、ミルクなどの短期の購入量や長期的な売上高といった狭い範囲に限定されず、イノベーションが大きな影響力を発揮する手段となる。仮説が改善すれば、生産量や投資収益率の増加につながる実験も増える。さらに、予測の精度が高くなれば、実験や試作の段階を取り除いてもよい。共著者のひとり（アジェイ）は、経済学者のジョン・マクヘイルとアレックス・オットルと一緒に、このアイデアを新素材の発見の分野でモデル化した。[9] 仮説を立てる段階で予測が改善すれば、まったく新しいシステムの誕生につながる。

これと同じシステムの変更は、もっと複雑な医薬品開発のR＆Dシステムでも可能だ。新薬の開発が目標でも、プロセスは変わらない。仮説、実験、試作、展開と進む。

もちろんこうした機会の実現は、ＡＩの予測が大きく進歩するかどうかに左右される。アルファフォールドはそんな進歩の原動力になるが、アルファフォールドの予測を導入するだけでは、医療や研究やバイオエンジニアリングに変化は生じない。すでに予測を取り入れる可能性を検討している研究者がアルファフォールドを導入すれば、確かに効率アップは期待できる。しかし、金融詐欺の検出が専門の企業ヴェラフィンの事例で紹介したが、予測が改善されたといっても、既存のシステムにポイントソリューションとして導入されただけでは、システムの機能は少し向上する程度にとどまる。

アルファフォールドが派手に取り上げられるのは、新しい医療研究システムへの期待の大きさを反映している。新しい医療研究システムの未来像への期待も膨らむ。新しいシステムでは「考える時間をもっと増やし、ピペッティング〔ピペットを使い、液体を計量して分注する〕の回数を減らさなければならない[10]」。どんなたんぱく質構造も予測しやすくなるのだから、研究へのアプローチは変化する。アルファフォールドが提供する機会の活用に意欲的な人たちは、原因不明の病気の治療法を発見するチャンスが増えることを認識している。なぜなら、たんぱく質構造の発見が簡単になるからだ。たんぱく質構造の特定に特化した研究室は、もはや大して役に立たない。今後は、解明されたたんぱく質構造から有効な治療法を開発する研究室をもっと増やす必要がある。

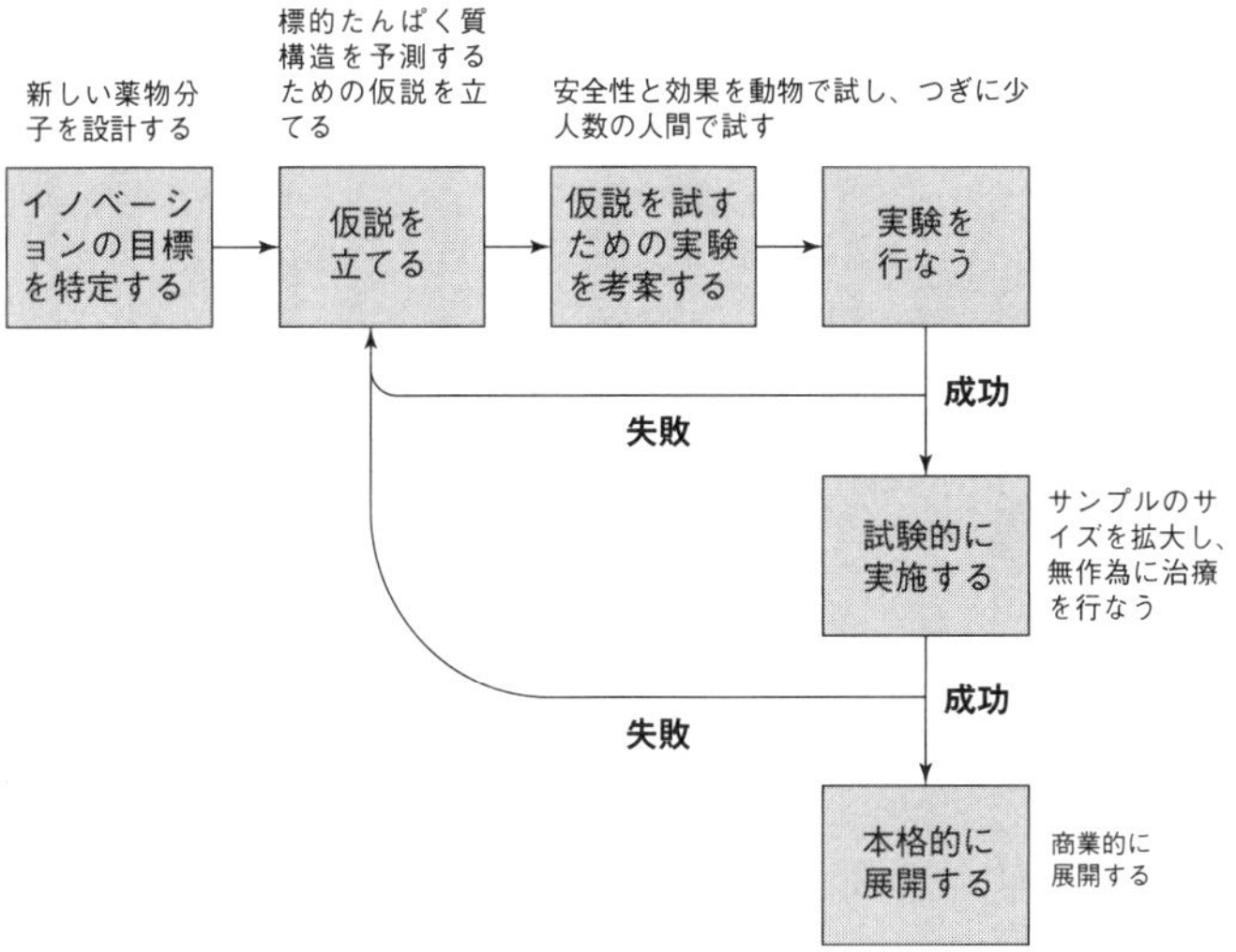

図９-３　複雑なプロセス：医薬品開発のためのＲ＆Ｄ

アルファフォールドから予測が提供されれば、研究の進め方は変化する。イノベーションのプロセスをアルファフォールドが変化させれば、医療も変化する可能性がある。ＡＩがイノベーションにおよぼす影響は概して、ＡＩのそれ以外のアプリケーションがもたらす影響を最終的に上回る可能性がある。イノベーションは生産性や経済成長や人間のウェルビーイングの中核を成すのだから、イノベーションへの影響力が大きいＡＩは、蒸気機関からインターネットまで、かつて登場した汎用テクノロジーよりも多大な影響をおよぼすだろう。

アルファフォールドが導入されれば、標的たんぱく質の構造の予測は、もはや理論と実験を何度も繰り返す厄介なプロセスではなくなる。そしていまや、そんなステージが準備されている。おかげでイノベーションは、以前よりも大胆な目標を立てられるようになった。薬をたんぱく質と反応させて、効果を確かめる実験を増やすことも可能だ。一方ＡＩを導入すれば、発見のプロセスを促すイノベーションの候補に優先順位が的確に付けられるので、プロセス全体の生産性向上にもつながる。ＡＩはイノベーションの期待値を高める可能性があるし、イノベーションの種類によって、ダウンストリームでテストの回数を増やすことも減らすこともできる。そしてＡＩは、発見プロセスを妨げる執拗なボトルネックに関連したコストの低減にも役立つ（図９－３を参照）。

ただし、新しいシステムが必要であることは広く認識されても、多くの時間と努力と資源を費やさなければ、こうしたシステムは実現しない。

システムを認識する

要するに、システムに変化を引き起こす機会は認識するのも難しい。ＡＩがイノベーションシステムにおよぼす影響に関しては、ようやく進歩が見られるようになった。イノベーションのプロセスには、たくさんのＡＩシステムが導入されつつある。たとえばトロント大学教授のアラン・アスプル＝グジックは、化学にＡＩを利用している。彼の研究室にはシステムソリューションの一環として、ＡＩ制御型のロボットアームや設備の充実した移動実験室などが導入され、実験の自動化が進められており、実験の対象にすべき仮説についてＡＩが予測を立てている。このシステムは「自動運転型化学実験室」と呼ばれている。[11]

しかし経済の大部分では、変化の必要性が認識されていない。そしてシステムを変化させる必要性を認識するのは、最初の一歩にすぎない。つぎに正しい変化を引き起こさなければならず、それには多大な投資と少しばかりの運が必要とされる。そもそも大企業は、業界の仕組みを変化させることにほとんど価値を見出さないし、業界が利益を上げているときは特にその傾向が強い。へたに行動して間違えて、多大なリスクを抱えたくないのだ。

テクノロジーの変化はディスラプションにつながる可能性がある。テクノロジーからは、ビジネスを構築して顧客にサービスを提供するための新しい機会が開かれる。仕組みが正確に解明されているわけではないが、スタートアップや小さな企業がイノベーションに積極的でも、大企業に熱意がないときには、小さな企業が集まる小さな市場でイノベーションが生み出される。やがて新しい製品が成熟段階に達し、大きな市場でも従来の製品に代わって十分に通用するようになると、最終的に従来のシステムが崩れ、新しいビジネスの手法が思いがけない場所で誕生する。こうした変化については次章で取り上げる。

キーポイント

●イノベーションシステムそのもののイノベーションは、他の多くの下流システムにカスケード効果をもたらす可能性がある。レンズを磨く技術が進歩すると、個人向けの光学レンズ市場（すなわち眼鏡）にイノベーションが起きた。さらに、イノベーションの波は研究用器具の市場（すなわち顕微鏡）にも押し寄せ、イノベーションシステムのさらなるイノベーションが可能になった。顕微鏡からは病気の病原体説が生まれ、その結果ウイルスやバクテリアを撃退し、医療の他の側面にも変化を引き起こした。

●イノベーションシステムでのＡＩの中心的な役割のひとつが、新しい組み合わせがもたらす成果の予測だ。かつては科学理論や試行錯誤に頼っていた場所で、（十分なデータを集めてモデルを訓練できるならば）いまではＡＩの予測を利用して仮説を立てられるときもある。

●仮説を立てる段階が自動化されれば、イノベーションの生産性は大きく向上する可能性がある。ただしこのテクノロジーの恩恵を十分に受けるためには、仮説を立てる段階だけでなく、イノベーションシステム全体の見直しが必要になる。たとえば仮説を立てる時間が短縮されても、プロセスのつぎの段階である仮説の実験に何の変化もなければ、ほとんど影響はもたらされない。むしろ下流でボトルネックが創造されるだけだ。

第四部

パワー

第一〇章　ディスラプションとパワー

ここでちょっと、おさらいをしておこう。ＡＩは、変革を促す可能性を秘めたテクノロジーだ。ただし変革が簡単に実現しないことは、歴史を見ればわかる。新しいテクノロジーからは最初にポイントソリューションとアプリケーションがもたらされるが、新しいテクノロジーを原動力とするシステムが創造されないかぎり、テクノロジーが本格的に導入されて変革が実現することはない。ＡＩが予測を行なえば意思決定が改善され、そこから価値が創造される。ＡＩ予測をポイントソリューションとして導入すれば、既存の意思決定プロセスが改善される。アプリケーションからは、新しい形の意思決定が考案される。ただしこうした意思決定を、ただ放り込んでも意味はない。意思決定は、ルールに取って代わる必要がある。ルールはエラーを容認する。そしてエラーの影響を軽減するため、しばしばその周囲にバリアを張り巡らす（一例が空港ターミナル）。したがって、ＡＩ予測のターゲットになりそうな不確実性が、巧妙に隠されている可能性がある。ルールを土台にして構築されたシステムは頑丈で、様々な要素が「密着して切り離せない」。そのため、システムのマインドセットを導入しないかぎり、ＡＩを利用しても大した成果は期待できない。

システムレベルのイノベーションを起こすための課題を実行に移せば、ＡＩの潜在能力は発揮されて変革が促される。このあと本書では、課題を大まかに整理して、多くの組織が直面する難問と一緒に紹介していく。ここでは何よりも、このプロセスが破壊的であることを理解してほしい。

ディスラプション。この言葉は実に厄介だ。私たち著者は経済学者としてバズワード〔意味が曖昧な用語〕を敬遠するが、テクノロジーのサークルでディスラプションほど曖昧なバズワードはおそらくないだろう。しかし、システム全体の変化を進める状況でＡＩの導入を検討するときには、ディスラプションという言葉が役に立つ。それには以下の三つの理由がある。先ず、すでに見てきたように、ＡＩを応用する機会は目に見えない場所に隠されているので、既存の産業は死角を突かれる恐れがある。つぎに、既存のシステムを破壊して代わりに新しいシステムを構築する課題は、創造的破壊のプロセスに不可欠な部分であり、テクノロジーの根本的な変化を伴う。そして最後に、古いシステムが新しいシステムに取って代わられると必然的にパワーシフトが進む。それは特に経済面で顕著だ。システムイノベーションにはパワーの蓄積という恩恵がもたらされるが、同時にディスラプションの可能性は不安や抵抗の引き金になる。ディスラプションという包括的な言葉についての多くの人たちの解釈には、以上の三つが関連している。したがって、ここでディスラプションという言葉を使うことは理にかなっている。

予測はディスラプションを引き起こす

このあと本書では、ＡＩ予測やその導入が、どのようにディスラプションを引き起こす可能性があるのか解説していく。ただし、まだ実現した段階ではないので、この解説には必然的に推測が含まれる。こうした推測は、ＡＩ予測やテクノロジー経済について手に入れた知識に基づいたものだ。一方、データ収集やコンピュータリゼーション（コンピュータの普及）に助けられ、私たちが事前に予測する能力も向上した。

一九九〇年代まで、発電は厳しく規制されてきた。ほとんどの国では、電気を作り出して企業や家庭に供給するプロセス全体が、垂直統合型に編成された。理由のひとつは、電気は作り出すためのコストが高く、蓄積するのがほぼ不可能であることだ。どれだけの量の電気が必要とされるのかわかっていれば、その分だけ作り出せばよい。ただし電気の使用に関しては、一日のなかでも分刻みで様々な決断を下さなければならない。そうした需要に応えられなければ、ネットワーク全体が崩壊する可能性があった。

実際のところ、好きなだけ電気を作り出すこともできるが、それには他にも様々な事柄を処理しなければならない。たとえばどの地域でも、配電線から送られる電気が最大容量を超えないような配慮が必要とされる。発電所が利用できなくなる可能性も考慮しなければならないし、そもそも燃料のコスト変動も見逃せない。その結果、発電プロセスは厳密に管理され、緊急事態を考慮していつでも供給過剰になった。慎重な姿勢が徹底されたのである。

やがてすべての予測——天気予報、エンジニアリングの予測、ダウンタイム（運転休止時間）の予測など――が、以前よりも改善された。これは、コンピュータリゼーションや経験の蓄積によってもたらされた。そのため電力会社は、発電に関する慎重な姿勢を少し緩和できる可能性が生まれた。しかし計画的なシステムのもとでは、燃料コストの節約は大して期待できない。発電量の少ないガス発電所を断続的に稼働させるよりも、規模の大きい石炭発電所や原子力発電所を常に稼働させるほうがずっと簡単だった。

それでも予測が改善されると、最終的には業界の組織構造に変化が引き起こされる可能性が生まれた。電気の供給を集中的に管理する傾向が弱まり、モジュール化〔全体を機能的なまとまりに再定義すること〕が進むことが期待された。これなら発電のプロセス全体が厳密に管理され計画される代わりに、各発電所が入札を経て、地元市場に電気を販売できるようにもなる。こうした電力プール市場が実現すれば、コストが低下しても品質が犠牲にされないことを、一九八〇年代末までには経済学者も電気の専門家も認識するようになった。

電力業界の核心的な問題は根強く、電気の供給が需要を上回る傾向はなかなか解消されなかった。それでも地域の電力需要を高い精度で予測できるようになると、組織の分散化を進め、各発電所が独自に発電量を決断する環境が整った。前日の入札で調達価格が決定され、需要と供給の量が調整されれば、価格が高騰するリスクはほとんどない。確かに一部で価格の高騰はあったものの、発電所のオーナーは確実にこちらのほうを好んだ。システム全体で予測が改善すれば、中央で管理する必要はなくなり、競争が加速される。その結果、発電全体のコストは大きく低下した。[1] 当然ながら、かつては想像もしなかった電力プール市場が、いまではほぼすべての経済大国で導入されている。これもひとえに予測が改善したおかげだ。

予測をきっかけに電力業界が新しい方法で編成されると、発電のプロセスは分散化された。予測が改善されるとたちまち、需要が期待を大幅に上回るケースは稀になった。予測に基づく情報が様々な発電所や送電事業者や配給業者に前日までに伝えられるので、どの関係者も供給に関する意向を中央のシステムオペレーターに教えることができた。それは自由裁量の拡大につながり、その結果、様々な発電所や、それ以外の発電効率の高い選択肢に投資する機会が開かれた。もはや、すべてを中央で計画する必要はなくなった。

電力業界の変革は、集権化から分散化への移行を促した。しかしここでは、これをきっかけに電力ではなく、経済に関して誰がパワーを手に入れたのか考えることが肝心だ。

市場で高い価値をつけられ、しかも数が少ないものをあなたが所有すれば、経済力の向上につながる。だからピカソが伴侶を描いた絵と、あなたの五歳の子供があなたの伴侶を描いた絵は、同じように評価されない。どちらもユニークで、人物が本物そっくりに描かれていないが、一方には作者がピカソだという理由で価値が加わる。同様に、ピカソのオリジナルを所有していれば、レプリカを所有しているよりも高く評価される。出来栄えは見分けがつかないが、オリジナルは希少性が高い（需要に対して供給が少ない状態）一方、レプリカはいくつも存在する。

経済力の拠り所となる希少性は、競争によって高くなる。そのため経済学者は時として、経済力と独占力を同等に見なす。かつて希少だったものが競争にさらされると、パワーシフトが進行する。

電力生産者は、垂直統合的な構造を築いて競争から身を守ってきたが、電力業界に生じた変化は、そんな生産者に大混乱を引き起こした。実際のところ、競争によって収益は下がり、なかでも発電所は特に大きな痛手をこうむった。もはや長期契約などの協定に頼れず、発注してもらうためには入札に参加する必要があった。同時に、以前よりも多くの販売業者が複数のローカルシステムを相互に接続し、大きな地域市場を創造する機会が生み出された。アメリカ本土では州の境界とは無関係に、全体が一〇の市場にまとめられた。

こうしたプロセスはしばしばディスラプションを伴う。古くからの供給業者が経済力を振りかざしてきた業界がいきなり競争にさらされると、それまでの経済力は衰える。ただしパワーは消滅するのではなくシフトする。電力業界のケースでは、垂直統合された供給業者から別の場所へとパワーシフトが進んだが、なかでも電気の消費者へのシフトは顕著だった。

あるいは、競争の形をとったディスラプションをきっかけに、従来の生産者から新しい生産者へのパワーシフトが進む事例もある。この場合は独占力が継続し、独占者の名前だけが変わる。したがって経済力は、新しいイノベーションによって本質的に脅かされない。むしろイノベーションからは利益がもたらされる。これから紹介するが、ディスラプションがシステムイノベーションの形をとるときは、強力なアクター（主体）のあいだでバトンが受け渡される。そして、現在のシステムで利益を享受できない人たちは往々にして、新しいシステムの創造から生み出される報酬を手に入れる絶好の機会に恵まれる。

破壊的な脅威

ディスラプション、なかでも特にシステムイノベーションに由来するディスラプションは、独占的に事業を営んできたインカンバント（伝統的な事業者）から経済力を奪う脅威になる一方、新規参入者に新しい機会を提供するが、それはなぜなのだろうか。

ディスラプションという言葉は、クレイトン・クリステンセンの著書に由来する。[2] 新しいテクノロジーやそれが顧客にもたらす価値に関して、既存の企業は「的外れな質問をする」可能性があると、クリステンセンは指摘する。すなわち、自分の顧客にテクノロジーがほとんど利点をもたらさなければ、敬遠する傾向がある。対照的に、既存のマーケットリーダーから顧みられず、十分なサービスを受けていない顧客には、同じテクノロジーが強くアピールする。たとえば、ハードディスクドライブのインカンバント・メーカーは、記憶装置の優れた性能を強調したが、もっとサイズが小さいものや出力効率のよいものに取り替えたいと考えている顧客も存在した。新規参入者はそこに目をつければよい。テクノロジーが改善されれば、最後は業界で手ごわい競争者になる可能性もある。[3]

テクノロジーが急激に変化しても、従来の基準ではパフォーマンスの改善につながらず、むしろ既存の業界が見過ごしている基準で改善の見込みがあるときには、本当に強力なディスラプションが発生する。そしてこれは、インカンバントにとっての死角を創造する可能性がある。歴史家のジル・ルポールは、この理論について以下のように述べている。

一九九七年の著書『イノベーションのジレンマ　技術革新が巨大企業を滅ぼすとき』（伊豆原

弓訳、翔泳社、二〇〇一年）のなかで、［クリステンセンは］つぎのように論じた。既存の企業がジレンマに陥るのは、意思決定が悪かったからではない。良い意思決定が数十年にわたって成功をもたらしてきたため、それを手放せなくなったことが理由である（「正しいことをするのが」「悪いこと」になってしまうのが「イノベーションのジレンマ」である）。クリステンセンが指摘するように、ここで問題なのは歴史の進行の速さだ。難問が発生したからではなく、機会を逃したから、ジレンマに陥る。ちょうど、飛行機があなたを置き去りにして離陸するようなものだ。あるいはあなたが飛行機の存在を知らず、飛行場を草原だと思って迷い込めば、離陸中の飛行機にひかれる可能性がある。[4]

ＡＩに関しては、こうした死角の要因がルールや隠された不確実性のなかに潜んでいることをすでに本書でも指摘してきた。ディスラプションが発生すると、従来と異なる顧客をターゲットにするだけでは十分に対応できない。企業の組織や優先すべき問題を見直さなければならない。新しいテクノロジーには組織の変化で対応する必要があることを理解できなければ、呆気なくディスラプションの対象にされるのも当然だろう。

その典型例が戦車だ。戦車は第一次世界大戦の末期、最初にイギリスで造られた。戦車はかなりスピードが速く、敵の軍隊に混乱を引き起こす可能性があった。少なくとも、当時の戦車長のＪ・Ｆ・Ｃ・フラーは、そのように考えていた。ところが戦間期に入ると、イギリスはフラーの計画を無視して、戦車は騎兵科の所属になった。そしてドイツが再軍備を始めると、「イギリス軍のトップで陸軍元帥のアーチボルド・モンゴメリー＝マシンバード卿は対抗策として……馬の飼料に費やす出費を一〇倍に増やした。騎兵隊の士官には二頭目の馬が、戦車隊の士官にも馬が一頭、支給された」[5]。対照的にドイツは軍隊組織がほぼ壊滅したので、既存の組織に新しい技術を敢えて組み込まなかった。新しい技術には、新しい軍隊組織と戦術が必要であることを理解していたのだ。そして戦車隊による攻撃を「電撃戦」と呼び、その立ち上げのためにフラーを招いた。

イギリス軍の失態について聞かされて、過信に基づく愚かな判断が招いた結果だと片付けるのは簡単だが、同じような話はビジネスの歴史にもたびたび登場しており、学者に見過ごされることはなかった。たとえばクレイトン・クリステンセンが一九九〇年にディスラプション理論の構築に取り組んでいたとき、廊下の先の研究室ではレベッカ・ヘンダーソンとキム・クラークが同じ現象に注目していた[6]。ただし、クリステンセンのように需要サイド（すなわち顧客価値に関する視点の欠如）に目を向けるのではなく、供給サイド（すなわち適切な組織の欠如）にヘンダーソンとクラークは注目した。そのうえで、テクノロジーが構造上の変化を引き起こし、それをきっかけに、組織の優先事項に変化が促される状況をいくつも特定した。そして、既存の組織を変化させるのは難しく、ゼロからスタートできる新しい組織にチャンスが巡ってくると結論した[7]。

もっと最近の事例がｉＰｈｏｎｅだ。二〇〇七年、携帯電話業界はカナダの企業リサーチ・イン・モーション（ＲＩＭ、現在はブラックベリー）の独占状態の真っただ中にいた。同社が開発した通信機器のブラックベリーは携帯電話だったが、キーボードの搭載が大きな特徴で、ｅメールやショートメッセージの機能も備わっていた。そのためビジネスパーソンたちは夢中になった。あるアメリカの国務長官（女性）は愛好するあまり、オフィスでも継続して使えるようにプライベートサーバーをセットした。これほど熱狂的に歓迎されたのは、キーボードのハードウェアが完全に一体化されていたからだ。しかもメッセージを送るハードウェアのネットワークは安全で効率が高く、手放せなくなるように工夫されたデバイスだった。

対照的にｉＰｈｏｎｅは脆弱だった。ブラックベリーのユーザーが愛するキーボードはなかった。モバイルインフラはインターネットの回線速度が遅く、バッテリーの寿命は短かった。そして電話もトラブルが多かった。ＲＩＭ、ノキア、マイクロソフトを含む業界全体が、これを評価しなかったのも無理はない。アップルはこの業界から手を引き、専門家に任せるべきだと忠告された。

ずいぶん尊大な態度だと考えたくなるかもしれない。しかしインカンバント企業の批判はすべて正しい。ひとつだけ、彼らはアップルがスマートフォンに新しいアーキテクチャを選んだことを理解しなかった。アップルは、ハードウェアとソフトウェアを統合した。そしてまったく新しく組み合わされたデバイスを実現するために、あらゆる構成部分の性能をある程度まで犠牲にする必要があった。だから、ひとつひとつの構成部分に注目すると、ひどい製品だという印象を受ける。しかしシステムについて理解すれば、全体像は異なってくる。ｉＰｈｏｎｅにチャンスを見出した唯一のテクノロジー企業が、既存の業界とは発達構造が異なっていたのも無理はない。それはグーグルである。

アーキテクチャの変化――本書ではシステム全体の変化という表現を使ってきた――に対処することの難しさが、この事例からはわかる。先ず、実行に移すためには、当初は競争力のなさそうな製品が必要とされる。ただし、顧客に好まれそうな性能を犠牲にする選択を行なうのは簡単ではない。つぎに、かつて何らかの性能を実現するために創造された既存の組織は、新しいテクノロジーに伴うトレードオフのすべてをすぐには理解できなかった。要するに、木を見て森を見なかった。そして最後に、そうした間違いに関するフィードバックがすぐには働かなかった。ｉＰｈｏｎｅが携帯電話のインカンバント・メーカーの売り上げに影響をおよぼすまでには、四年の歳月を要した。初代のｉＰｈｏｎｅが発売された二〇〇七年を過ぎてから、ブラックベリーは過去最高の売り上げを記録した。アップルとグーグルが同じデバイスを共有するようになってようやく、新しい携帯電話の設計のほうが好まれるようになった。そのころには、インカンバント企業が組織を再編して追いつこうとしても、すでに遅すぎた。

システムの変化に伴うジレンマ

ＡＩ主導の意思決定がシステムの一部になるためには、新しいシステムに合わせて組織を設計し直す必要がある。ＡＩの導入に際しては、それが前提になる。先ほど述べたように、既存の組織は既存のテクノロジーを使って高い性能を達成するように最適化されてきた。新しいシステムを創造する際には、それが障害のひとつとして立ちはだかる。ＡＩを導入すれば、焦点の変更を迫られる。なかにはＡＩをきっかけにモジュール型組織〔状況に応じた柔軟な組織〕への変化が進行するケースもあれば、組織の構成要素のあいだで協調が促されるケースもある。要するに、現在の焦点の当て方には問題があり、広範囲にわたる変化が必要であることが広く認識されなければならない。

ＡＩ予測を導入し、ひとつまたは複数の重要な意思決定の領域に組み込むためには、新しい組織設計が必要とされるが、それをトップマネジメントが理解しても、さらなる難問が生じる。なぜなら、組織の設計が変更されれば、価値観の変化が確実に引き起こされ、従来とは異なる資源を供給する業者の存在が、組織のなかで強力になるからだ。パワー配分の変化に伴って弱体化が予想される人たちは、変化に抵抗するだろう。組織が教科書通りに機能して、ＣＥＯがゴーサインを出すだけで変化が実現することはまずあり得ない。むしろ、パワーを失う可能性のある人たちは変化に抵抗する。そのプロセスの一環として行動を起こせば、最低でも変化のスムーズな進行が妨害される可能性がある。最悪の場合、新しい行動を予想した妨害行為によって、組織の再設計の規模が著しく縮小される可能性や、計画自体が見直されたりする可能性も考えられる。[8]

破壊的なテクノロジーの導入に伴う変化への抵抗はめずらしくない。たとえば、ブロックバスター・ビデオの経験について考えてみよう。ブロックバスターは一九九〇年代から二〇〇〇年代にかけて、ビデオレンタル市場のリーダーだった。そんなブロックバスターの終焉は、二一世紀の最初の一〇年間にネットフリックスが台頭し、オンデマンド配信ビデオが普及したことが原因だと一般に語られてきた。しかし実際のところブロックバスターは、なすすべもなく新しい方法に屈したわけではない。これからどうなるか理解していたものの、最終的に調整に失敗したのだ。

ネットフリックスはビジネスを始めるに当たり、新しいＤＶＤテクノロジーを利用することにした。これまでブロックバスターがレンタルしてきたビデオテープに比べ、ＤＶＤは小さいだけでなく、ロバスト性に優れていた。ネットフリックスは実験的な段階を経て、最終的にサブスクリプションからビジネスを始めた。このサブスクリプションでは、顧客は三本のＤＶＤを同時にレンタルすることが可能で、しかもレンタル期間の制限がない。顧客がＤＶＤをオンラインで注文すると、それが郵便で送られてくる。このモデルにはふたつの利点があった。先ず顧客は、ＤＶＤを借りたり返却したりするために、実店舗に足を運ぶ必要がなかった。つぎに、ネットフリックスでは延滞料が発生しなかった。これに対し、ブロックバスターの典型的なフランチャイズでは、収益のなかで延滞料が占める割合が最大で四〇パーセントにおよんだ。一方、ネットフリックスは最新作がかならずしも充実していない点は不便だった。顧客は視聴体験の計画を立てる必要があり、気に入った作品を衝動的にレンタルするわけにはいかなかった。

ネットフリックスに顧客を奪われる可能性があり、自分たちの収益にも影響がおよびかねないことを、ブロックバスターは発見した。二〇〇〇年代初めには、自分たちのモデルの欠点にネットフリックスが付け込んでいることを認識し、オンデマンドビデオの実験を始めた。ブロックバスターは他に先駆けて、オンデマンドビデオのサービスを始めたのだ！　しかし当時のブロードバンドのスピードは、今日とは違って遅かったため、この実験は成功しなかった。それでもブロックバスターは、ネットフリックスと似たようなＤＶＤレンタルモデルを自分たちも提供できると確信した。郵便を使うだけでなく、店でＤＶＤを選んで返却するオプションを追加した点が、ネットフリックスとは異なった。

問題は、こうしたタイプのサブスクリプションサービスが、フランチャイズの収益全体の四〇パーセントにもおよぶ延滞料を消滅させることだった。さらに、顧客がかならずしも店を訪れなければ、ポップコーンやキャンディといった他の商品を購入してもらえない。そうなると、ブロックバスター自体はネットフリックスのモデルを見倣えば利益を確保できるかもしれないが、フランチャイズは不利な立場に置かれる。フランチャイズは抵抗し、新しいモデルが成功する見込みが高くなると、抵抗はさらに強くなった。そのためブロックバスターは最終的に経営陣を入れ替え、フランチャイズをサポートする従来のモデルに戻る決断を下した。フランチャイズがビデオのレンタル以外に提供する商品をテコ入れし、ネットフリックスに対抗しようとしたのだ。結局これはうまくいかず、数年もするとブロックバスターは倒産に追い込まれた。[9]

新しいテクノロジーが登場しても変化を引き起こせず、しかも内部の圧力が変化を妨害して手遅れになった事例として、ブロックバスターのケースはもちろん極端だ。しかし、新しいテクノロジーの恩恵を受ける側とそうでない側の対立が際立っている点で、これは将来を暗示するケースでもある。小売店には新しい世界での役割がなく、それだけでもブロックバスターの変化を妨害するには十分だった。新しい組織に何が必要か経営陣は理解していたが、実行に移せなかったのである。

このあとの章で概略を説明するが、ＡＩが組織に引き起こす変化を広義に解釈するなら、パワーを分散させる効果と、協調を通じてパワーを集中させる効果のふたつの可能性が考えられる。いずれにせよ、こうした変化から取り残されれば確実に敗者になる。そのため、現在の組織システムを拠り所にしたパワーを維持するため、既得権益を必死で振りかざす。

ディスラプションと機会

システムレベルの変化は難しいが、成功すれば非常に大きな利益が生み出される。ＡＩに関しては、常に浮上するひとつの疑問がある。ＡＩの予測を体現する機械は——ロボットにせよソフトウェアのアルゴリズムにせよ——それ自体にパワーが備わっているのだろうか。ＡＩをきちんと理解すれば、機械がパワーを持つ可能性への不安は見当違いであることがわかる。実際こうした不安は根強いので、次章ではこれについて取り上げる。

キーポイント

●インカンバントはポイントソリューションを容易に採用する可能性がある。なぜなら特定の意思決定やタスクが改善され、しかも他の関連する意思決定やタスクを変化させる必要がないからだ。一方でインカンバントは、システムレベルのソリューションをなかなか導入できないことが多い。なぜなら、それには他の関連するタスクを変化させる必要があるが、こうしたタスクの最適化に組織はずっと投資してきたからだ。さらに、システムソリューションはこうしたタスクの一部には不向きで、短期的にはその傾向が特に顕著だ。システムソリューションは、ディスラプションのお膳立てをしてしまう。

●本書ではパワーを経済力と見なす。あなたが所有または管理するものが需要よりも少なければ、あなたにはパワーが備わる。このように経済力を左右する希少性は、競争によって高くなる可能性がある。そのため経済学者は時として、経済力と独占力を同等に見なす。かつては希少だったものが競争にさらされると、パワーは別の場所にシフトする。

●システムレベルのソリューションが成功するためには時として、AIから十分な恩恵を受ける必要がある。システムの設計の見直しはパワーシフトを促す可能性があり、業界レベル（AIが普及するにつれて、データを豊富に持つ業界が強力になる）、企業レベル（第二章で取り上げる）、職務レベル（たとえば、映画作品のレンタルがオンラインで注文し、DVDが郵便で送られる形に変更されると、ブロックバスターのフランチャイズはパワーを失った）で進行する。パワーが失われる可能性のある関係者は抵抗するだろう。こうした抵抗勢力は、しばしば現時点でパワーを持っている（だからこそ抵抗する）。そのため、システムレベルの変化の妨害に大きな効果を発揮する可能性があるが、結局はそこから、ディスラプションにふさわしいコンテクストが創造される。

第一一章　機械はパワーを持っているのか？

新聞を読むと、つぎのような見出しが目を引く。「アマゾンは倉庫作業員の『生産性を』いかに自動追跡して解雇するのか」「アマゾンはＡＩを使い、生産性の低い作業員を自動的に解雇した」「あなたはロボットに従業員を解雇させたいですか」「アマゾンではボットによって解雇される」「これはあなたと機械の戦いだ」「これからのロボットは、低賃金労働者の支配者として君臨する」。この最後の見出しは二〇一九年五月にウォールストリートジャーナル紙に掲載されたもので、記事ではグレッグ・イップが、重要な点を以下のようにまとめた。ロボットが我々の仕事を奪うことを心配するのはそろそろやめよう。むしろ、誰が採用されるかロボットに決められることのほうを、心配しなければならない。

少なくとも、この記事には大勢の人たちが惹きつけられた。なぜなら、根源的な恐怖を掻き立てたからだ。いまや機械は、人間を支配するパワーを手に入れたのだろうか。

一連の記事を読むと、つぎのような光景が現実だと信じたくなる。一日の仕事を終えた作業員は、狭い部屋に入るとスキャンされる。すると、「お疲れさま。また明日」と書かれた明るい緑色の紙か、「今日でおしまい」と書かれた赤い紙を受け取り、その場合は解雇通知が自動的に発行される。

結局のところ現実の状況は、このように大騒ぎするほどではなかった。確かにアマゾンは、作業員の勤務状況を予測するためにＡＩを使った。それが評価を見直すきっかけになったのも事実だし、その見直しに従って作業員が解雇される可能性があったことも間違いない。しかし作業員が部屋に入ると、人間の判断抜きで運命を決められたわけではなかった。むしろアマゾンは、ＡＩを使って作業員の勤務成績を評価した。勤務成績が不安材料になるかどうかＡＩが評価すると、それを参考にして人間の上司が対応策を決断する。もしも人間の上司がＡＩに無条件に従えば、ＡＩが決断をコントロールしているような印象を確実に受けるが、上司が背後に隠れているようなものだ。これなら結局、いかなる業績評価スキームとも変わらない。ほとんどの人が経験するもっと主観的なスキームの一部と比べ、こちらのほうが悪質だとは確信できない。

しかし、見出しの内容がすべて真実で、あなたは本当に人間がプロセスに介在しない状態で評価され、その結果次第で解雇されるとしたらどうか。その場合、採用される人物を機械が決めるのだろうか。いまやプロレタリアートの人間は、ブルジョアの機械に支配されるのだろうか。

これから本章で明らかにしていくが、こうした疑問への答えは間違いなくノーだ。ロボットや機械は概して何も決断しないので、パワーを持つわけではない。重大な決断を下すのは、単独または複数の人間だ。確かに自動化を進めれば、機械が厄介な仕事を行なっているように見えるかもしれない。しかしそれは幻想にすぎない。現在のＡＩのレベルでは、人間が実際の決断を下す。

ここで哲学について論じるつもりはない。それは他の機会に任せたい。むしろここでは、ＡＩの潜在的な破壊力を正確に評価するためには、機械は決断しないという事実を受け入れることが肝心だという点を強調したい。すなわち、ＡＩは意思決定を機械に任せることができないが、意思決定を行なう人間を変化させることはできる。機械はパワーを持たないが、実際に導入されたあとは、人間のあいだのパワー配分に変化を引き起こすことができる。

機械の導入をきっかけに意思決定を行なう人間が変化するならば、基本的なシステムも変わらなければいけない。機械を製作するエンジニアは、機械に基づく判断がどんな結果を招くのか、理解する必要がある。これまで意思決定に関与してきた人間は、もはや必要とされない。

機械は決断しないという概念は、新しいものではない。一八四二年に世界最初のコンピュータプログラムを書いたエイダ・ラブレスは、機械の限界を理解していた。

ユーザーが「虚偽の」情報を入力すると、コンピュータは何もすることができないとエイダは読者に警告している。今日では、このコンセプトは「ゴミを入れたらゴミが出てくる」（ＧＩＧＯ）と呼ばれる。エイダはつぎのように語る。「解析機関〔機械式汎用コンピュータ〕は、何かを創造する決断を下さない。私たち人間が何かを実行するように命じれば、何でも忠実にこなせる。分析に従うことはできても、分析的関係や真実を予想する能力は持ち合わせない」[1]。

機械は、どこかから出される指示に従うことしかできない。

ここで、アマゾンの解雇アルゴリズムの仮想バージョンについて考えてみよう。このバージョンでは、勤務評価や解雇のプロセスに人間がいっさい関わらず、実際にアルゴリズムが単独で決断を下す。このアルゴリズムをプログラムする際には、賃金相場、代替作業員を確保できる可能性、訓練の必要条件、あるいは職場の習慣に関する法的ルールなど、どんな要素が判断に求められるのか、誰か人間がある時点で予め特定しておく必要がある。他には、有望なスキルや能力やカルチャーフィット（自社の社風や価値観と、求職者の性格や価値観が適している状態）をAIにどのように予測させるかといった、確率的な要素について検討する方法も特定しておかなければならない。従来は、誰かひとりのエンジニアがどこかでプログラムの完成を一手に引き受けたかもしれないが、自動化システムを実際に展開する際には、判断に関わる要素がもっと慎重なプロセスを経て特定される。それには、新しい意思決定システムが必要とされる。

私たちは、意思決定をまるごと機械に委ねられるとつい考えたくなる。しかし、実際に決断する段階は十分に自動化できても、予測に基づいてどんな行動をとるか決める段階には、やはり人間が関与しなければならない。

グローバルになる

機械が意思決定を行なっているように見えるのは、AIを活用して自動化が実現したおかげだ。予測マシンを使えば、意思決定を行なう時間や場所は変更される。人間はよく考えたうえで、何らかの状況が発生したときに何をすべきか判断し、その内容を機械にコード化すればよい。

自動化には判断のコード化が欠かせない。人間は機械から予測を伝えられる時点ではなく、機械を導入する時点で判断する必要がある。判断は多くの意思決定の役に立ち、しかもコードで表現されなければならない。これは簡単な作業ではない。

ここで、トロントのスタートアップ企業エイダが顧客サービスの自動化を実現したプロセスを振り返ってみよう。[2] エイダの創業者たちはこのプロセスを、企業と顧客のインタラクションを活性化させるオートメーションレイヤー（自動化層）と表現している。

新型コロナウイルスが蔓延し始めた二〇二〇年の前半、ズームの一日のユーザーは一〇〇〇万人から三億人に増加したため、エイダはズームの顧客サポートにオートメーションレイヤーを提供した。[3] その結果、営業の七〇パーセント、顧客サポートに関しては無料ユーザーとのインタラクションの九八パーセント、有料ユーザーとのインタラクションの八五パーセントが自動化された。あなたがズームのパスワードをリセットする必要があるときや、カメラの調子が悪いときには、おそらくエイダの自動化エージェントが対応している。

ここでは判断構築のプロセスが重要になる。先ず、顧客がサービスのインタラクションを始めた時点で、どんな意図を持っているか予測する。パスワードの変更、クレジットカード情報の更新、もっと総合的なサービスへのグレードアップなどが考えられる。そのなかからエイダは先ず、自信を持って予測できるものを選ぶ。それはパスワードの変更だ。

するとつぎに、エイダはワークフローと判断に取り組む。ワークフローは、顧客のパスワード変更を手助けする一連の行動から成り立つ。顧客がパスワードの変更を希望していることを機械が確信すると、パスワード変更に関して自動化されたワークフローが動き出す。確信できなければ、このプロセスは人間が手がける。

　ここで判断が下される。では、自動化シーケンスを進める前に、その必要性をエイダはどれだけ確信すべきなのだろうか。それは状況次第だ。無料バージョンでのインタラクションは九八パーセントが自動化される一方、有料バージョンのケースで八五パーセントにとどまっていることには理由がある。無料バージョンのほうがクエリ（処理要求）しやすいことは考えられるが、理由はそれだけではない。有料バージョンで間違いを犯せば、重大事になるからでもある。こちらのほうがリスクは高いので、自動化のハードルも高くなる。

　入ってくる問い合わせや顧客の意図に関するデータを集めながら、エイダはワークフローの自動化をさらに進める。やがてパスワードの変更以外にも、クレジットカード情報の更新や様々な技術的問題が対象に加わる。そして、どの問い合わせが営業関連なのか、あるいは有料サービスの購入と機能のグレードアップのどちらを希望しているのか、特定できるようにもなる。

　ここでの判断は特に重要だ。営業に関する判断を誤ると、パスワード変更に関する判断を間違えるよりも深刻な結果が引き起こされる。エイダがここをうまく乗り切るには、入ってくる問い合わせのどれを自動化すべきか決断するために、必要なデータにアクセスして意思決定プロセスを進めなければならない。意思決定の一部はカスタマーサービスの手を離れ、企業の経営陣やエイダのエンジニアに任せられ、そうなるとパワーが移行する。顧客の意図に関する予測が改善されれば、自動化の機会は創造される。しかし、その機会に価値があるかどうかの見きわめは人間の判断にかかっている。自動化がもたらす恩恵と、間違ったときのコストを適切な人物が慎重に比較しなければならない。すべてが順調に進むためには、データ収集、意思決定、責任の配分に関してシステムレベルの変化が必要とされる。

あなたは幸運だと思いますか？

機械にパワーが集中することに関しては、もうひとつ不安が持ち上がっている。いまや予測マシンは、私たちが目にする情報の発信源になる機会が多く、私たちが世界を理解して意思決定を行なうための手助けになっている。その範囲は、ショッピングから選挙の投票まで幅広い。では、機械が私たちに情報を提供するようになると、私たち人間の力はいつのまにか衰えるのだろうか。これから説明していくが、私たち人間と予測マシンとの関係は一方通行ではない。確かに、私たちは機械から情報を提供され、その影響を受けるが、逆に私たちも機械に情報を提供する。そしてその情報は、機械が予測を変更するために役立てられる。要するに経済的な視点では、機械（とその所有者）は、すべての決定権を持っているわけではない。品質を維持するためには、私たち人間を必要としているのだ。だから、自分にはコントロールする力がないとあなたが感じても、実際には思いのほかコントロールしている。

ここで、今日ではスーパーＡＩに最も近い存在について考えてみよう。それは予測マシンのグーグ

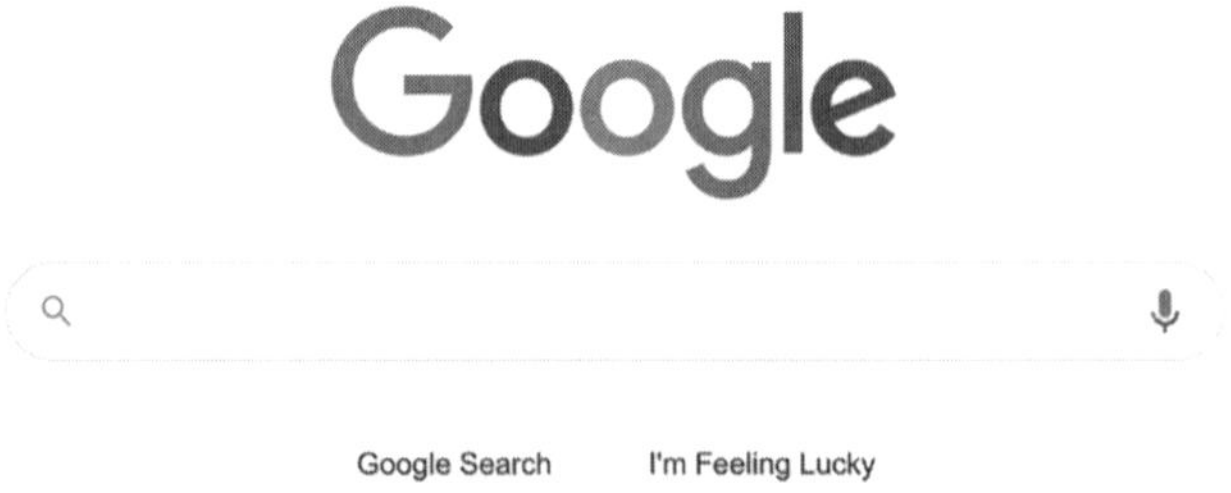

図11-1　グーグルのホームページ、2021年

出典：Google and the Google logo are trademarks of Google LLC.

ルサーチだ。あなたがグーグルサーチに質問すれば、あるいは情報を手に入れたい言葉をいくつか入力するだけで、ウェブサイトを調べてくれる。そのうえでグーグルはリストを作成し（時には何万もの情報が集まる）、あなたに好まれる可能性が最も高いものから順番に紹介する。かつてこのランク付けは、主にページランクによって決定された。これはラリー・ペイジが考案した評価システムで、他のサイトへのリンクが多いサイトほど好まれるという前提に立っている。しかしいまでは、グーグルのランキングは何兆もの検索やクリックに基づき、深層学習をベースにした予測になった。そして他の人たちの過去の行動を考慮するだけでなく、あなたに関する知識を更新し続け、個人向けの――あなただけを対象にした――ランキングを提供する。これだけ手厚いサービスを受けて、あなたはどれだけ幸運だろうか。

　結論から言うと、かならずしも幸運ではない。あなたは気づいていないかもしれないが、グーグルの検索のほとんどは、グーグルのホームページ（www.google.com）から行なわれるわけではない。ホームページにはふたつのボタンがある（図11－1を参照）。検索語を入力して「グーグルサーチ」のほうをクリックすると、サイト

図 11-2　グーグルのホームページ、1998年

出典：Google and the Google logo are trademarks of Google LLC.

がランキングされたお馴染みのリストが、サイトの運営に資金提供している広告と一緒に現れる。しかし、その隣にはもうひとつ、「I'm Feeling Lucky」というボタンがある。そしてこちらのボタンのほうをクリックすると、検索順位第一位のウェブサイトに直接ジャンプする。こちらのボタンが滅多にクリックされないという事実からは、これがそれほどラッキーだと思われていない可能性が示唆される。予測が十分だと見なされていないのだ。

これは新しいボタンではない。グーグルの最初のホームページにも掲載されている（図11-2を参照）。そして、グーグルがシンプルで洗練されたホームページの画面を追求しているのは有名な話だが、未だに「I'm Feeling Lucky」ボタンは残されている。そもそもこれは、グーグルの共同創業者セルゲイ・ブリンが考案したもので、これを含めれば、グーグル検索の素晴らしさを強調する手段として役に立つと期待された。二〇〇七年にブリンは、グーグルのユーザーのなかでラッキーなのは一パーセント程度だと発言した。「I'm Feeling Lucky」ボタンを使った検索数が、全体に占める割合が一パーセント程度だったのだ。同時に、このボタンを維持することで、グーグルの広告収入は一億ドル減少したとも評価された。それでもグーグルがこのボタンにこだわるのは、純粋にブランディングが理由だ。要するに、人工的に操作されるホームページに、人間の顔を残したいのである。[4]

なぜ私たちは幸運だと思わないのだろう。最初に現れる結果は、大体が期待外れだと考えれば簡単だ。だから代わりに、トップにランクされたページを閲覧して何かを選ぶ。そしてこれは正しくないと結論すると前に戻り、今度は別のリンクを選ぶ。グーグルの視点からは、このような進行は理想的だ。もしも「予測マシン」とグーグルで検索し、「I'm Feeling Lucky」のほうを選べば、私たちの最初の著書のウェブサイト（predictionmachines.ai）が現れるかもしれない。だが、この本をアマゾンから購入したい人にとってはどうか。その場合にこれは、目当ての情報にたどり着く最も効率的な道ではない。あるいは本ではなく、内容を要約した記事がほしい人もいるだろう。あなた本人は、自分の意思決定を理解していても、グーグルにはわからない。わからないから、最善の予測を提供したうえで、判断を下してプロセスを終了させる余地はあなたに残しておく。グーグルが意思決定マシンになることを目指しても、判断なしでは、あなたのための意思決定マシンにはなれない。したがって予測する役割は引き受けるが、残りはあなたに任せる。もちろん、あなたが広告をクリックする選択をしてくれれば、さらに好都合だ。

グーグルサーチの事例からは、意思決定を自動化することの難しさがわかる。ただし、難しいけれども不可能ではない。本章の執筆段階で、実際のところグーグルは以前よりも幸運になった。音声アシスト検索が始まると、クエリの内容は以前よりも具体的になった。そのためグーグルの回答は以前よりも明確になり、自信を持ってそれを伝えられる。音声にせよ他の形での検索にせよ、頻繁に寄せられるクエリに対して、あるいは相手の意図が明確なクエリの多くに対して、グーグルは明確な回答を準備できるので、追加情報を求めて別のウェブサイトを訪れる必要がなくなる。しかし状況が明確でなければ、たとえ音声による検索でも、人間を画面に注目させて意思決定を行なわせる。同じことは、アレクサやシリなど、他の音声検索にも言える。このプロセスは、エイダのケースと類似している。うまく働かせるためには、グーグルの機械は人間の選択を観察したうえで、その情報に基づいて予測を更新しなければならない。人間はシステムに欠かせない要素なのだ。

十分な予測を立てられ、判断や行動が明確なときは、意思決定の自動化は可能だ。こうした状況が整わないとき、意思決定は人間に任せられる。これは、例外を含む判断と呼ばれる。作家のジェネル・シェインによれば、コンテクストや目標がごく狭い範囲に限定されるとき、ＡＩは良い仕事をする。[5] 新しいコンテクストの判断にソリューションが導入されることは多い。しかし予想される状況がきわめて複雑だと、ＡＩのレコメンデーションの一部が問題を引き起こす可能性は常に考えられる。

以上からは、適切な判断を下したうえで、その判断を一般的な状況に当てはめることは可能だと結論できる。こうした状況では、自動化プロセスに判断をコード化して、良い結果を得られることが期待できる。しかしそれ以外の状況、すなわちあまり一般的ではない状況では、このようなコード化はできない。そんな状況が発生したことを認識したら、機械があらゆる状況に自動的に対処してくれると期待してはいけない。むしろハイブリッドのソリューションのほうがふさわしい。機械にコード化されない判断が求められる状況が発生したときには、それを認識して人間に伝え、どうすべきか決断してもらうことが重要だ。

要するに、ＡＩの予測は完全ではない。そして間違った予測を行なうリスクを軽減するためには、二種類の対策を立てる必要がある。先ず事前には、どんな不測の事態が起こり得るか熟慮して、そのひとつひとつを対象に、実際に発生したら機械はどんな選択をすべきか結論しておく。そして事後には、機械がすべての不測の事態には対応できるわけではなく、人間が介入して重要な決断を下す場面があることを認識しなければならない。要するに判断が明確になるためには、人間と機械が協力する形のシステム設計が求められる。

大きな判断の責任を引き受けるのは誰か

何を判断するか予め特定しておくと、意思決定のプロセスが完全に自動化されるときもある。あなたがクレジットカードをスワイプすると、アルゴリズムがつぎつぎと動作を始め、取引を処理するべきか拒むべきか決定する。どの取引を処理するかという決断は、あなたがカードをスワイプするよりもずっと以前に下されている。

ＡＩにはこうした判断を任せられない。あるいは判断が統一されずバラバラで、気を利かせて都合よく変更されることも許されない。むしろ判断の内容は、承認すべきか却下すべきか何百万回も決断する以前に決められる。それがコード化され、大きな規模で利用されるのだ。機械は意思決定を行なわないが、意思決定を行なう人間を取り替えてしまう。人間は決断する瞬間ではなく、具体的な決断を下す以前に、どのように決断すべきか予め判断する時点で関わるようになる。

ではここで、機械は従業員を解雇できるという見解が大きな影響力を持つ理由に立ち返ってみよう。機械は従業員を解雇することも（採用することも）できない。むしろ、機械が予測に基づき選択する基準を判断する人間（あるいは集団）が意思決定を行なう。そう、誰もロボットに仕事を奪われるわけではない。誰かがロボットのプログラミングに関して行なった意思決定が理由で、仕事を失うのである。

結局は人間の行為なのに、それを機械の責任にして安易に非難するような時代が、どうして訪れたのだろうか。これは興味深い疑問だ。たとえばフリードリヒ・フォン・ハイエクは、資本主義では個人の意思決定者が、個人の判断にしたがって選択を操作する――本書の観点では選択を適用する――ことを許され、それが大きな特徴のひとつになっていると皮肉をこめて指摘した。あるいは歴史家のルイス・マンフォードはこう説いた。「資本主義の一部の特徴のおかげで、機械は中立的な動作主であるにもかかわらず、社会にとって有害な要素であり、人間の命を軽んじ、人間の興味には無関心な存在だとしばしば思われてきた。機械は資本主義の罪のおかげで悪者にされてきた」[6]。確かに、資本主義という言葉からは、機械のパワーが感じられる。しかし実際には、機械に判断をコード化する人間のほうにパワーは集中する。したがって、人間には判断に対する責任がある。そしてそれを理解させるために、法律や規制に関するシステムの整備が必要とされる。

機械による自動化で厄介なのは、意思決定の最終責任を持つ人間の姿が見えなくなることだ。判断がコード化されると、一個人の意思決定の影響力は、途方もない規模に膨れ上がる可能性がある。そして私たちは様々な理由から、意思決定を行なうのは誰なのか知りたいと願う。結局のところ責任が特定されなければ、誰かに意思決定の責任をとらせることはできない。もはや判断は、意思決定が行なわれる時点や場所では行なわれない。意思決定が行なわれる以前におそらく別の場所で、判断は予めコード化される可能性がある。それを考えれば、新しいシステムの設計が確実に必要になる。これについては第一三章で詳しく取り上げる。

機械にはパワーが集中するという主張の誤りを暴いたら、今度はもうひとつの側面に目を向けなければならない。機械にコントロールされることへの不安と並び、機械のフィードバック能力には関心が高い。予測マシンは学習する機械だ。設定によっては、学習と自動更新が継続されるようにプログラムできる。これは機械の能力のなかでも特に重要で、おかげで状況の変化に応じた進化が可能だ。それでもやはり、パワーの集中は気がかりだ。真っ先に成功した機械は有利な立場を維持し続けるので、対抗して競うのは難しい。そうなるとAIを導入した人に、パワーは蓄積される可能性がある。次章では、この問題について取り上げる。

キーポイント

- 機械は決断できない。しかしAIは人間をだまし、機械が決断しているように思わせてしまう。実際、判断をコード化できるときには、いかにも機械が意思決定を行なっているような印象を受ける。

ＡＩが予測をすると、つぎに機械はそれを受けて行動を起こす（決断する）ように見えるが、そこにはコード化された人間の判断が関わっている。

●ＡＩの予測は完全ではない。予測を間違えるリスクを軽減するためには、二種類の対策を立てる必要がある。先ずＡＩを導入する以前には、どんな不測の事態が起こり得るか熟考し、そのひとつひとつを対象に、実際に発生したら機械はどんな選択をすべきか結論しておく。つぎにＡＩを導入したあとには、ＡＩの予測に高い信頼性がないとき、あるいは判断がコード化されていないシナリオをＡＩが予測するとき、一部の判断に人間を介在させなければならない（ヒューマン・イン・ザ・ループ）。

●機械はパワーを持たないが、規模の拡大を通じてパワーを創造することができる。さらに、意思決定を行なう人や、意思決定が行なわれる時や場所をシフトさせるので、パワーが集中する場所に変化を引き起こすことができる。ＡＩを前提とするシステムでは、判断と意思決定が切り離されるので、従来とは異なる時と場所で判断が下される可能性がある。すなわち意思決定が行なわれるたびに人間がいちいち判断するのではなく、予め判断がソフトウェアにコード化されれば、（１）市場シェアに変化が引き起こされ、それをきっかけに規模の拡大が進み、ひいてはパワーシフトが実現する。（２）意思決定者が交代すると、かつては実際に判断を下す人間にパワーが集中していたが、コード化された判断を提供する人や、判断が組み込まれたシステムを所有する人へとパワーシフトが進む。

システムレベルのイノベーションは難しい。答えを見つけるための苦労や費用は競争相手に押し付けて、あとからそれをコピーすれば楽ではないか。いや、それはできない。なぜならAIには、ファーストムーバー・アドバンテージが備わっているからだ。AIは学習する。そして早く導入されるほど、早く学習を始める。多くを学ぶほど、予測の精度は向上する。その結果、フライホイールは回り始める。ベンチャーキャピタル・コミュニティの一部で、まだ先の見通しが立たないAIプロジェクトの研究に積極的に取り組む現象も、フライホイールで説明できる。学習にはデータが欠かせない。そしてデータを活用してフィードバックループが回り始めれば、ファーストムーバーとしての優位を確保することができる。

ベンチサイという企業は、医療にAIを活用している。新薬開発にかかる時間の短縮を目標に掲げ、科学者が干し草の山から針を見つける作業のスムーズな進行を目指す。発表される研究結果や製薬会社の内部データベースは膨大な量にのぼるが、そこに埋め込まれている必要な情報を探し出すのだ。

新薬の候補を臨床試験の段階に進めるためには、複数の実験を行なう必要がある。しかし、以前に行なわれた数多くの実験から得られた洞察のなかから優れたものを選び出せば、必要な実験の数は減少し、しかも成功の可能性が高くなることをベンチサイは認識した。

機械学習を使って過去の科学研究から得られた洞察に目を通し、分類したうえで科学者に提供すると、新薬を臨床試験の段階に進めるために必要な実験の数は、通常の半分になることをベンチサイは発見した。発表された文献のなかから適切なツール（この場合には生物的試薬、すなわち、たんぱく質を発現させ、その発現量を測定するために欠かせないツール）を見つけるほうが、何も手がかりを持たずにツールをどこかで発見するよりも効果的で、新薬の候補を製造するための時間が大幅に短縮される。そして費用も、年間一七〇億ドル以上も節約される可能性がある。研究開発がほとんど利益に結びつかない業界でこれだけの数字が達成されれば、市場に変化が引き起こされる可能性もある。さらに、新薬が速く市場に出回れば、多くの命が救われる。

しかしここで最も注目すべきは、グーグルがインターネット全体を対象にして行なっていることを、ベンチサイも実行していることだ。それは検索だ。専門領域での検索である。機械学習がなければ、ベンチサイは発表された大量の生物医学研究を処理できないし、新しい解釈によって、顧客の実質費用を節約することもできない。あなたの食洗機が故障したら図書館にわざわざ足を運ばなくても、グーグルで検索すれば修理する方法は見つかる。それと同様に、科学者は実験を何度も繰り返さなくても、ベンチサイの検索を通じて適切な試薬を特定することができる。ベンチサイが登場する以前は、科学者はしばしばグーグルやパブメドを利用して（何日も）検索を行ない、つぎに（何日も）文献を読んで、つぎに（何週間もかけて）三〜六種類の試薬を注文して実験を行ない、そのなかからひとつを選択したものだ（ベンチサイのおかげで、実験の回数もプロセスに要する日数も減少した）。ベンチサイは、グーグルから競争を仕かけられる可能性について懸念すべきだろうか。それは、モート（濠）を創造して防御を固める能力次第だ。そしてこの能力は、ＡＩの基盤となるデータの性質に左右される。[1]

データと予測のビジネス

ＡＩが登場した世界での競争には何が必要か理解するためには、より優れた予測をより安く提供するには何が必要か、先ず考える必要がある。魔法の杖をさっと振れば、いきなりＡＩが登場するわけではない。むしろ、予測を生み出すために欠かせない複数の要素と、これらの要素を結びつけるために必要なデータを確認したうえで、うまく管理することが求められる。

要するに予測ビジネスは、少しでも優れたアルゴリズムやデータを少しでも安く入手するビジネスである。では、どこから手に入れるのか。アルゴリズムについて考えてみよう。予測アルゴリズムを構築するためには、インプット（たとえば画像）とアウトプット（たとえば、画像のなかのテキスト・ディスクリプション）を使ってモデルを訓練しなければならない。それにはトレーニングデータが必要とされる。トレーニングデータが優れているほど、優れた予測アルゴリズムが生み出される。ここで多くの企業は重大な課題に直面する。必要なトレーニングデータを自分で創造するか（たとえば、物事を分類するために専門家を雇う）、それとも別のソースから調達するか（たとえば、カルテから入手する）、決断を迫られる。

トレーニングデータはほんの序の口だ。ＡＩは、学習する点が他のツールと違う。使えば使うほど、性能は向上する。そしてＡＩはフィードバックから学ぶ。データを取り込んで予測すると、その予測が実現したかどうか観察する。実現していたら、ＡＩはアルゴリズムに自信を持つ。そして予測が予想通り実現していなければ、将来の予測を改善する方法をＡＩは学ぶ。

ＡＩモデルは最新のデータで訓練し直す必要がある。なぜなら、基本的な環境が変化するからだ。たとえば道路が変わり、地域内で人の移動があれば、それに合わせてナビゲーションアプリを変化させる必要がある。あるいはターゲティング広告も、消費者の習慣が変われば変化させなければならない。さもなければＡＩモデルは時代遅れになり、時間の経過とともに予測の質は低下する。

新しいトレーニングデータはこうした問題を緩和するために役立つ。たとえば新しい状況が発生するたび、それを考慮した新しいデータを意図的に集めるケースもある。しかし、動的環境で予測の精度を維持して競うために最も適切なアプローチは、いわゆるフィードバックデータでモデルを継続的に更新することだろう。そのためには、予測の精度に関する情報を自発的に集め、予測を行なう入力データにその情報を利用すればよい。こうしてデータを結びつければフィードバックデータが手に入り、それを使えばアルゴリズムを更新し続けることができる。

たとえばあなたのスマホがセキュリティ対策として顔認証を使っているなら、先ずはあなたを認識するようにスマホを訓練しなければならない。ただしいったん設定したら、顔が変わる可能性があってもやり直すのは面倒だ。あなたは眼鏡をかけているときと、そうでないときがあるだろうし、髪の毛が伸びる可能性や、化粧をする可能性もある。こうした様々な状況に直面すると、あなたが本人だという予測の信頼性は揺るぎ始める。そこでスマホは、あなたがロックするたびに提供される画像を利用して、アルゴリズムを更新する。これがスマホで可能なのは、トレーニングデータには本人の情報しか含まれないからだ。なかには、多くのユーザーからの入力データや予測結果を使って更新しなければならない状況もある。その場合には、プライバシーの問題が立ちはだかる可能性があり、たくさんのソースから集めた情報の調整が課題として浮上する。

要するに、予測で競うためには、優れたアルゴリズムと入力データへのアクセスが出発点になるが、多くの状況ではフィードバックデータへのアクセスも必要とされる。当然ながら、あなたが持続可能な方法で競えるかどうかはデータ戦略に左右される。なかには、ファーストムーバー・アドバンテージがかなり期待できるケースもある。なぜなら質の高い予測によってユーザーが増えれば、その結果としてフィードバックデータの数が増えて、それが予測の改善につながり、さらに多くのユーザーを引き寄せるからだ。こうした状況では、フィードバックデータを収集して設計に組み込んでいない競争相手は、追いつくことができない。フィードバックループからは、ファーストムーバー・アドバンテージが創造される。

実行可能な最低限の予測

こうしたファーストムーバー・アドバンテージは、市場参入に関して的確に予測する能力に左右される。産業経済では市場参入に必要なコスト競争力を持つために、工場はしばしば最小規模で建設される。なぜなら製造業では、工場の規模の拡大にしたがって平均単位原価がある点までは低下するからだ。この点は「最小効率規模」と呼ばれる。

同様に多くのＡＩも最小効率規模に直面する。ただしこの規模は工場のスループット（製品を販売して得られるキャッシュから、製品を販売するために投資したキャッシュを引いた額）ではなく、トレーニングデータに基づいており、単価ではなく予測の精度が閾値になる。要するにＡＩの市場での成功は、予測の正確さにかかっている。予測が役に立つためには、商業的に採算が取れなければならない。予測精度の閾値には、規制（たとえば、ＡＩベース型の判断を医者が診断に取り入れるために、最低限必要な予測精度）、使いやすさ（たとえば、画面サイズ制限のコストを正当化するために、自動メール返信サービスに求められる最低限の予測精度）、競争（たとえば、検索など既存の市場に参入し、グーグルやビングと競うために必要な最低限の予測精度）などが考えられる。

精度の高いＡＩプログラムを書くために、有形資産への巨額の投資は必要ではない。ソフトウェアは資本集約型ビジネスではなく、データが大きな障壁になる。ＡＩが十分な精度を確保するためには十分なデータが必要とされるが、データを集めて最小効率規模を達成するには時間も労力もかかる。ファーストムーバーが有利な立場を確保できるかどうかは、商業的に採算の取れる予測を行なうために、どれだけの努力が求められるかに左右される。

大した努力が必要とされない場合もある。たとえばインターネット検索が始まってからの数年間は、エラーの許容度が高かった。検索エンジンから複数のリンクが提供されると、ユーザーはそれをスキャンして最善のリンクを選ぶことができた。検索エンジンから不適切なリンクが表示されても、ほとんど被害はもたらされなかった。そのため商用インターネットの草創期には、様々な種類の検索エンジンが登場し、どれも最善の検索結果を独自の方法で特定した。その結果、競争は激しくなった。

対照的に、自動運転車ではエラーの許容度が低い。人間の命を預けるのだから、ＡＩは人間よりも明らかに優秀でなければならない。こうしたＡＩを最初に構築した企業は、当初はほとんど競争相手がいない。なぜなら、ＡＩの構築に大量のデータが必要とされるからだ。ＡＩが最小効率規模に早く達するほど、予測に対する見返りは早く手に入るので、構築にも熱が入る。

しかし最小効率規模に早く達して有利な立場を確保しても、市場が急速に成長すれば有利な立場は長続きしない。他の企業が十分なデータを集めて予測を行ない、最低閾値レベルを超えてしまえば、有利な立場は崩れ去る。ファーストムーバー・アドバンテージを維持するためには、最小効率規模に達するだけでは十分ではない。

というのもテクノロジーに関しては、規模に関する収穫逓減がデータに見られるからだ。一〇〇個目よりも一〇個目の観察結果から、あるいは一〇〇万個目よりも一〇〇個目の観察結果から、多くの情報が手に入る。観察結果が追加されるほど、新しい観察が予測の質におよぼす影響は小さくなる。

アーリームーバーがデータから長期的に有利な立場を確保するためには、もっと重要な経済的影響力に注目し、自分にとって有利に機能させる必要がある。それはフィードバックデータだ。アーリームーバーが現場で活動しながらフィードバックデータを集め、直接それを予測の改善に役立てれば、他の人たちが追いつくのは難しい。有利な立場を確保できるのは、みんなに先駆けて始めるからではない。始めれば、フィードバックデータを集められるからだ。

始めたあとはデータを最大限活用する必要があるので、コンピュータ関係のハードウェアや人材への投資も促される。初期参入者同士の競争によって投資が加速すれば、データの質は改善され、あとから参入して競うのは難しくなる。こうして早い段階でのリーダーが業界を支配できる現象は、テクノロジー集約産業の多くに当てはまる。いち早く安定した企業が製品を改善すると、あとから参入して競うためには途方もない量の学習や研究開発が必要になる。たとえば、以前は民間航空機メーカーがいくつも存在した。しかし今日では、性能や安全性や費用効率でボーイングやエアバスと競える航空機メーカーを始めるには、何千億ドルもの投資が必要になるだろう。

ロンドン・スクール・オブ・エコノミクスのジョン・サットン教授は著書 *Technology and Market Structure*（テクノロジーと市場構造）のなかで、こうした事例を紹介しているが、その範囲は製薬から半導体、クロマトグラフィー〔物質の分離分析の方法〕まで幅広い。テクノロジーが着実に改善すれば、最小効率規模は事実上、時間と共に大きくなる。最小効率規模が拡大すれば（サットンによれば、内因性の埋没費用が発生する）、長期的な市場支配力が手に入り、アーリームーバーは非常に大きな報酬を手に入れる。

オンライン広告と検索ではこれが実現している。イエローページや新聞と比べてグーグルは、誰がいつ何を欲するか予測する能力が優れているので、ターゲティング広告を上手に提供できる。広告を商品購入に結びつければ、フィードバックループから恩恵を受けられる。予測が正しかったかどうかシステムが常に学び、次回のためにモデルを更新するので、新しいプレイヤーが追いつくのは難しい。一九九〇年代に検索エンジンを立ち上げるための最小効率規模は比較的小さかったが、グーグルがハードウェアや人材やデータに投資した結果、検索エンジンは着実に改善された。そのため今日では、新しい検索エンジンが市場に参入するのは非常に難しい。

迅速なフィードバックループ

もしもあなたがＡＩを早い時期に導入できれば、ＡＩは顧客からデータを集められる。そのデータによって予測が改善されれば、正のフィードバックループが回り始めて参入障壁が設けられるので、ライバルは簡単に入り込めない。フィードバックループが迅速に構築されれば、早い時期に獲得したリードはさらに広がり、データから生み出される予測は継続的に改善される。

こうしていまや予測マシンは、人間の伝統的なアドバンテージを追加して、結果から学習するようになった。ＡＩが学習によってどれだけ有利な立場を確保するかは、フィードバックのスピードに左右される。たとえば生命保険を対象にした死亡率の予測は、フィードバックループの構築に数十年かかる可能性がある。これだけ遅いと、死亡率の予測で先行した企業でも、そのリードを守る能力は限定される。逆に、予測したあとにフィードバックデータが速やかに生み出されれば、早い段階で獲得したリードは時間と共にさらに広がり、競争上の優位は維持される。

マイクロソフトは二〇〇九年にビングの検索エンジンを立ち上げたとき、計画を全面的に支援して、何十億ドルもの投資を行なった。しかし一〇年が経過しても、ビングの市場シェアは検索ボリュームも検索による広告収入も、どちらも依然としてグーグルに大きく後れを取っている。ビングが簡単に追いつけない理由のひとつがフィードバックループだ[2]。検索では、予測（クエリに対し、複数のリンクを提案したページを表示する）からフィードバック（ユーザーがリンクのひとつをクリックする）までの時間が短く、大体は一分もかからない。この場合、フィードバックループは強力になる。グーグルはＡＩベースの検索エンジンを長年にわたって運営し、毎日何百万人ものユーザーを獲得し、検索数は何十億にものぼる。データを多く集めるほど、ユーザーの選好について速やかに学習できる。新しいコンテンツは常にオンラインでアップロードされるので、検索スペースは着実に拡大し続ける。ユーザーがクエリするたびに、グーグルは上位一〇位までの予測を提供する。するとユーザーは、そのなかから最善のリンクを選択する。そのため新しいコンテンツが常にオンラインでアップロードされ、検索スペースを常に拡大しながら常に学習することができる。こうしてユーザーは増え続け、それと共にトレーニングデータも増え続けるので、グーグルはビングよりも迅速に、新しい出来事や新しい傾向を確認することができた。結局、フィードバックループが迅速に構築されるだけでなく、大規模データ処理施設など補完的な資産への投資が継続されたおかげで、グーグルはリードを守り続け、ビングは追いつくことができなかった。さらに、グーグルやビングと競おうとした他の検索エンジンは、スタート地点にも立てなかった。プライバシーを重視するダックダックゴーなどの検索エンジンは、重要でもニッチな市場に限定されている。

迅速なフィードバックループに対抗するのは困難だ。なぜなら、あなたのライバルがすでにフィードバックループの恩恵を受けていたら、予測は急速に改善しているからだ。迅速なフィードバックループは、サットンが指摘した内因性の埋没費用を増加させる。そのため、あまりにも大きく後れを取ると、追いつくのは不可能になってしまう。ニューヨークシティで車を安全に誘導できる最初のＡＩを想像してみよう。規制当局の承認を得られれば、ＡＩはデータをどんどん収集し、どんどん改善される。しかし二番目に承認されたＡＩは、質と量においてそれに匹敵するデータを得られず、先行したＡＩほど改善される見込みがない。実質コストのアドバンテージがなく、予測の質が低ければ、次善のＡＩの消費者価値は低くなる。

このようにフィードバックループが迅速に構築されれば、確実な進歩が可能になる。早い段階で参入すればアドバンテージは大きくなるのだから、企業はＡＩに巨額の投資を行なってフライホイール効果を狙う。それを考えれば、十分に準備が整っているとは思えないＡＩに大規模な投資が行なわれるのも道理にかなっている。たとえばゼネラルモーターズは、自動運転車開発スタートアップのクルーズにおよそ一〇億ドルを投資した。クルーズの自動運転車はプロトタイプで、関わっているスタッフも数十人程度だ。[3]それでもなぜ、ＧＭは積極的に投資するのか。いったんフライホイールが回り始めれば、フィードバックループが速やかに構築されると同時に内因性の埋没費用が発生するので、あとから参入しても追いつくのは困難になるからだ。

予測の差別化

通常、競合製品は差別化される。そして、しばしば異なる顧客グループにアピールする。たとえばコカ・コーラとペプシコは競合するコーラを販売しているが、味もブランドイメージも同じではない。同様に、ＢＭＷとメルセデス・ベンツは競合する高級車を販売しているが、車のスタイルも特徴も異なる。ブランドイメージも特徴も、異なる顧客へのアピールを狙っている。こうした状況では、「どちらが良いのか」定義するのは難しい。コークはペプシよりも本質的に優れているわけではない。味が少し異なるだけだ。このように製品が差別化されると、一社が市場を独占する代わりに、複数のライバル企業が登場する余地が生まれる。コークとペプシが一世紀以上前に登場して以来、レッドブルやオネストティーなど数多くのソフトドリンクがニッチを見つけて参入し、成功を収めている。

同様に、ＡＩがアピールするグループも異なる。たとえば、コールセンターをチャットボットに取り替えることを検討している企業について考えてみよう。チャットボットが優秀で役に立つと言っても、最善のチャットボットは様々な方法で定義できる。そもそも企業によってニーズは異なる。チャットボットが効率的で、顧客の質問に速やかに回答することを期待する企業もあるだろう。あるいは売り上げに注目し、顧客からのクエリを新たな収益源に結びつけたい企業もあるだろう。さらに、癒し系のチャットボットに応対された人々がリラックスして、怒りを鎮めてくれることを望む企業もあるだろう。このように「長所」を定義する方法がいくつもあるためか、チャットボット関連企業はいくつも存在し、利益が期待できるユニークなニッチ市場に小さなプレイヤーが数多く参入している。

似たような事例をもうひとつ紹介しよう。それは、メラノーマ（悪性黒色腫）の自動診断だ[4]。ヨーロッパで構築されたＡＩの場合、肌が白い人たちから集めたデータが圧倒的に多い。対照的にアジアで構築されたＡＩの場合、アジア系の患者のデータベースを利用している。このようにＡＩは差別化され、白人には前者のほうが、アジア系には後者のほうが適している。通常、「より良い」は「より正確」を意味するが、ＡＩはこのような形で差別化される。ある状況での正確さが、別の状況では通用しない。

ただし、ソフトドリンクやチャットボットやメラノーマ自動診断と異なり、多くのＡＩは質によってのみ差別化される。そうなると、より良い予測が何を意味するかは明快で、測定することも可能だ。他の産業と同様、質が明確に定義されているときには、最高の品質の製品が大きな需要の恩恵を受ける。しかし、ＡＩには他の業界と異なる点がある。というのも他の大半の産業では、質が高いほどコストも高くなるからだ。品質の低い靴を販売して生き残るためには、価格を下げなければならない。これはＡＩのコンテクストでは難しい。ＡＩはソフトウェアベースなので、いったんモデルが構築されると、質の高い予測をもう一回行なうコストも、質の低い予測を行なうコストも変わらない。良い予測も悪い予測もコストが同じならば、わざわざ質の低い予測を購入する理由はない。

すでに指摘したように、グーグルは他よりも多くのデータを確保しており、迅速なフィードバックループの恩恵を受けている。ただしこれだけでは、有利な立場を確保するために十分ではない。優れた検索は表示のどこが違うのか、顧客に明確に示すことも必要だ。グーグルとビングは一般的な検索から似たような結果を提供している。weather（天気）というキーワードをグーグルかビングに入力すれば、大差ない結果が表示される可能性が高い。ただしビングは、あまり一般的ではない検索での結果が芳しくない。disruption（ディスラプション）というキーワードを入力すると、（本章の執筆時点では）ビングの場合、一ページ目には辞書の定義しか表示されない。一方グーグルでは定義だけでなく、破壊的イノベーションに関する研究へのリンクも表示される。ビングが追いついた局面もあるが、まだ追いつけない局面もある。そして、ビングのほうが優れていると広く認識されている側面は存在しない。ユーザーがクリックして中身を確認する可能性が高いリンクを見つけてくるのが、「より良い」検索である。最善だと評価されるリンクには個人差があるが、その点を考慮しても、これはあらゆるユーザーに当てはまる。ビングは予測の定義が明確で、しかも素早いフィードバックループが構築されたが、差別化に失敗したため大きなシェアを確保することができなかった。

フィードバックシステム

フィードバックループは計画的に構築される。AIはフィードバックに価値があると見込むと、結果に関するデータをそこから確実に収集しようとする。第六章では、特定の個人が特定の段階で必要とする最善の学習コンテンツを予測するAIのシステムソリューションについて論じた。これが実現すれば教育は個別化され、どの生徒も自分に適したペースで学習を進め、以前よりも多くを学ぶことができる。ここでは、教師の配分や社会の発展に関するシステムレベルの課題について取り上げた。フィードバックループからは、システムレベルの変化がさらに必要となることが暗示される。コンテンツが生徒の成績を改善させたかどうか、確認するためのデータがAIには必要とされる。AIがこのデータを早く手に入れるほど、良い結果が得られる。それには、生徒がコンセプトを十分に理解して記憶できるようなカリキュラムを考案する一方、迅速なフィードバックループをＡＩの改善に結びつけることが課題になる。それを実現するためには、生徒のデータへのアクセスを阻む規制障壁を克服するだけでなく、生徒のプライバシーを守るテクノロジーを進歩させなければならない。ただし個別教育に関するＡＩのシステムソリューションでは、他の部分と同様にフィードバックの部分でも準備がまだ整っていない。

ポイントソリューションのＡＩは予測を行なうが、ＡＩに関して業界のアーリームーバーになってパワーを獲得するためには、フィードバックが欠かせない。ＡＩは学習するために、結果のデータにアクセスできなければならない。自動運転サービスを提供するＡＩは、事故に関する情報にアクセスする必要がある。どの自動運転システムにも、こうしたフィードバックは不可欠だ。だが幸い、事故は滅多に起きない。したがって自動運転システムがうまく機能するためには、事故寸前の事例にアクセスできなければならない。その件数が多いほど、学習のスピードは速くなる。それには事故寸前の状況がいつ発生するか確認したうえで、こうした状況を将来回避するための学習プロセスを構築すればよい。そして、事故を回避するだけでは十分ではない。乗っている人の快適さも重要である。アーリームーバーに有利な立場を提供するＡＩシステムソリューションは、快適さを測定する方法からも恩恵を受けられる。要するにＡＩは、複数の評価基準から学習し、比較検討できるように設計されるべきだ。

勝者が独り占め

予測マシンは大きな可能性を秘めている。フィードバックループが回り始めれば、アーリームーバーは真に有利な立場を確保する。早く参入するほど多くのデータが手に入る。データが多いほど的確に予測することができる。的確に予測するほど顧客は増え、そこからさらに多くのデータが手に入る。このようにフィードバックループが機能すれば、ＡＩの本格的な導入は一気に進む。

ただし、予測は綿密に設計された製品のようなもので、特定の目的やコンテクストに高度に適応されていることを忘れないでほしい。たとえ僅かでもコンテクストや目的を差別化した企業は、防御可能な空間を創造できる。データが集められ利用されるシステムの細部には、悪魔、いや見方によっては天使が住みついている。

キーポイント

●ＡＩによるシステムレベルのイノベーションは複数の課題を伴うが、あとからよりも早い時点で始めるほうが有利なことにはもっともな理由がある。ＡＩは学習するので、ファーストムーバーにアドバンテージが提供されるのだ。ＡＩは早く導入されるほど、早い段階で多くを学び始める。多くを学ぶほど、予測の精度は向上する。精度が向上するほど、新しいシステムは効果を発揮する。

●AIはソフトウェアだ。したがってAIモデルが構築されれば、続けて予測するための限界費用はゼロに近くなる。そのため、市場開発の初期段階で他と比べて僅かでも優秀なAIがあれば、そのAIのシステムのほうに多くのユーザーが集まる。ユーザーが増えれば、たくさんのフィードバックデータからAIは恩恵を受ける。フィードバックデータが増えれば、AIの予測は改善される。予測が改善されれば、さらに多くのユーザーが集まる。こうしてフィードバックループは回り続ける。このフライホイール効果のおかげで、最初は小さなアドバンテージしか持たなかったAIも、時間と共に大きなアドバンテージを獲得する。このようにファーストムーバーはきわめて有利な立場を確保できるので、取り組みにも熱が入る。一見すると合理的とは思えないほど積極的に企業が投資を行なうのは、ファーストムーバーの見返りが非常に大きいからだ。

●フィードバックループは、システムの設計に明らかな影響をおよぼす。AIが学習するためには、結果のデータにアクセスする必要がある。たとえば、次善のコンテンツを予測して生徒に伝える学習AIシステムは、フィードバックをできるだけ頻繁に集めなければならない。生徒が教材を学んだかどうか判断し、なおかつ生徒のエンゲージメントレベルを評価する必要があるからだ。それには、次善のコンテンツの予測を既存のシステムに取り入れるだけのポイントソリューションでは十分ではない。教育システムを見直して、フィードバックデータが中間試験のたびではなく、数分ごとに集められるようなシステムが必要とされる。

第 五 部

Ａ Ｉはいかにディスラプションを引き起こすか

第一三章　グレートデカップリング（大分断）

質問：あなたのＡＩは顧客に何をしますか。
回答：顧客に洞察を提供します。

　スタートアップの創業者が創造的破壊ラボのメンターにこう回答するたび、私たち著者が一ドルを受け取るなら、そのうち金持ちになれるだろう。

　私たち著者にとって、洞察はマイナスのトリガーワード〔何かのきっかけになる言葉〕である。洞察を思い浮かべるのは、ＡＩの進化が創造する価値についての考え方が間違っているからだ。新しいＡＩ予測を「洞察」と結びつけるのは、「予測で何をしたらよいかわからない」と認めるようなものだ。冒頭の質問に対しては、「ＡＩは的確な予測によって意思決定を改善させる」と答えれば正解になる。意思決定が改善されてこそ、ＡＩには価値が備わる。ＡＩによる価値創造という新しい機会がもたらす成果は、意思決定の改善に尽きる。

　幸い、意思決定は至る所で行なわれている。こうした意思決定において、ＡＩの「汎用性」は汎用テクノロジーと見なされる。いまや、的確な意思決定のニーズは高まっている。推定によれば、意思決定のスキルが求められる仕事は、一九六〇年には全体の五パーセントにすぎなかった。しかし二〇一五年までには、その数は三〇パーセントを超えた。こうした仕事は報酬が高い一方、教育やスキルや経験に関して厳格な雇用条件が求められる。[1]

AI予測は、意思決定のスキルの価値向上につながる可能性がある。いわゆる「洞察」を取り込み、意思決定を改善させることができる。ただしこれから本章で説明していくが、ここで重要なのは、意思決定の新しい機会を利用できるかどうかではなく、誰が新しいチャンスを摑み取るかだ。

意思決定の鍵は判断である

「きみがひどい頭痛に悩まされているとき、私から薬の瓶を受け取ったとしよう。薬のうちの九錠には鎮痛効果があるが、残りの一錠はきみの命を奪う。それでも、きみは薬を飲むだろうか」[2]。

シカゴ・ブルズのオーナーのジェリー・ラインズドルフはバスケット界のレジェンドであるマイケル・ジョーダンに対し、この仮定の質問をぶつけた。ほとんどの人はノーと答えるだろう。足の骨折から回復中のジョーダンが実際に決断を求められたのは、プレーの再開である。NBAで二年目のシーズンを迎えたジョーダンは、早い復帰を望んだ。しかしこの段階でプレーしたら再び負傷して、選手生命が断たれる可能性が一〇パーセントあると、医者からは警告された。[3]それでもジョーダンは、万事うまくいく確率が九〇パーセントならば十分だと主張した。だから、頭痛薬にたとえた質問が投げかけられたのだ。

頭痛薬にたとえて質問したラインズドルフに対し、ジョーダンはつぎのように答えた。「それは、いまいましい頭痛の程度によるね[4]」。

ジョーダンはこの発言によって、重要なのは確率――すなわち予測――だけではないと主張している。ペイオフ（決着のつけ方）もまた重要である。この事例では、自分の頭痛がどの程度なのか評価したうえで、死んでもよいから治したいか、死にたくないから痛みを我慢するか、いずれかに決着をつける。要するに判断を下すのだ。

マイケル・ジョーダンのように予測と判断を明確に区別するために、ここでは薬の服用に関する決定木を作成し、図13-1に示した。木は根本からふたつに枝分かれしている。ジョーダンが薬を飲むケースと、飲まないケースのふたつだ。もしも薬を飲むほうを選べば、そのあとにはふたつの不確実な結果が続く。頭痛は解消するかもしれないが、死ぬ可能性もある。そして先端には、決断がもたらす結果が続く。頭痛が解消されるケースと、命が奪われるケースだ。対照的に、最初に薬を飲まないほうを選択すれば、実際のところ不確実性は存在しない。頭痛は解消しない代わりに、命を奪われるリスクはない。つまり薬を飲まないほうの枝を選択すれば、そこで話は終わり、その結果、ジョーダンは間違いなく頭痛に苦しむ。

こうした結果は簡単にランク付けできる。頭痛に苦しむよりも解消されるほうがよいが、死ぬよりは頭痛に苦しむほうがよい。では、死ぬ確率が一〇パーセントという数字は、頭痛から解放される可能性を排除する理由として十分だろうか。いや、客観的な結果だけでは十分ではない。ジョーダンが

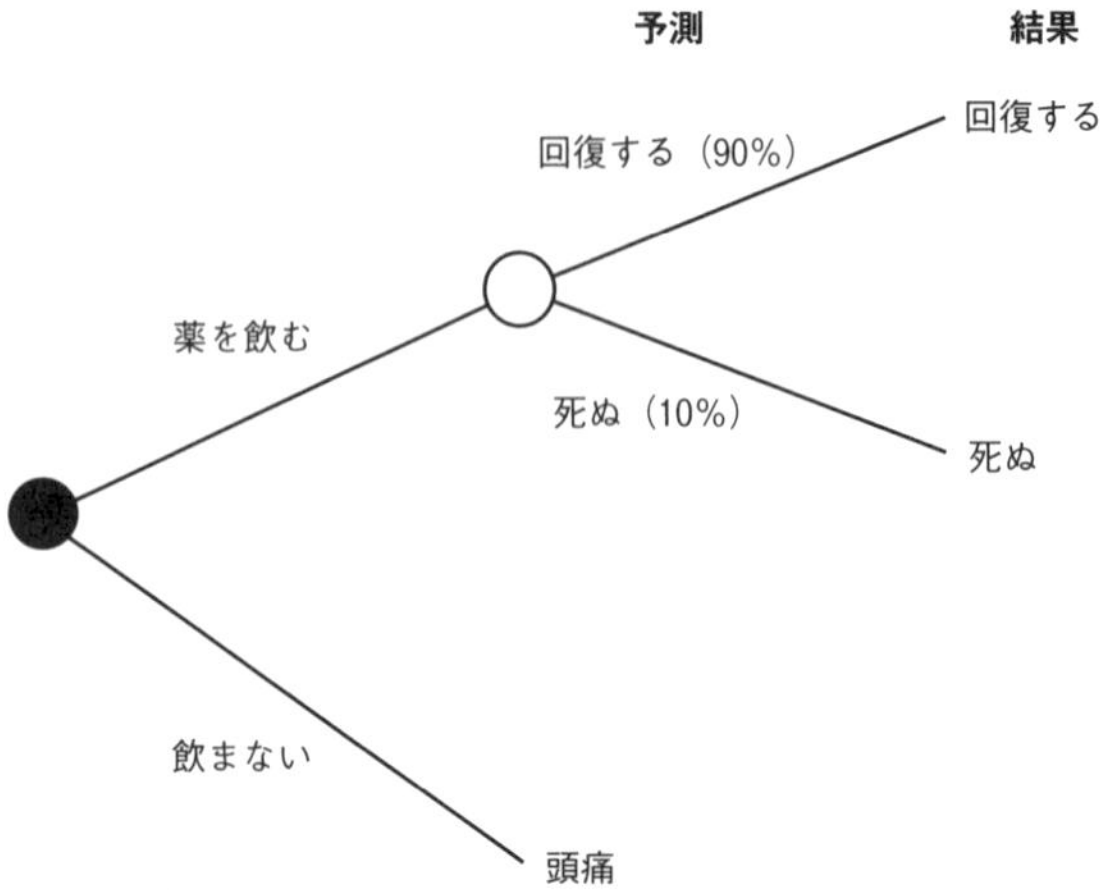

図13－1　マイケル・ジョーダンの服薬に関する決定木

指摘したように、頭痛を回避する決断と比較するためには、頭痛の程度について考えなければならない。このように何かの重要性を見極める能力が、判断力である。

もちろん仮定の質問には、意思決定の難しさを際立たせる意図が込められている。そうでもしなければ、一〇パーセントの確率で死ぬ可能性を想像するのは容易ではない。ではつぎに、ジョーダンとラインズドルフの実際の意思決定について考えてみよう（図13－2を参照）。ここでは、結果がもたらす影響力の大きさをわかりやすくするため、判断に数字を加えた。表示される内容を除けば、この決定木は図13－1と同じように見える。しかし判断の結果に数字を加えると、意思決定について理解するために十分な情報が提供される。ジョーダンが試合を休むという判断を下せばマイナス10、プレーを無事に再開できる九〇パーセントの可能性は100、キャリアが犠牲になる一〇パーセントの可能性はマイナス2000と考える。すると、こ

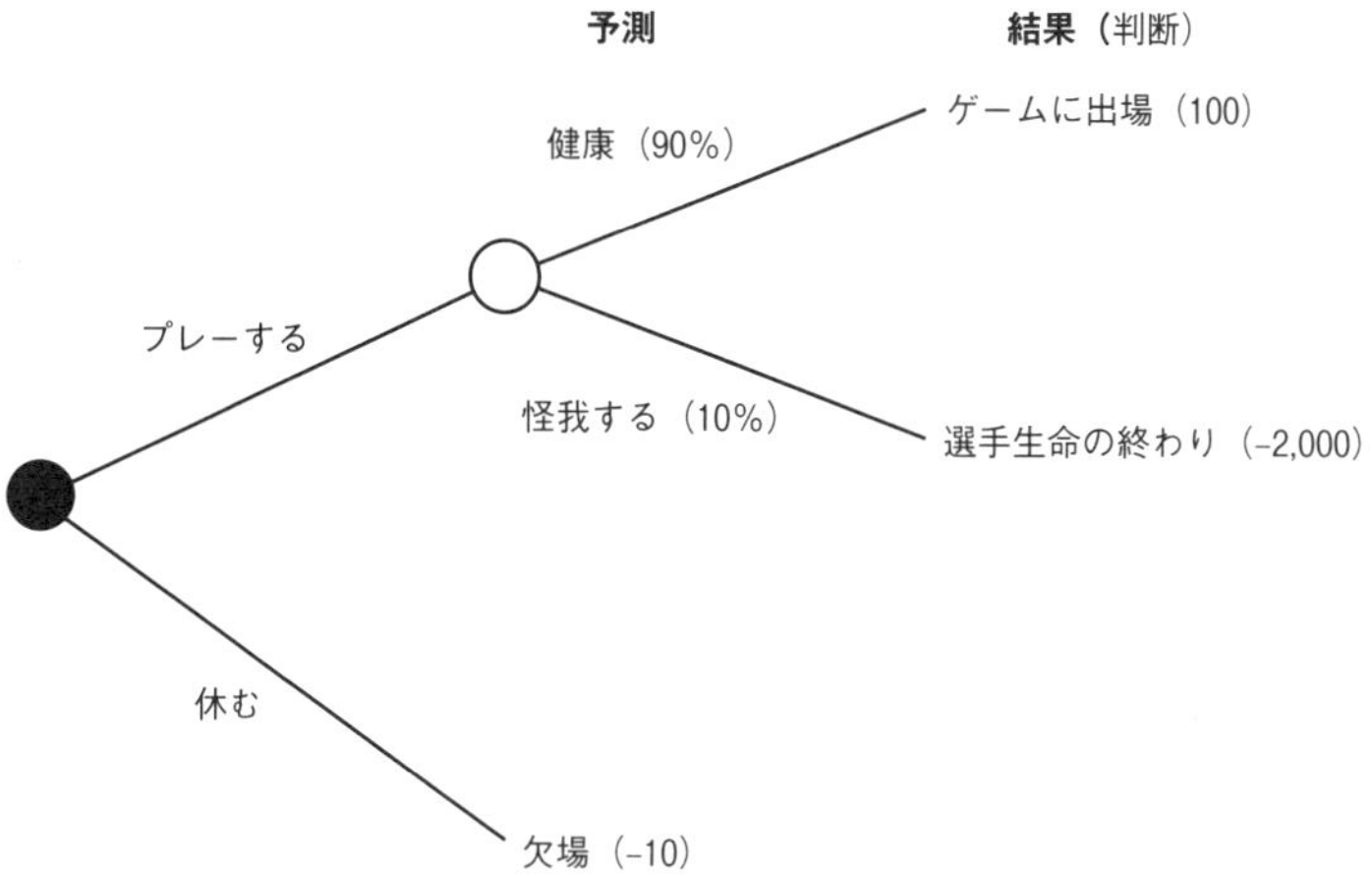

図13-2　マイケル・ジョーダンのプレー再開に関する決定木

の場合にジョーダンのペイオフはマイナス110（＝0.9（100）＋（0.1）（−2000））となる。マイナス10はマイナス110よりもましなのだから、ジョーダンはプレーを再開すべきでない。

しかしジョーダンとラインズドルフは、もっと細かい判断について議論した。ジョーダンは、自分はプレーの再開を許されるべきだと確信した。それは自分やチームにとって、たとえば200の価値があるが、引退のコストはマイナス1000だと考えた。この判断が正しいとすれば、プレーを再開する場合のペイオフは80（＝0.9（200）＋（0.1）（−1000））となる。ふたりは予測に関して意見が食い違ったわけではない。予測を行なったのは医療専門家だ。判断の段階で意見が分かれたのである。

最終的にジョーダンは「薬を飲む」ほうを選択し、プレーを再開した。ただしラインズドルフの意向で、出場時間は大きく制限された。シカゴ・ブルズはその年、ジョーダンが欠場していたシーズン初めは負け試合が多かったものの、最後はプレーオフに進出した。プレーオフの出場資格を獲得したチームとしては、史上二番目に悪い記録である（三〇勝五二敗）。その結果、ラリー・バードを擁するボストン・セルティックスと対戦し、最終的にはセルティックスがその年のNBAファイナルで勝利を収めた。それでもイースタン・カンファレンスのファースト・ラウンドの第二試合で、ジョーダンは六三得点を挙げた。本章の執筆時点で、これはNBAプレーオフの一試合の最多得点記録として、未だに破られていない。

AI予測からは明確な判断が生み出される

ジョーダンとラインズドルフが対立したのは、医療専門家からすでに診断が下され――事実上、予測が行なわれ――ており、どちらもそれに異議を唱えることができなかったからだ。しかし、明確な予測が手に入らない状態で意思決定を迫られる場面が、どれくらいあるか考えてほしい。そのとき何が起きるだろうか。たとえば消防士は、緊急時に誰を優先的に救助するか咄嗟に選択しなければならない。そこで、誰を最初に救助すれば成功する可能性が高くなるかだけでなく、どんな人が対象になるかも考える。たとえば高齢者と子供では、どちらを優先すべきだろうか。消防士は重大な決断を下すが、様々な結果の重要性について正しく判断するためには、明確な予測よりも暗示的な評価のほうが頼りになる可能性が高い。意思決定の効果に関する評価には、複数の要因が関わっている。

ところがAI予測は、意思決定の基になる予測を、意思決定者の手から取り上げてしまう。そうな

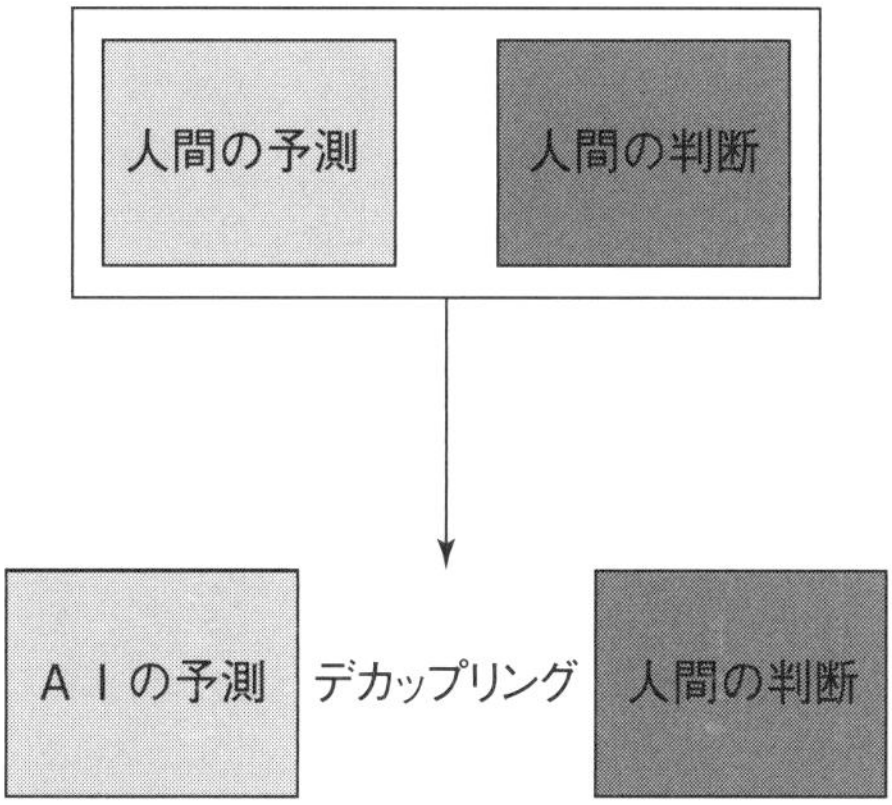

図13-3　AI予測はデカップリングを引き起こす

ると、予測はデカップリングされることになる（図13-3を参照）。

予測と判断のデカップリングは、教室で学ぶだけの仮説の概念ではなく、現実の世界にも当てはまる。最近マッキンゼーが発表した保険の未来に関する論文でも、予測と判断の分離が前提にされている。[5]ここでは、二〇三〇年の自動車保険の展望が描かれている。最初に顧客が車に乗り込むと、携帯情報端末（PDA）がルートの候補を地図に示す。端末に搭載されたAIは、事故の可能性を予測する。すると顧客は、それに基づいて判断を下すための意思決定を行なう。

たとえばこんな具合だ。あなたは仕事でバンクーバーを訪れ、車をレンタルしたとしよう。バラード通りの中心部にあるサットンホテルに滞在し、ブリティッシュコロンビア大学で会議の予定が入っている。大学までは、海辺の風光明媚なルートをとってもよいし、西四番街を走ってもよいが、こちらのルートは味気ない。景色の良いルートなら、キツラノビーチやジェリコパークやスパニッシュバンクスを車窓から眺められる。どれも本当に美しい。こちらのほうが少し時間はかかるが、それほど大きな違いはない。どちらのルートを選んでも、会議の開始時間に遅れる心配はない。

景色の良いルートでは、大勢の人たちが景色を眺めていることが現実問題として浮上する。景色に気を取られて注意散漫になっているので、軽い自動車事故を起こす可能性がやや高くなる。ここで、あなたがレンタルした車に装備されたＡＩが、景色の良いルートで事故の可能性がどれだけ高くなるか正確に教えてくれると仮定しよう。教えてもらったあとには、リスクを冒してまで景色を楽しむ価値があるかどうか、自分で判断して評価する必要がある。そこであなたは、先ほどのマイケル・ジョーダンの事例で取り上げたような決定木を作成し、可能性のある複数の結果に伴うペイオフを書き加える。それから、最終的なペイオフを計算したうえで、景色の良いルートを選ぶべきかどうか決定する。

いや、誰がわざわざそんな面倒なことをするだろう。誰もしない。最も悪い意味で、頭の良い人のすることだ。理論的には素晴らしくても、現実を無視している。

そして実際、そんなことをする必要はない。意思決定をわかりやすく再構築したうえで、そこから定期的に情報を受け取ればよい。ＡＩのアシスタントは確率を予測したうえで、価格を提示してくれる。たとえば、景色の良いルートを選べば保険料は一ドル高くなるといった具合に。

これなら面倒ではない。ドライバーは価格に基づいてルートを決定できる。この価格は事故の可能性と修繕費によって決定されるが、その作業は顧客から見えないところで進行する。ＡＩは事故の可能性を計算して費用を割り当てるが、顧客は価格を見せられるだけだ。

要するに機械が予測して、顧客が判断する。顧客は、料金を支払うだけの価値があるかどうか決定するだけでよい。いたって簡単だ。

これはすでに実現している。いまや運転に関する一分ごとの意思決定に基づいて、企業は保険金の価格を設定している。携帯電話にテレマティクスのアプリを搭載しているドライバーを対象に、保険料を引き下げる企業は多い。ここでは、顧客は安全運転を心がけることが前提にされる。そしてテスラなどは、携帯電話のデータに頼る必要もない。自動車そのものから集めたデータを利用して、急ブレーキや狭い車間距離などの要因に関する安全運転スコアを測定する。[6] 保険金の価格がドライバーの行動に基づいて設定されれば、顧客は慎重な運転を心がけるので保険金は安くなり、道路は誰にとっても安全な場所になる。[7]

ここでは予測と判断が切り離されている。保険会社は危険行動に値段をつける。そして顧客は、危険行動にそれだけの価値があるかどうか判断する。

予測と判断は切り離されること、そして人間は判断するのに慣れていることが、保険の事例からはわかる。これは、「顕示選好」理論の核心である。人間の好みは、意思決定のうちに顕示されると経済学者は考えた。マーケターは数十年前から、この点に注目してきた。

ポール・グリーンとヴィタラ・ラオが一九七一年に発表した論文では、消費者の好みを評価するための斬新なツールが紹介された。「判断データ数値化のためのコンジョイント測定」というタイトルの論文では先ず、「経営者や消費者が下す判断の数値化は、かねてよりマーケティング・リサーチャーの悩みの種だった」と述べられている。[8] そして、「消費者の意思決定を研究するためには、意思決定の段階で、相容れない様々な基準のトレードオフがどのように考慮されるのか解明する必要がある」と強調した。コンジョイント測定では、複数の異なる選択肢を消費者にランク付けしてもらう。仮定の話の選択だが、身近な内容なので難しくはない。

グリーンとラオはポイントカードを具体例として使った。あるカードは一〇店舗で五パーセントの割引が可能で、購入費用は一四ドル。別のカードは五店舗で一〇パーセントの割引が可能で、購入費用は七ドル。三番目のカードは一〇店舗で一五パーセントの割引が可能で、購入費用は二一ドル。消費者がこれらをランク付けした結果から、各カードに対する評価を統計学者は解明できる。選択によって、判断は明らかにされた。

時間とともにこの手法は進化して、ペパロニとハワイアンピザの価値を、あるいはフォードのピックアップトラック型自動車とトヨタ車の価値を評価するために使われた。さらに、アメリカの大学の博士課程で学ぶ中国人留学生が、課程の修了後もアメリカに残るか、それとも中国に戻るか、どちらを選ぶか評価するためにも使われた。具体的には、ボストンで民間部門のリサーチサイエンティストとして七万ドルの報酬を受ける場合と、北京で公共部門の管理職として五万ドルで迎えられる場合の、どちらを好むか学生たちに尋ねた。その結果から、アメリカでの生活と中国での生活の相対的価値に関する学生の判断について研究者は学んだ。[9]

この顕示選好に関しては、他にも経済学で並列的に研究が進められてきた。先ず一九七〇年代初めにはダニエル・マクファデンが、研究成果を認められてノーベル賞を受賞した。今日では、スーパーのスキャナーデータやオンラインのクリックストリーム〔ウェブページの訪問者のアクセス・ログ〕を使って需要を計測するツールが普及しているが、いずれもマクファデンの研究を土台にしている。

一五年前、この分野ではパット・バジャリが経済学者として最先端を走っていた。いま彼は、アマゾンのチーフエコノミストであり、コアＡＩ部門の責任者である。アマゾンに採用される以前には、ハーバード、スタンフォード、デューク、ミシガン、ミネソタの各大学で教授を務めた。彼は計量経済学会のフェローでもあり、執筆する論文には難解なタイトルが付けられている。「異質の消費者や観察されない製品の特性に関する需要推定：ヘドニック・アプローチ」「ランダム係数の分布に関する簡単な推定」（忠告：それほど簡単ではない）といった具合だ。とにかくバジャリは、同世代のなかでもきわめて優秀な計量経済学者のひとりだった。執筆する論文は抽象的で、記号や方程式で埋め尽くされている。アマゾンがそんな彼の影響で、経済学博士号取得者の採用数が世界でも群を抜く組織になるとは予想できなかった。

しかし実際にバジャリは、アマゾンをそんな組織に育て上げた。そこには、彼のメンターやリーダーとしての素質が大きく関わっている。[10] さらに、執筆した論文も直接的に関連している。需要推定は、アマゾンのビジネスの中核である。消費者は何を望むのか、それを手に入れるためにどれだけ支払う準備があるのか、アマゾンは把握しなければならない。製品の価値を消費者がどのように判断するのか理解しておけば、適切なときに適切な価格で適切な製品を提供できる。このように消費者の判断について推測するためのツールは、市場調査と計量経済学のなかに存在している。アマゾンの経済学者の集団はバジャリのリーダーシップのもとで、消費者の判断を広い視点から究明する方法の解明に取り組んだ。

判断は意思決定のうちに顕示されることを認識すれば、人間が常に判断を下していることは紛れもない事実となる。実際、私たちは優れた判断力を持っている。ところが予測が切り離されてしまうと、従来と同じようには判断できなくなってしまう。

判断する機会

予測と判断が切り離されると、新たな機会が創造される。意思決定を行なうのは、予測と判断のどちらにも秀でた人ではない。ＡＩ予測を使って判断する能力が、誰よりも優れた人になる。

ＡＩが予測を引き受ければ、最高の判断力を持つ人が抜きんでた存在になる。すでに指摘したが、ＡＩは概念上、多くの放射線科医よりもずっと正確に予測することが可能で、実際にそうした場面が増えている。具体的に予測される内容にもよるが、ＡＩの訓練では放射線科医の予測を観察するわけではない。信頼できる観察結果と画像をマッチングさせて学習し、たとえばある病状は悪性腫瘍が原因の可能性があるかどうか予測する。そうなるとＡＩ予測は、いまに人間の予測の精度を上回る可能性を秘めている。テクノロジーのパイオニアであり、ＡＩ投資家として著名なヴィノド・コスラはその点に注目し、今後は放射線科医がＡＩ予測に頼らなければ、医療ミスにつながる可能性もあると示唆している。

ただし、ここに問題がある。そもそもＡＩ予測は、放射線科医の判断の価値にどう影響するのだろうか。（少なくともアメリカでは）放射線科医の勤務ぶりを見るかぎり、患者に関する他の情報がほとんど入ってこない。したがって、ある患者の腫瘍が三〇パーセントの確率で悪性だとＡＩが予測した場合に、ある放射線科医は患者を診断して腫瘍を治療すべきだと判断し、別の放射線科医はその必要はないと判断したら、医療システムはどんな状況でどちらかひとつを受け入れると想像できるだろうか。実際、想像するのは難しい。むしろ医療専門家から成る委員会が、機械が予測する以前の段階で診断のルールについて十分に検討し、その委員会の判断が大きな規模で適用される可能性のほうが高い。放射線科医の意思決定は、機械の予測や委員会の判断と切り離されたうえで、あとから結びつけられる。

　ＡＩが予測すれば、以前よりも正確な予測が迅速に安く提供され、以前よりも的確な判断が下されるので、こうした長所を生かした新しいシステムが誕生する可能性もある。『予測マシンの世紀』では、アマゾンがビジネスモデルを変更するチャンスに注目した。注文しないうちに必要なアイテムが届けられる新しいビジネスモデルを紹介したが、いまやこのモデルは実際に存在している。スティッチ・フィックスが、ファッションアイテムの分野で実践しているのだ。ＣＥＯのカトリーナ・レイクはこう語る。「我々はデータと機械学習を人間の専門家の判断と結びつけ、個人のスタイルに合わせたユニークな選択を行なう」。しかも、まだ先がある。ファッション業界では在庫に費用がかかる。この問題解決のためにデータサイエンスのチームが開発したアルゴリズムは、今後の需要の変化に関する予測に基づき、再購入が決断されそうな商品を在庫するために役立てられている。

　第一一章では、機械のパワーが人間に勝ることはないと説明した。なぜなら、意思決定を行なうための判断は、常に人間が下すからだ。最終的に機械が意思決定を行なうようになっても、それは変わらない。次章では、判断が予測から切り離されると、どのようなスキルが求められるのか論じる。こうしたスキルについて理解すれば、予測と判断のデカップリングをきっかけとして、意思決定者が交代することも理解しやすい。デカップリングによってＡＩを導入する新たな機会が創造されると、判断に関連するスキルは改善される。

キーポイント

- 予測と判断は、どちらも意思決定の大事な構成要素である。決定木では予測を出発点として、そこから枝分かれする部分でどんな結果がどんな確率で起こるかが示される。それに基づいて判断が下されると、その結果はどんなペイオフを伴うのか、枝の先端に示される。私たちは意思決定を行なうとき、普通は予測と判断が別のインプットだとは認識しない。なぜなら、どちらも同じ人間（意思決定者）の心のなかに存在するからだ。ところがＡＩが導入されると、予測は人間の手を離れて機械の役目になり、予測と判断が切り離される（デカップリングされる）。その結果、従来とは異なる人間が判断を下す可能性が生まれる。
- 私たちは絶えず意思決定を行なうが、何かを予測しようとか、何かを判断しようとか、いちいち考えたりしない。単に意思決定を行なう。ただし、意思決定を行なうたびに予測や判断について明確に考えなくても、意思決定を解析手法で分析すれば、判断について推測することは可能だ（すなわち「顕示選好」が明らかになる）。経済学者やマーケターは選択に基づいて判断を測定するため、かねてより統計ツールを利用してきた。

●意思決定はシステムの中心的な構成要素である。AIが登場する以前には、予測と判断を切り離すことはシステム設計の観点から望ましくなかった。なぜならどちらも、同じ人間の心のなかで機能するからだ。しかしAIはそこに変化を引き起こし、予測の役割は人間ではなく機械に移行した。そうなると、システム設計の見直しが可能になる。AI予測が人間よりもずっと迅速で、しかも費用を抑えられるなら、予測をもっと頻繁に行なえるのではないか。それほど重要ではない意思決定にも応用できるのではないか。判断を体系化すれば、意思決定は自動化され、しかも規模が拡大するのではないか。従来のシステムでは予測する人が判断を下し、ふたつの要素がひとりの人間に集中していた。しかし予測が切り離されれば、従来とは異なる人間や集団がずっと優れた判断を下せるのだから、判断の役割を任せてもよいのではないか。新しいシステム設計からは絶好の機会が提供される。なぜなら、AIは最も根本的なレベル、すなわち意思決定の構造の部分で新しい機会を創造するからだ。

第一四章　確率を考える

アリゾナ州テンピで二〇一八年、ウーバーの自動運転車にはねられた歩行者が死亡した。自動運転車による初めての死亡事故である。車は歩行者を見ても、ブレーキをかけなかったという。報道では、プリンストン大学教授の以下のコメントが引用された。「自動運転車をテストしているすべての企業は、これを警告として受け止めるべきだ。必要なときは間違いなく自動的に停止するよう、システムを点検しなければならない」[1]。しかし事故の当日、テンピの警察署長の見解は異なり、つぎのように説明した。「犠牲者の女性がいきなり飛び出したことを考えれば、衝突を回避するのは難しかった」[2]。

ウーバーは実際のところ、自動運転車が人を殺すようにプログラムしたのだろうか。もちろん、そうではない。しかし、前方に人の姿を確認できなかったという指摘は正しくない。衝突の六秒前には、未知の物体の存在を予測していた。ただし、その未知の物体は人間の可能性が高いと自動運転車が予測をした時点では、すでに手遅れだった。急ブレーキをかけても事故を回避することはできなかったのである。[3]

要するに、どちらの解釈も間違っている。というのも、どちらも事故は回避不能だったと決めつけているからだ。自動運転車は実際に物体を確認しており、その物体が人間である確率は僅かにあった。物体が人間である可能性を自動運転車がもっと早く予測していれば、ブレーキをかけて悲劇は回避されただろう。事故報告書からは、自動運転車が人間を感知する確率は非常に低かったことが推測される。ゼロではないが、きわめて低かった。しかも、未知の物体が人間である可能性がかなり高くないかぎり、自動運転車はそのまま走行を続けるようにプログラムされていた。人間である確率は〇・〇一パーセント、〇・〇〇〇一パーセント、いや〇・〇〇〇〇〇〇〇一パーセントだったかもしれないが、ゼロではない。しかし、機械はそんなに低い確率を考慮するようには作られていない。

この結末にはぞっとする。自動運転車は前方の歩行者を十分高い確率で認識できず、ブレーキをかけることができなかった。これが悪い決断だったことを理解して対処するのは簡単ではない。事故のあと、ウーバーは自動運転車の事業計画を凍結した。そして二〇一八年一二月に再開したとき、プログラムは様変わりしていた。速度は時速二五マイル（四〇キロメートル）以下に抑えられ、常にふたりのセーフティドライバー（安全要員）が同乗した。ほかにも、ドライバーの遠隔監視や自動ブレーキ機能の設定変更など、様々な変化が加えられた。閾値に基づく決断が、もはや入り込まないように徹底された。

悪い意思決定と悪い結果を区別することは重要だ。良い意思決定が悪い結果につながるときもある。これは、プロのポーカープレイヤーのアニー・デュークが、著書『確率思考　不確かな未来から利益を生みだす』（長尾莉紗訳、日経BP、二〇一八年）で伝えようとした大事なメッセージのひとつだ。デュークは、NBCが企画したヘッズアップトーナメント〔ポーカーの個人戦〕で優勝した唯一の女性だ。ポーカーには、運とスキルのどちらも関わる。そのため、完璧なカードでプレーしても、負ける可能性がある。逆に、悪いカードで大きな勝負に出て、幸運に恵まれる可能性もある。

物事がうまくいかないときは、意思決定が悪いのか、それとも運が悪いのか、どちらなのか考えることが大切だとデュークは主張する。運が悪かったならば、悪い結果として受け入れ、先へ進めばよい。意思決定が悪かったならば、教訓を学んだうえで、次回はもっと良い行動をとればよい。

結果が悪いと戦略を変更するアマチュアのポーカープレイヤーは非常に多い。同様に、無茶な賭け方が勝利につながるケースも非常に多い。いずれにしてもそのあとは、過去の結果を参考にしてつぎの一手を決断する。デュークはこの習慣を「リザルティング」（結果）と呼んだが、それが続くとプレイヤーの成績は次第に悪くなる。結果は運が悪かったからなのかどうか見分ける能力がないと、不確実性にとらわれて過去から教訓を学びにくい。

マイケル・ジョーダンは一九八五年から一九八六年にかけてのレギュラーシーズンの終盤でプレーしたが、怪我をすることはなく、良い結果を手に入れた。選手生命に関わる怪我をする確率や、怪我でシーズンの残りを棒に振っていた可能性を考えれば、最高の結果だった。このシーズンのあと、ジョーダンは六回の優勝を経験し、MVPには五回選出され、アスリートとして史上最高額となる二六億ドルの年俸を手に入れた。その点に注目すれば、プレーの続行は正しい決断だったように思える。ひょっとしたら、もう少し早くチームに合流してもよかったかもしれない。結局ジョーダンは怪我をしなかったのだ。しかし、だからと言って彼の決断が正しかったわけではない。

確率を考えるときには、予測には不確実性が伴うことを認識し、自分が経験する結果の一部は運によるものだと理解する必要がある。ただしこれは簡単ではない。車の場合、自動運転車が登場する以前には、予測と判断のどちらもドライバーに委ねられた。もしも人間のドライバーが歩行者を轢いたら、それは予測が間違っていたからか（人間にぶつかる可能性は実質的にゼロだと考えたため、ブレーキをかけなかった）、それとも判断が間違っていたからか（急いでいたため、事故を回避するよりも、目的地に早く到着するほうを優先した）、どちらなのかわからなかった。そして実際に事故が起きれば、判断には問題がなかったが、機械の操作を間違って衝突をうまく予測できなかったと考えるのが一般的だった。現在、社会はこの方針に満足しているようだ。

自動運転車の設計では、予測のエラーを測定することができる。ほかには判断の数値化も必要とされるが、それは決して愉快な作業ではない。たとえば命の値段を計算し、車に同乗する経験とそれを比較する（安全運転を心がけすぎるためとはいえ、たびたびブレーキを踏まれるのは愉快な経験ではない）。こうしたトレードオフについては常に暗黙のうちに考えなければならないが、それを明確に表現することには抵抗感がある。自動運転車に関する方針を決定するエンジニアリングチームにとって、ひょっとしたら倫理担当チームにとっても、やはりこれは愉快な経験ではないだろう。

不確実性を受け入れる

確率を考えれば不確実性を受け入れることになる。何かが起きそうな可能性について考え、可能性が十分に高ければ左へ、さもなければ右へ進むといった具合に判断する。要するに予測を分割点と見なし、その予測にしたがって意思決定のルールを表明する。予測が非常に正確なら、これはうまく機能する。プレーを続行してさらなる怪我のリスクを負うべきかどうか、マイケル・ジョーダンが行なった意思決定を思い出してほしい。怪我で選手生命が断たれる可能性はゼロだと医者から言われたら、ジョーダンもラインズドルフも迷わなかっただろう。意思決定が難しかったのは、予測が不確実性を伴っていたからだ。九〇パーセントは大丈夫だという言葉をジョーダンは信じたが、ラインズドルフは違った。

信頼度に関する閾値に基づいて意思決定を行なうというアイデアは興味深い。たとえば、難民の国内への受け入れを評価するプロセスについて考えてほしい。この意思決定は不確実性を伴う。難民審査官は難民申請者の証言に基づき、主張には信頼性があるかどうか、さらに申請が却下された場合には、国連難民条約で指摘されるような危害を受ける可能性があるかどうか、決断を迫られる。しかも裏付けとなる書類はどうしても少ないので、同じような状況で過去に行なった意思決定が正しかったかどうか、審査官はフィードバックをほとんど受けられない。

いまのところ審査官は、あらゆる証拠を比較検討して決断するために最善を尽くしているので、自分の意思決定の正しさに自信を持ちたがる。ある学者はつぎのように指摘する。「自分は真実を見抜く直感がきわめて鋭いと考える人もいるようだ。相手は嘘をついているという予感がするときは、間違いなく嘘をついていると見なす」[4]。

しかし、こうした自信は的外れだ。もっとよく考えて意思決定を行なうべきで、そのためには、たとえば申請者が嘘をついている可能性の確率を予測してもよい。申請者を受け入れる割合を増やすのではなく、意思決定の結果を改善することを目指すのだ。

目下、難民申請を受け入れるべきか否かの決断が、審査官の思い通りの結果につながっているのか確認するためのデータは手に入らない。もしもデータが集まれば、将来の申請者を評価できる予測マシンを組み立てられる。そうすれば、証拠に基づいた信頼性の高い評価が可能になる。あるカナダのケースでは、ドイツから難民申請した女性が、息子の学校の関係者から迫害されたのに、ドイツの警察は助けてくれなかったと主張した。犯罪行為の報告を受けたときのドイツ警察の反応に関しては、たくさんのデータが存在する。そのため、警察は少なくとも難民申請に関する義務に従ってこの女性を保護したのかどうか、かなりの精度で予測できる。さらに審査官は、イエメンからやって来たLGBTQ活動家の主張や、スーダンで迫害されている少数民族のメンバーの主張の正しさを裏付ける証拠が、間違っていないと確信することもできる。

しかし他の多くのケースには疑いの余地が残る。家庭内暴力からの保護を求められた警察の対応が正しいかどうか確かめたくても、あるいは申請者のプロフィールに問題はないので政府が注目すべきかどうか確かめたくても、適切な情報がそろっていないケースは多い。データが足りなければ不確実性が高まる。そんな不確実性を白日のもとにさらせば、根拠のない自信も減少するはずだ。

審査官は不確実な予測のあいだで比較を行ない、「受け入れるべきだった難民申請が却下される場合と、却下すべきだった申請が受け入れられる場合と、どちらの間違いのほうが深刻か」判断する必要がある。[5] これは簡単そうだが、高いリスクを伴う。合法難民が申請を却下されれば、拷問されたり殺されたりする可能性がある。一方、不法難民を受け入れれば、受け入れ国の寛大な措置が悪用される可能性がある。国連の条約では、不法難民を受け入れるほうが悪い結果につながると考えられる。そして合法難民の申請を拒むのは、明らかに「不適切で間違っている」。

予測と判断を切り離したうえで、最高のＡＩを動員しても難民申請の予測には不確実性が伴うことを明確にしておけば、ＡＩの導入はプロセスの改善につながる。予測に内在する不確実性を予測マシンが伝えるようになれば、最終的にもっと多くの申請が認められるだろう。受け入れを拒むコストはあまりにも高い。

しかし、現在のシステムはこのように機能しない。不確実性を伝える予測マシンは、審査官にとってほとんど使い道がない。そもそも審査官は、統計的不確実性を解釈する訓練を受けていない。そして法律も、深刻な間違いが深刻な結果につながる可能性については曖昧だ。しかも、かりに審査官を訓練する機会があったとしても、既存のプロセスに取り入れることはできない。確実性の乏しい難民申請を全面的に受け入れようとすれば政治的圧力がかかり、難民が歓迎されない状況が創造される。さらに、情報を見えにくくしようとするインセンティブが働くかもしれない。難民申請にＡＩを使えばプロセスが公平になる可能性はあるが、システムを変化させなければ実現は期待できない。新しいシステムでは判断を明確にして、間違いに伴う相対的リスクを評価する必要がある。

判断の欠如はＡＩを制約する

判断によって、あなたが何を望むのか表現される。しかし、新しい状況に放り込まれたときや、過去に対処した経験がない情報が提供されたときには、自分が何を望むのか、かならずしもわかるわけではない。たとえば難民申請審査官は、合法の可能性が四〇パーセントと予測された発言をどう解釈すべきなのか。それまでずっと審査官は、予測と判断を結びつけて意思決定を行なってきた。したがってＡＩを新しく導入できる機会が訪れても、判断が予測と切り離されたため、せっかくの機会が生かされないケースは多い。これからどうなるか自分で予測できなければ、予測に基づいて行動を起こすことはできない。したがって、行動がどんなペイオフを生み出すのか確認するための根拠も手に入らない。

こうして予測と判断の関係が曖昧になると、最後には、予測マシンを導入しても新しいＡＩシステムが構築されないようにする障壁が創造される。予測が改善され、それが投資され採用されるためには、その情報が何らかの役に立たなければならない。あるいは、より良い情報が手に入ることを期待できないのに、それを前提にどう判断をしようかと考えても進展は望めない。要するに判断する機会がなければ、予測を改善するために積極的に投資できないし、予測の改善に対して積極的に投資されなければ、判断する機会は創造されない。

判断を見つけ出す

事実を前にしてどんな結果が予想されるか確認したうえで、判断は構築される。調査を行なったり評価したり、他人から学習すれば、どんな結果が生じる可能性があるか、様々な状況で確認できる。ほとんどの人は、熱いストーブに触れてはいけないという教訓をこうした方法で学ぶ。ストーブに触ればやけどすると、あなたは誰かから教えられる。これなら自分で痛い経験をしなくても、正しい判断を学べる。誰かの判断に従うだけでよい。わざわざ重大な過ちを犯す可能性を回避できるのはありがたい。

なかには疑い深い人もいるだろう。これはいけない、あれはいけないと子供に教えても、その多くはほとんど効き目がない。同様に、反抗的な読者は熱いストーブに触るかもしれない。すると、熱いストーブに触れると痛い目にあうことを経験する。要するに、経験から教訓を学ぶ。

自ら選択してそこからフィードバックを受ければ、その結果から、状況によって特有の費用と便益を確認できる。様々な状況で様々な選択をする経験を積むほど、たくさんの結果を具体的に理解できる。こうした経験から判断について学び、将来とるべき行動を把握できる。

このように、判断を構築する方法はふたつある。誰かの見解や指示、あるいは文化から計画的に学ぶ方法と、自ら経験して学ぶ方法である。ではつぎに、このふたつについて順番に説明しよう。

計画的に判断を学ぶ

予測にかかる費用が少なければ、あるいは予測の質が高ければ、経験から判断の中身を決める作業は簡単だ。だが、予測にある程度の投資と開発が必要とされたらどうか。開発がすめば、予測にかかる費用は安くなるかもしれないが、データの取得や訓練や、その結果から考案されたアルゴリズムをテストするためには、どうしても費用がかかる。したがって、実際に利用したときに役に立たなければ、開発も投資も正当化されない。予測が改善されたらどんな選択が可能か、慎重に計画的に分析する必要がある。たとえば多くのベンチャーキャピタリストは、成功が確実に見込めないスタートアップに資金を提供する。しかし投資する前には、成功するための出口戦略にはＩＰＯ（新規上場）と買収のどちらがふさわしいか十分に検討する。[6]

　このようにして検討するときは、実現する頻度が低いシナリオよりも高いシナリオのほうが、結果について検討されるものだと考えたくなる。しかし実際のところ、複数の異なるシナリオからどれかを計画的に選択するときは、頻度の違いがかならずしも考慮されない。むしろ、変わった行動を見つけられるシナリオであることが決め手になる。

　ここで、クレジットカード詐欺へのＡＩの応用について考えてみよう。あなたがクレジットカードをスワイプすると、アルゴリズムが動作を始め、取引を進めるか却下するか決断する。カードの期限が切れているときや、不正取引が疑われるときは、却下される可能性がある。クレジットカードネットワークは、不正の疑いがある取引を認めたくない。なぜなら詐欺が発生したら、関連費用を負担する責任があるからだ。その半面、クレジットカードビジネス全体がうまく機能するためには、顧客にも業者にも手間や苦痛を経験させてはならない。したがって、合法的な取引を却下すれば致命的な結果につながる。消費者は不満を募らせ、もっとひどいと、別のカードに乗り替える可能性もある。

クレジットカードネットワークのアルゴリズムは、不正取引の可能性を検知するとスコアリング（点数化）を行なう。この点数は基本的に、不正取引の確率を表している。ただし、その情報への対応を決めるためには判断が必要とされる。そして判断は、業者など現場の関係者が下すわけではない。そうではなく、情報を利用する方法はシステムにプログラムされており、カードを認めるか却下するかの決断は自動的に行なわれるのだ。それ以外の方法が入り込む余地はない。

つまり、点数に基づいて取引を認めるか却下するか判断する方法については、予め計画的に考えておく必要がある。選択肢の評価は、専門の委員会に任される可能性が最も高い。もしも予測の点数が常に一〇〇パーセントか〇パーセントのどちらかならば、正しい行動方針を決定するために悩む必要はない。しかし実際には閾値が設定され、それを上回れば取引は却下され、下回れば許可される。実際には大多数の取引が受け入れられるので、不正取引が疑われるような高得点は滅多に発生しないことが推測される。ちなみにアルゴリズムによるスコアリングが登場する以前のカード会社は、カードを受け入れるか否かの決断を業者に任せていたが、おそらくそれも不正取引の発生件数が少なかったからだと考えられる。

閾値は、ふたつのエラーのバランスをとりながら選択される。ひとつ目のエラーは、不正取引が受け入れられることだ。それに伴う費用を引き受けるのはカード会社だけで、取引の費用を負担する業者やカード保有者は関与しないため、過去のデータからの計算が可能だ。もうひとつのエラーは、合法的な取引が却下されることだ。この場合は費用の計算が難しくなり、判断も簡単には下せない。そしてここでは、カード保有者のタイプが重視される可能性がある。もしもカード保有者がプレミアム顧客なら、こうしたエラーはカード会社にとって致命的だ。不満が高じて、別のカード会社にすべての取引を変更する可能性もある。したがって判断を下すときは、顧客の様々な特徴が考慮され、それが不正取引のスコアリングにも反映される。不正取引について調べて予測するときは、取引のなかに異常な要素はないか推測する。一般的なカード保有者は消費パターンが安定しているが、プレミアム会員は頻繁に移動するので、異常を予測するのが難しい。

もうおわかりだろうが、予め計画的に判断するのは複雑な作業で、様々な局面について考慮しなければならない。しかもこうした局面を、明確な形に変換する必要がある。少なくともクレジットカードのケースでは、自動処理のなかにコード化されている。自動処理されるので、具体的に決断される以前の段階で、何が重要なのか人間が判断しておかなければならない。これは厄介な作業で、ＡＩシステム導入の妨げになっている。ＡＩシステムでは、判断を下す人間が変わることになる。業者が複数の要素を組み合わせて予測したうえで、顧客が信用に値するかどうか判断するのではない。カード会社が大局的な視点から、刻一刻と変化する予測と慎重に計画された判断を結びつけなければならない。

経験から判断する

経験によって判断が養われ、特定の状況で何をすべきか理解できるようになれば、意思決定の内容は改善される。しかし、その実現までの道のりは一直線ではない。そもそも何かを経験するためには（a）何が起きたのか、（b）過去に起きたことが今回も起きたのか理解しなければならない。もしも間違って熱いオーブンに手を触れれば、（うまくいけば）新しい経験を通じ、どんな結果が導かれるか理解することができる。ただし、それには偶然が必要だ。たとえばオーブンは熱いことを知っていて、絶対に手を触れなければ、どんな結果が導かれるか理解できない。それが悪い戦略だと言うわけではない。むしろここでは、選び方によって経験は左右されることを強調したい。[7]

この点をもっと明確に理解してもらうために、自分には行動の選択肢がふたつある状況を考えてほしい。ひとつは現状維持行動と呼ばれるもので、いつもと同じことをするので、行動から得られる結果が正確にわかる。実際、常に同じ結果を得られる点がユニークな特徴であり、行動は確実な見返りを伴う。もうひとつは危険行動と呼ばれる。これは未知の経験なので、実際に危険な行動をとらなければ何が起きるかわからない。たとえば、通常の基準に満たない人物の採用を考えるケースや、通常の投資テーマに当てはまらないスタートアップへの融資などが該当する。そして、危険な行動を選択したらどうなるか何らかのヒントがあって、どんな状況で意思決定が行なわれるのか理解が進んだとしても、実行に移す価値があるかどうかは確信できない。

こうした状況では進退きわまってしまう。予測から何らかの情報が手に入る可能性はあるが、その情報を使って何をすればよいかわからなければ、予測にわざわざ出費しようとは思わない。しかし予測しなければ現状維持行動を選ぶしかなく、これでは危険な行動からどんな結果が得られるか絶対にわからない。ここでもやはり判断を簡単に構築できないことが、ＡＩシステム構築への障害として立ちはだかる。

ＡＩシステムによるソリューションのペイオフ（見返り）が十分に大きければ、判断の構築には投資するだけの価値が備わり、因果関係がわからない状況も絶望的ではなくなる。これまでは予測と判断の双方に基づいて意思決定を行なう人が有利な立場を確保してきたが、これからは新しい経験に頼るにせよ前例に従って計画を立てるにせよ、判断を構築する人が絶好の立場を確保する。

ＦＤＡの枠組みをあらゆるものに応用する

病気の治療薬の服用を指示されたとき、患者がどんな反応を示すのか正確にわからないケースは多い。一部の人が深刻な副作用に苦しむことはよく知られている。人によって反応は異なるものだ。薬の効果には確率的な要素が含まれる。どんなに良い薬でも万人に効果を発揮するわけではないので、良い薬と悪い薬の区別は時として難しい。

この問題が障害となり、医薬品市場は二〇世紀初めのいかさまセールスマンの時代から進歩しなかった可能性もあった。しかし代わりに規制プロセスが開発され（アメリカの医薬品のケースでは、食品医薬品局〈ＦＤＡ〉の主導による）、どの薬も利益とコストを比較したうえで、全体的な利益が評価されるようになった。規制プロセスでは薬の効果に含まれる確率的要素を認識したうえで、ランダム化比較試験（第三章で紹介した）を行ない、薬が効果を発揮するかどうかを調べる。さらに、費用便益比を全体的な視点からだけでなく、年齢区分などの細分化された集団についても考慮する。最近の事例では、FDAはコロナワクチンに関して、最初は大人を、つぎに子供を対象に段階的に承認した。

従来の確定的なアプローチに代わり、確率的なアプローチに基づく新しいシステム設計の導入を考えるならば、以前は規制のなかった領域において、医薬品と同様の規制アプローチをとることを考える必要がある。[8] たとえば、人間は簡単な運転試験に合格しなければ免許を取得できないが、他人に危害を加える可能性に伴うコストについての判断は試験の対象にならない。しかしAIによる自動運転には、車の行動の安全性をガイドラインと比較して確認するために、FDAのような仕組みが必要だろう。

ほかには、銀行融資を承認するAIに関しても、FDAと同様の枠組みが必要だと考えられる。ここでは取り締まり関係者が、AIによる融資の承認が法的要件を満たす行動かどうかを検査する。さらに、倉庫のロボット制御システムに活用されるAIに関しても、FDAのような枠組みは必要だろう。人間の近くで作業するロボットの行動が、一定のベンチマークと比べて安全かどうか検査するべきだ。

薬の効果は立証するのが難しく、製薬業界は確率的アプローチに頼らざるを得なかったが、規制プロセスの導入は効果を発揮した。一定のリスクを伴うものの、トータルではプラスとなって利益が上回ることを市民は納得した。AIから十分な利益を確保するためにシステムレベルのソリューションを設計する際にも、同様の発想は必要だろう。これから時代のはざまを過ぎて、AIが遍在する新しい時代に入れば、ほとんどのシステムは確定的アプローチから確率的アプローチへと移行する。そうなれば、あらゆるものにＦＤＡのような枠組みが必要になる。こうした規制機関は実際のところ、新しいシステムの一部になるだろう。

誰が公正に判断できるか

誰が判断を下すのか、判断力はどのように身に付けるのか、そして意思決定において判断を実際にどのように生かせばよいのか。閾値を設定するにせよ、もっと複雑なことを考えるにせよ、いま述べた選択はいずれも、ＡＩ予測を前提とするシステム設計に欠かせない重要な要素である。従来は予測と判断のどちらにも優れた人が判断を下したが、ＡＩが予測するようになれば、正しい判断ができる人に判断を任せるケースが増えることを思い出してほしい。なぜなら、予測と判断というふたつの機能が切り離されるからだ。そして予測と判断がデカップリングされたあとは、予測を受け取る相手を適切に選ぶだけでなく、予測がどのように利用されるのか理解しておかなければならない。予測が一カ所に、たとえば事前に判断が組み込まれたアルゴリズムに集中すると、それを参考にして、行動の分かれ目となる予測の閾値が創造される。一方、多くの場所で予測データが取得される可能性もあり、最適なナビゲーションルートについての予測が大勢のドライバーに提供されるケースなどが考えられる。

こうした変化は破壊的で、実行されれば混乱を招く。それでもシステムを見直す機会は創造される。

デカップリングから始まり、そのつぎは、正しい判断を任せる相手が見直される。今日のように、意思決定者が判断も下すわけではない。そして的確に判断するためには、確率思考について理解するだけでなく、正しい計画能力や経験を身に付け、さらには経験を積む機会に恵まれることが求められる。

キーポイント

●AIは確率思考をシステムに導入する。私たちは車の事故を調査するとき、衝突する前に歩行者が見えたかどうかドライバーに尋ねる。ここではイエスかノーの答えを期待する。「多少」とか「少しだけ」といった回答には慣れていない。しかしAIは、まさにそんな反応を示す。たとえば、道路に近づいてきた物体が人間だと思われる可能性は、〇・〇〇一パーセントだったと回答する。AIがシステムに導入されると、従来の確定的なアプローチは、しばしば確率的なアプローチに変更される。なかには既存のシステムが、確率のインプットをうまく受け入れるように設計されているときもある。しかし、通常はシステムの見直しを介して、生産性が大幅に向上する機会が創造される。

●予測を意思決定に変換させるためには、判断しなければならない。従来の形で意思決定が行なわれるとき、判断は予測と区別してコード化されない。そのため予測する人が判断を下す必要がある。

では、その判断についてどのようにして学ぶのだろうか。具体的には、伝達（他人からの学習）と経験のふたつの方法がある。判断が必要なければ、ＡＩを構築して予測に活用するために、わざわざ投資する気持ちにはなれない。逆に、必要な予測をしてくれるＡＩが存在しなければ、意思決定に関わる判断を構築するために、わざわざ投資する気持ちにはなれない。このように予測と判断の関係が曖昧だと、それがシステムの見直しにさらなる課題を突きつける可能性がある。

● ＡＩの力を十分に活用するためには、多くのアプリケーションでシステムレベルのソリューションを新たに設計しなければならない。このソリューションには予測や判断だけでなく、規制も含まれる。規制が十分に機能すれば、確定的なシステムから確率的なシステムへの移行を社会に納得させることができる。結局のところ、あらゆるシナリオを対象にシステムの動作がハードコードされているわけではないので、どのような展開になるか予め理解できるわけではない。しかし、かつては効果の立証が困難で確率に頼るしかなかった製薬業界は、規制のプロセスを導入した後に大きな恩恵を受けた。薬は副作用のリスクを伴うが、全体的にはプラスになることを市民に理解してもらえた。同様に、機械が行なう意思決定を試験的な枠組みと比較して評価するような、ＦＤＡタイプの規制の枠組みは他でも必要になるだろう。確率的情報に頼る形にシステムを見直して成功させるために、こうした規制の枠組みが欠かせないケースは多い。

第一五章　新しい判断

鉛は非常に有害な神経毒で、子供の脳の発達に影響をおよぼす。[1] 一九六〇年代には塗料から、一九七〇年代にはガソリンから、鉛は段階的に取り除かれた。鉛塗料のほとんどは交換された。有鉛ガソリンを使用する自動車は、だいぶ前に廃止された。こうした変化のおかげで、世界中で何百万もの人々の健康が改善された。

アメリカでは一九八六年、飲料水に関して鉛製給水管の使用が禁じられたが、すでに設置された給水管は対象から外された。鉛製給水管の耐用年数は一〇〇年におよぶ可能性があるので、取り替えなければいつまでも危害をおよぼす。ミシガン州フリントでは水源の切り替えをきっかけに、飲料水に含まれる鉛の量が急激に増えて、給水管の交換が喫緊の課題となった。ただし、どの給水管に鉛が含まれ、どの給水管は無害なのか、市の職員にはわからないことが問題だった。一本ずつ確認するのは費用がかかる。

こうした不確実な状況は、予測マシンを導入する好機となる。そこでミシガン大学教授のエリック

・シュワルツとジェイコブ・アバネシーが、この難題に立ち向かった。研究者チームと一緒に、市内のどの給水管に鉛が使われている可能性があるか予測する作業に取り組み、それに特化したＡＩを構築した。これなら市当局は、給水管に鉛が使われている可能性が予測された世帯だけを対象に点検すればよい。予測マシンは鉛の使用が疑われる水道管を特定し、予測の正解率は八〇パーセントにのぼった[2]。その結果フリントの数千人の住民が、二〇一六年から二〇一七年にかけて鉛製給水管を交換してもらった。

それでも一部の住民は不満だった。というのも、鉛が使われている可能性が示唆されたのは、ひとつの区域のひとつのブロックに限定されたからだ（おそらく他よりも住居の築年数が古かったのだろう）。そのため、同じ区域でも対象から外れた住民は、自宅の給水管について不安を募らせた。実際に一部の区域、特に貧困層が暮らす区域は、富裕層が暮らす区域よりも予測の対象になる可能性が高かった。裕福な住民の一部は、自宅の水道管をすぐに点検してもらえずに苛立った。そこでフリント市長は、新たな業者に鉛製給水管の交換作業を任せた。そして今度は、飲料用の給水管に鉛が実際に使われている可能性は無視され、市の様々な地区ですべての住宅を対象に地面を掘り起こす確認作業が義務付けられた。

すると、鉛製給水管の特定に成功する確率は一五パーセントまで一気に落ち込んだ（図15－1を参照）。自宅の給水管は鉛製ではないことを保証された住民は多かったが、鉛製水道管を特定して取り替える作業は滞った。ＡＩの予測は優れていたのに、判断が政治に影響されたのだ。新しいプロジェクトマネージャーによれば、市当局は「市議会議員に対し、彼らの地元が対象から外された理由を説

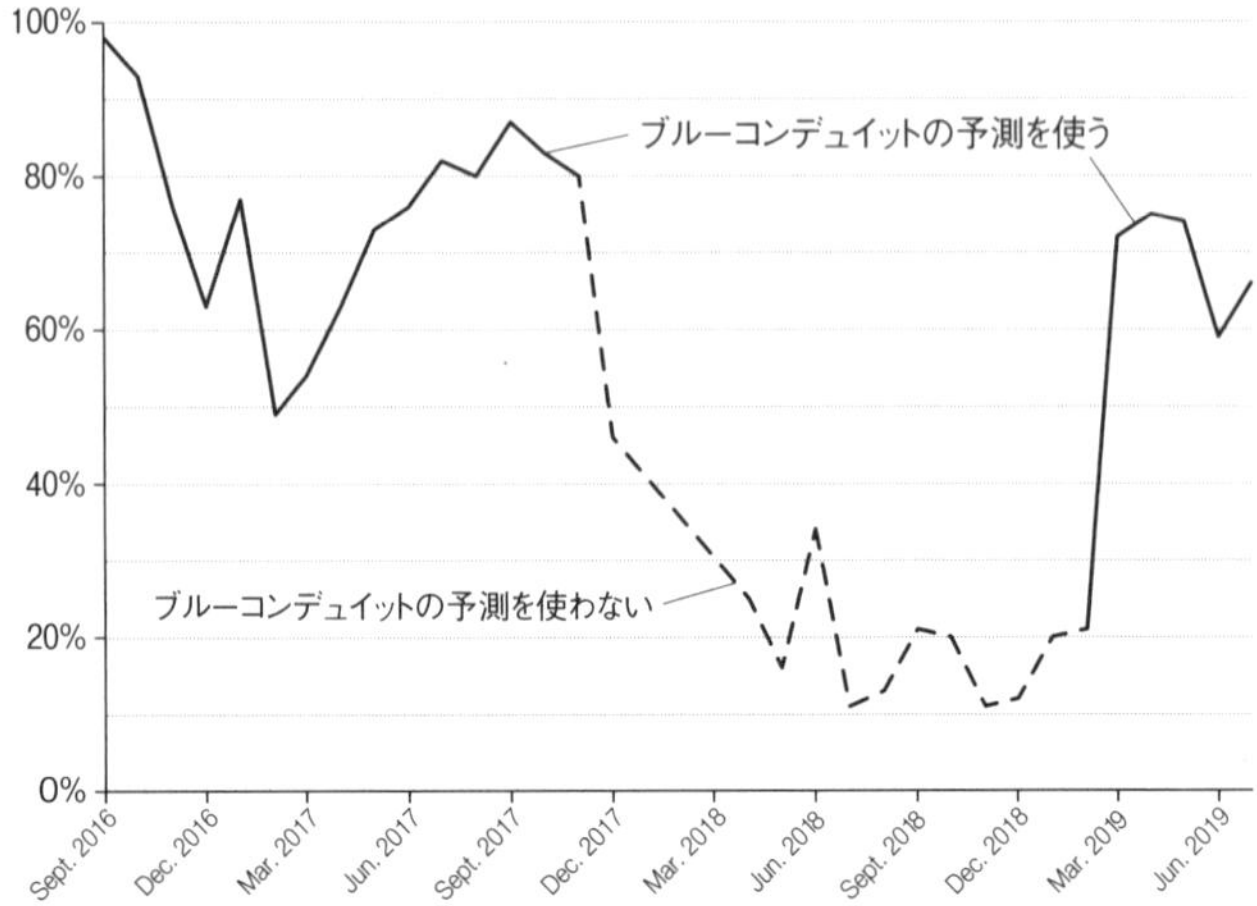

図 15–1　フリント市の鉛製給水管を発見する予測の精度

出典：Adapted from data in Jared Webb, Jacob Abernethy, and Eric Schwartz, "Getting the Lead Out: Data Science and Water Service Lines in Flint" (working paper, University of Michigan, 2020), figure 3, accessed online at https://storage.googleapis.com/flint-storage-bucket/d4gx_2019%20(2).pdf on May 10, 2022.

明したくなかった」。「市は仲間外れを作りたくなかった」のである。[3] このプロセスのもとで、一部の区域の住民は給水管が鉛製でないことを保証された。ところが第五区は、水道管が鉛製である確率が八〇パーセントだとＡＩが予測したにもかかわらず、地面が掘り返されたケースが最も少なかった。地元の政治家の判断に従い、フリント市は予測マシンを利用しない決断を下したのである。

しかし、話はまだ終わりではない。二〇一九年三月二六日にアメリカの裁判所が下した裁定によって、シュワルツとアバネシーが考案した予測を利用することが、市に義務付けられたのだ。裁判所は政治的裁量を認めず、判断を事前に指示した。すなわち、鉛の除去は基本的に市内のすべての区や地域で等しく重要だと判断する一方、鉛が存在する可能性を再び重視した。すると成功率はたちまち七

○パーセントまで跳ね上がり、自宅の鉛製給水管が確認され交換されたフリント市民は数千人も増えた。シュワルツとアバネシーが構築したＡＩは二〇二一年にタイム誌で、その年の最高の発明品のひとつとして評価された。いまではブルーコンデュイットという営利企業によって、この予測マシンは販売されている。そしておよそ五〇の都市で採用され、何百万もの世帯で鉛製給水管を確認して取り除く作業が進行する一方、コスト削減が実現した。[4]

ここで興味深いのは、新しい予測マシンが導入された結果、意思決定の権限を巡って争いが引き起こされたことだ。フリントの政治家にとって予測は都合が悪かったので、予測マシンは撤去された。さらに、どの世帯にも等しい価値があると判断されてこそ、予測は生活の改善につながるという認識もあった。しかし裁判所が介入したあと、意思決定の権限は変化した。裁判所の裁定によって、判断が事前に指示されるようになった。地元の政治家は裁量権を失い、中央集権的なシステムが普及したのである。

予測マシンの導入によって予測と判断が切り離されると、判断する場所が移行する機会が生まれる。すでに指摘したように、最終的に意思決定を行なうのは判断を下す人間である。そうなると意思決定を行なうべき人や、実際に行なう人が、それに合わせて交代する可能性がある。本章では、どんなときに判断する人が代わり、意思決定の責任を任せられるようになるのか考察していく。

さらにこうした考察を通じ、新しいシステムの導入に伴う変化を歓迎しない抵抗勢力の特定にも取り組む。本書ではすでにディスラプションについて紹介したとき、しばしば勝者と敗者が生まれることを指摘した。なかには組織全体が敗者になる可能性もあり、たとえばブロックバスターのフランチャイズはストリーミングビデオに反対した。経済力に変化が引き起こされることを理由に、組織は変化の導入を内部で妨害されたのだ。しかし問題は経済力だけではない。組織は意思決定の権限も失いたくない。ミシガン州フリントのケースでは、ＡＩ予測によって政治家から意思決定の権限が取り上げられる可能性があった。その結果として権力を失う可能性があったため、ＡＩの導入には抵抗が起きた。この抵抗を取り除くためには、意思決定の権限を再び移行する必要があった。要するに意思決定者が代わると、その影響で権力の集中する場所が変化するので、新しいシステム導入への抵抗が生まれる可能性がある。

意思決定を行なうのは誰か

判断が地元の政治家の手を離れ、裁判所が定めた優先度リストに移行すると、市民の生活が改善される可能性が生まれた。人によってインセンティブは異なるものだが、予測マシンによって意思決定の時と場所が変更されれば、意思決定の改善につながる新たな機会が創造される。

ビジネスでは、たとえば何らかの意思決定を上級管理職と部下のどちらに任せるべきか検討するときには、「組織の最善の利益になる意思決定を最低コストで行なえるのは誰か」という点が主な基準になる。つまり、効率が重視される。誰かに意思決定の権限を付与するとき、効率が重視されることには多くの理由がある。先ず、効率を重視すると、意思決定を促す重要な情報にアクセスできる人が選ばれる。たとえば、ローカルリソース（地域資源）を導入する場所に関する意思決定は、現場監督に任せるのがよい。ほかのところで情報を集め、それを間接的に伝えてもよいが、これでは時間がかかり、（すべての当事者にとって）コストがかかる。そのため意思決定は時として、状況に関して実体験に基づいた知識を持っている人に委ねられる。

効率が重視される二番目の理由は、意思決定に関与する人のスキルレベルが重視されることだ。意思決定は困難を伴う可能性がある。情報を解釈してから予測して判断を下し、意思決定を行なわなければならないときは、なおさら難しくなる。あらゆる行動にスキルが必要とされるが、そのスキルは誰にでも備わっているわけではない。その結果、意思決定の権限はスキルに基づいて付与される。

さらに、意思決定にはインセンティブも関与する。意思決定を行なうときは、組織の利益が重視される。しかし実際のところ、人にはそれぞれ好みがあり、それが判断に影響をおよぼす。そうなると、関心の対象が組織と食い違う可能性もある。（食い違いを生み出す要因を何らかの方法で測定できるかぎり）インセンティブをうまく利用して意見をすり合わせることは可能だ。ところがなかには、自分の関心が組織の関心と最初から一致する人たちもいる。そんなときは、意思決定の権限はこうした人たちに付与される。

最後の理由として、意思決定の影響は制約されず、意思決定者の権限がおよぶ範囲を越えるときもある。たとえば販売とマーケティングは、生産や営業と協調しなければならない。そうなると、複数の異なる意思決定のあいだの関係を理解できる人物に、すべての意思決定が任せられる可能性が生じる。ひとりの人物が一手に引き受ければ、情報入手やコミュニケーションやスキルに関して多少の犠牲を伴うが、意思決定は滞りなく進行する。

要するに、誰かに意思決定の権限を付与すれば、それと一緒にパワーが与えられる。すると、どこに資源を配置して、どんな情報について検討し、最終的に誰の利益のために意思決定を行なうのか、指摘できることが期待される。そして当然ながら、多くの価値を手に入れる能力も求められる。あなたに意思決定の権限が与えられるのは、組織のために価値を創造できる能力の持ち主であり、良い決断をしてくれると見込まれたからだ。さらに、他の誰かではなくあなたに権限が付与されるのは、情報やスキルや利害調整能力が、かならずしも簡単には手に入らないからだ。誰でも意思決定を行なうことはできるだろう。それでも誰に意思決定を任せるべきか時間をかけて検討するのは、意思決定者には権限が付与されるからだ。

　ところがＡＩが予測するようになると、予測と判断は切り離される。そしてＡＩが予測を引き受けるならば、意思決定の権限を委ねる適任者を選ぶとき、判断力が決め手になる。結局のところ、ＡＩが誰に対しても同じ予測を提供してくれるのだから、意思決定者を選ぶ要因から予測は自動的に除外される。

意思決定の才能

　スキルを持つ人間は、タレントと総称される。ここでは、恵まれたスキルから優れた意思決定を生み出す能力が注目される。予測マシンが登場するまでは、優れた意思決定は優れた予測と判断に支えられていた。しかし機械が予測を引き受けるようになると、人間のどんなスキルが意思決定に貢献するのか疑問が生じた。以前は、人間が優れた意思決定を行なうためには優れた予測と判断が不可欠だった。しかし予測マシンは、人間の判断のスキルだけに注目する。

第一一章でも触れたように、幸いにも判断は人間が下さなければならない。しかし残念ながら判断を下す人間は、ＡＩ予測が登場する以前とかならずしも同じではない。

ＡＩ予測は実際にどの段階で、判断の適任者に変化を引き起こすのだろうか。ＡＩ予測はしばしば、意思決定を引き受けてきたタレントの能力向上につながる可能性があり、この場合はディスラプションが生じない。しかしなかには判断する場所を変えたほうが、効率の向上に結びつくケースも考えられる。では、変化が向かう先を具体的に理解するためには、どんな要因に目を向ければよいのか。

最も効率的に判断できる人間のタイプが変わると、予測と判断のデカップリングはパワー配分の変化を引き起こす可能性がある。判断を以前よりも評価される人もいれば、評価が下がる人もいる。ただしこれは、あらゆる産業やあらゆる状況に当てはまるわけではない。最近のＡＩの進歩は、意思決定にまったく影響をおよぼさないケースが多い。あるいは予測能力が向上した結果、既存の予測分析が改善される企業や、既存のプロセスが段階的に改善される企業もあるだろう。

しかしなかには、予測の改善をきっかけに判断する場所が変化するときもある。そうなると意思決定者は交代して、パワー配分が見直される。ＡＩが登場する以前に予測が意思決定者に任せられていたところで、ＡＩが判断の価値に従来とは異なる影響をおよぼす。

かつてすべてのタクシー運転手は、ふたつの地点を結ぶ最速ルートをいつでも予測する必要があった。たとえばイギリスのシティ・オブ・ロンドンでは、タクシー運転手は「ザ・ナレッジ」〔ロンドンのチャリング・クロス地区を中心とした、半径六マイル以内の複数の基本ルートに関する知識〕を覚えるために、三年間の学習を義務付けられた。そして講義が終了すると、街路の名前や名所を記憶しているか、そしてふたつの地点を結ぶ最速ルートをいつでもどこでも確認できるか、テストを受けなければならなかった。したがってタクシー運転手の仕事にとって、予測は中心的な要素だった。やがて機械がアプリを介して予測を提供できるようになっても、タクシー運転手の業務に変化は生じなかった。しかし、それ以外のドライバーにはチャンスが訪れた。予測のスキルがなくても、AIを使えば予測できるようになったのだ。AIがタクシー業界にディスラプションを引き起こしたのは、タクシー運転手の判断の価値を変化させたからではない。他の人たちの判断の価値を高めたからだ。その結果、ウーバーやリフトの配車サービスが始まった。予測をAIが引き受けると意思決定者が交代して、他人を乗せて運転できるドライバーの範囲が広がったのである。

そしてフリント市の鉛製給水管のケースでは、AIの予測が再び認められた結果、意思決定の権限は地元の政治家から裁判官に移行した。そして裁判官による意思決定の修正に対し、訴訟の当事者は同意したのである。

意思決定者が代わると、抵抗や疑念が生じる可能性がある。たとえば、気象予報士は天気を予測する。[5]毎日の気温や降水量、あるいはハリケーンや竜巻や吹雪など危険な気象現象について予測した結果を伝える。それは、異常気象に見舞われたとき特に重要だ。アメリカ国立気象局の元局長トッド・レリコスは、つぎのように語る。「我々はリスクアセスメントを行なう。一般市民がどれだけ危険にさらされるか評価したうえで、それをどのように伝えれば、市民に緩和行動をとってもらえるか考える」[6]。

先ずは予測しなければ何も始まらないが、予測を伝えても行動に変化が引き起こされなければ、何の意味もない。二〇一一年にミズーリ州ジョプリンが竜巻に襲われたとき、何が起きたか考えてみよう。竜巻注意報が四時間前に発令され、そのあと一七分前には警報に変更され、サイレンが鳴らされた。しかし、後に調査の対象となったジョプリン市民の大半は、シェルターに向かわなかった[7]。残念なことに一五八人の死者を出し、負傷者の人数はそれをはるかに上回った。悪天候で危険が予想されるときには、人々が正しい意思決定を行なうように仕向けなければならない。予測はそのプロセスの一部である。

しかし予測が改善されると、危険の伝え方は難しくなった。竜巻のリスクが五パーセントだと考えてほしい。現実に発生するリスクがあると伝えて行動してもらえば、とりあえず命が失われることはない。その一方、二〇回のうち一九回の確率で竜巻が来なければ、アラート疲れが住民の生活や財産に長期的な影響をおよぼす。気象予報士は、こうした費用と便益を慎重に比較しなければならない。その結果、気象予報士の日常業務には変化が生じた。レリコスは以下のように説明する。

従来、気象予報サービスの主な顧客は一般市民だった。しかし今日では、一般市民はむしろ間接的な顧客になりつつある。地方自治体と協力して重大な意思決定を行なうことが、我々のサービスの重要な要素になった……いまや、地方自治体はインフルエンサーである。猛吹雪が予想されると市長が登場し、「市民の皆さん、道路に近づかないでください」と発言する場面は、おそらく見たことがあるだろう。[8]

言い換えれば、いまや国立気象局は意思決定をサポートしているということだ。作家のアンドリュー・ブルームによれば、「国立気象局は危機管理責任者や公共事業関連職員に対し、危険な気象現象が発生する可能性と、その影響の深刻さについて説明することに多くの時間を費やすようになった。過渡期のいまはこの仕事の比重が増えつつあるが、将来はこれが唯一の仕事になる可能性もある」[9]。

この傾向は、予測精度の向上によって引き起こされた。かつては予測が外れ、雪が降り始めてから学校は閉鎖された。しかし予測精度が改善すると、数日前から対策をとれるようになった。

これは新たな課題を突き付ける。もしも天気予報がほぼ完璧なら、それで何ができるだろうか。ほぼ完璧な天気予報を活用した意思決定は、どのように進行するのか。これまで気象学は、この現実になかなか対処しようとしなかった。「我々の科学では、結果だけを見て議論する姿勢が常態化していた。大事な問題も他人事だった」と、「気象学者であり、ウェザー・カンパニーのシニアバイスプレジデントのピーター・」ネイリーは説明する。「『我々は精度の向上をひたすら目指せばよい。そのうち精度が理想的なレベルに達すれば、社会は安泰だ』と、気象学では長らく考えられてきた。しかしいまや、それがかならずしも真実でないことが認識されている」。気象学者の仕事の範囲は拡大した。いまでは「バリューチェーン全体に関与する。先ずは予測してからモデルを作成し、各市民が効果的な意思決定を行なうところまで、一貫して関わる必要がある」とネイリーは語る。[10]

　これまでのところ、地域の天気予報に関わる気象予報士は健闘してきた。たとえば大雪警報について考えてみよう。私たち著者が暮らすトロントでは、一晩で一インチ（約二・五センチメートル）の積雪が予想されると、出発前に車の雪下ろしができるように、時間に余裕をもって準備するよう呼びかける。一方アトランタでは、一インチの積雪で都市機能が麻痺する恐れがある。そしてラスベガスでは、状況はもっと複雑になる。雪の予報と関連があるのは、標高が高くて雪が降る可能性の高い西部に限られるからだ。正しい判断を下すまでのプロセスは複雑で、人々の生活に関する理解が必要とされる。

　レリコスは、将来の気象予報においてＡＩシステムソリューションが機能するプロセスをこう説明した。先ずはポイントソリューションから取り組む。「その結果として予測精度が向上すると、悪天候の影響やリスクについての伝達が気象予報士の仕事で重要な部分を占める」。そして円滑な伝達を実現するために、システムレベルの変化が引き起こされる。

　気象学にはＡＩの新たなフロンティアが存在する。精度が向上した天気予報をインプットし、その情報を社会や個人に関する他のデータと結びつければ、個人（あるいは企業）のリスクプロファイルだけでなく、そんなリスクの軽減に必要な行動についての予測が改善される。一般向けの気象警報がもはや発令されない世界を想像してほしい。ここでは代わりに個別化された気象警報が、個人や企業に自動的に伝えられる。では、人間の気象予報士はお払い箱になるのだろうか。いや今度は、顧客に正しい決断を伝えるAIを創造するために、人間の判断は役立てられるだろう[11]。

そのためには個人の行動について理解したうえで、天気予報が個人的にどんな意味を持つのか伝える必要がある。レリコスはつぎのような事例を紹介する。もしもあなたがラスベガスの東部に住んでいたら、雪が予想されても行動を変える必要はない。ただし、子供の学校が西部にあればそうはいかない。その場合には、学校が休校になる可能性を考える。休校にならなければ、無事に帰宅させる方法を考えなければならない。そしてそれは、あなたが運転する車に左右される。ネバダ州では、後輪駆動のスポーツカーを持っている人が多い。予測の精度が向上するにしたがって、こうした判断は難しくなる。レリコスは、このような状況では正しい専門知識を持つ人たちが必要だと強調する。「社会学者や輸送専門家、そして（もちろん）気象予報士から」知識を吸収しなければならない。しかし、彼はこうも認める。「気象予報士が蚊帳の外に置かれる可能性は考えられる……それは具体的に取り組む問題の中身に左右される」[12]。AIが改善されたあと、天気に関する意思決定で自分たちがもはや中心的な存在でなくなるなら、気象予報士はAIの本格的な導入を警戒するだろう。

フリント市の鉛製給水管やナビゲーションアプリや天気予報の事例からは、AIによって意思決定者の判断の価値が向上すれば、意思決定者はパワーを持ち続けるが、価値が下がればそれを維持できないことがわかる。結局、重要なのは意思決定の効率だ。予測マシンが登場した結果、情報やスキル、インセンティブや調整能力を持つ人が従来と交代すれば、判断の権限を持つ人も交代する。[13]

集中化（分散化）

ＡＩはパワーの集中にも影響をおよぼし、判断のスケールアップを促すことができる。というのもＡＩが予測するようになると、その直接的な結果として、ソフトウェアが伝達して判断を下す意思決定の範囲が広がるからだ。こうして規模が拡大すると、どう判断するか考えてからコード化するまでのプロセスは自動化され、ひいては効率化が進むと予想される。

これがどのような経過をたどるのか理解するために、ＡＩ予測がすでに影響をおよぼしているケースについて考えてみよう。それは放射線医学とクレジットカード詐欺だ。クレジットカード詐欺については第一四章で紹介した。そして放射線医学のケースでは、ＡＩ予測が放射線科医の仕事を脅かした。このコンテクストでは、ＡＩの予測のほうが人間よりも優れているかもしれない。ただしＡＩの予測がおよぼす影響を評価するためには、その導入をきっかけとして、判断する人間が交代したかどうか確かめなければならない。

複数の選択肢から創造される複数の価値のトレードオフに注目し、そこから得られた知識が判断であることを思い出してほしい。予測を頼りに意思決定を行なうときには、間違った意思決定がどんな結果を引き起こすか考えるほうが重視される。なぜなら、予測はしばしば不完全だからだ。ではＡＩ予測が登場すると、予測が不完全なときの対応について誰が知識を持つことになるのだろう。

ここで、悪性腫瘍が疑われる患者の診断について考えてみよう。放射線科医は診断を下すために、問題個所を撮影した画像を点検する。アメリカでは通常、放射線科医は患者と接触しないので、画像が唯一のデータになる。

放射線科医がはっきり見解を示すときもあるが、悪性腫瘍が疑われる可能性だけを伝えるときもある。本当は悪性腫瘍が存在するのに見逃して、問題はないという診断を下すと（すなわち偽陰性の場合には）、患者は治療を受けないまま死に至る恐れがある。しかし万が一に備え、診断で可能性だけでも伝えておけば安心だ。

だが「万が一」の選択肢はコストを伴う。問題のない患者が悪性腫瘍の診断を下されると、検査や治療を繰り返され、不愉快な経験をする。結局のところ最終的な診断は、主観的な判断になり得る。しかも放射線科医が自分の能力に自信がなければ、それが判断にも影響する。何かを見落としているのではないかと心配なら、やはり偽陰性ではなく偽陽性だと伝えたくなる。

そもそも放射線科医の判断は、訓練と経験に基づく。どの放射線科医も、意思決定を任せられるたびにこうした形で判断を下す。

その一方、判断が個人の手を離れ、集中処理される状況もある。一例が、クレジットカードのネットワークだ。ここでは、取引が不正かどうかをアルゴリズムが予測できるが、その予測を解釈する方法すなわち判断は、予め検討されコード化され、広範囲に応用される必要がある。判断は集約され、集中的に提供される。

放射線科医とクレジットカードのネットワークの事例からは、判断のソースはふたつに大別されることがわかる。個人が意思決定にいちいち局所的な判断を下すこともできるし、たくさんの意思決定をまとめて大局的な判断を下すこともできる。局所的な判断は、意思決定のコンテクストで局所因子が重視されるときや、判断をコード化して多くの意思決定に応用しにくいときに最も価値がある。一方で大局的な判断は、組織全体で意思決定のプロセスを統一すると利益が得られるときや、局所的なコンテクストがそれほど重要ではないときに最も価値がある。局所的なコンテクストにふさわしい判断と、大局的に下す判断は、きちんと区別しておくべきだ。なぜならＡＩによって予測が改善されると、判断にとって最適なソースに変化が生じる可能性があるからだ。

こうした変化は、すでにクレジットカードの事例で確実に進行している。クレジットカードが登場する以前、主要な支払い手段は現金と小切手だった。現金はもちろん信頼性が高く、偽造が難しい。しかし小切手は別問題で、小切手での支払いに応じるべきか、あるいは特定の顧客を対象から外すべきか、業者は決断を迫られた。小切手が本物である可能性をいちいち予測するだけでなく、小切手を受け入れたときや現金での支払いを要求したとき、どんな結果が生じるかも考えていちいち判断を下した。

やがてクレジットカードのネットワークの規模が拡大すると、大量のデータがそろうようになった。そのためＡＩはまだ登場していなかったが、カード取引を認可してもよいか予測できるようになった。違法行為の管理では当初、事実が発覚したあとの回復に重点が置かれた。しかし予測が改善すると、わざわざ業者が疑わしい人物に問い合わせなくても、カード取引を受け入れるべきか否か包括的かつ信頼性の高い意思決定が可能になった。予測が改善した結果、判断のソースが局所的なコンテクストから大局的なコンテクストに変化したのである。

放射線科医は相変わらず局所的なコンテクストで予測して判断を下す。判断のソースは未だに限定的だ。しかしＡＩが改善されてきた現在、放射線科医の診断を導き出す判断のソースが、従来のままで最善だと言えるだろうか。

放射線科医は予測するだけではない。すでに第八章で紹介したが、放射線科医のワークフローは三〇種類の異なるタスクから成り立つ。そして基本的に、画像認識ＡＩから直接的な影響を受ける予測は、そのなかのひとつにすぎない。[14]それ以外のタスクには、身体検査や、治療計画の作成などの判断が関与する。[15]放射線科医は医学部を卒業後、数年間の研修を受ける。そして多くはそのあいだに、画像を解釈する方法を学ぶ。ではＡＩが予測するようになると、画像解釈以外に放射線科医が手がけてきたタスクには、誰が最もふさわしくなるのだろうか。局所的なコンテクストを理解する医療専門家が、これからは必要とされる可能性は高い。医用画像の予測が改善すれば、判断を利用できる医療専門家の範囲は拡大する。その結果として意思決定の権限が、放射線科医から様々な医療専門家に移行するかもしれない。

判断を下す人に集中するパワーは、予測によって強化される可能性も弱体化する可能性もある。

判断とコントロール

ここまで、判断とコントロールというふたつの側面について論じてきた。予測と判断が切り離され

意思決定に対するコントロール

判断を下す人	集中が多い	集中が少ない
同じ	顧客サポート、雇用	医用画像
異なる	クレジットカード、 フリント市の鉛製給水管	ウーバーのドライバー、 気象予報

図15－2　判断とコントロール

ると、従来とは異なる人が判断を下すときもあれば、引き続き同じ人が判断を下すときもある。そして、意思決定をコントロールする力が以前よりも集約されるときもあれば、分散されるときもある（図15－2を参照）。

一握りの人たちが最も効率的な判断を下し、しかもそこにＡＩによる裏付けがあるため、意思決定者が従来とは明らかに代わるときは、ディスラプションが発生する可能性がある。決済業界では、すでにこうしたディスラプションが進行しており、たくさんの業者に代わり、中央集権型ネットワークの責任者が判断を下すようになった。そしてフリント市でも、大量のデータが集まると従来の方法の維持が不可能になり、それがディスラプションを引き起こした。

従来とは異なる人に判断が任されると、ＡＩのポイントソリューションでさえも抵抗にあい、それがＡＩの普及のスピードを鈍らせ、時代のはざまの期間が延長される。一方、こうした状況はディスラプションの潜在力を強化するので、ＡＩによるシステムソリューションの必要性が生じる。現在のシステムで権限を持つ人たちが地位を手放そうとしなくても、新しいシステム――おそらくＡＩシステムに関心の高い意欲的な起業家が開発したシステム――のなかでは、判断の提供に関して絶好のポジションを確保している人物に判断が委ねられるだろう。

ただし、正しい判断を下す人材を確保するだけでは十分でない。このあと第六部で解説するが、システムのなかでは複数の意思決定が相互に関連し合っていることを認識すべきだ。したがって、何かひとつ意思決定を行なえば、それは他の多くの意思決定に影響をもたらす。ひいてはそれが、システムの設計に影響をもたらす。

キーポイント

●ＡＩの導入をきっかけに予測と判断が切り離されるときは、価値の創造が促されるチャンスである。ただし、それにはシステムを見直して、判断する役割を現在の意思決定者から別の人たちに移行しなければならない。それが実現すると、パワー配分に変化が生じる。判断を提供する人は最終的に意思決定を行なうので、パワーを手に入れることができる。ＡＩを活用する新しいシステム設計では、パワーを失う一部の人たちが変化に抵抗するかもしれない。

●新しいシステムを設計するときは、意思決定の権限をどのように配分すればよいのか。意思決定者に選ばれるのは、組織に対して最大の利益を最低のコストでもたらしてくれる可能性が最も高い人物やグループである。要するに意思決定の効率が重視されるわけで、そこでは以下の四つの主な要因が考慮される。(1) 情報：意思決定に必要な情報には誰がアクセスするか。あるいは誰にアクセスを許可すべきか。(2) スキル：意思決定に必要なスキルや専門知識を持っているのは誰か。(3) インセンティブ：特定の意思決定に関して、組織の利益と最も協調するインセンティブを持っているのは誰か。(4) 調整力：意思決定が組織の複数の箇所に影響するとすれば、組織全体の利益と最も協調する意思決定を行なう必要がある。そのためには組織全体に目を光らせることができて、情報やインセンティブに恵まれた人材が必要になる。それは誰だろうか。予測と判断のどちらも必要とされるときと、判断だけが必要とされるとき、すなわちAIが予測を引き受けるときでは、これらの質問への回答は大きく異なる可能性がある。

●判断がコード化され、ひいては拡張性が備われば、新しいシステム設計はパワーの集中につながる可能性がある。その具体例が、クレジットカードのネットワークと放射線科のふたつだ。決済業界では、かつては多くの業者にパワーが分散していたが、クレジットカードネットワークの登場をきっかけに、一握りのクレジットカード会社にパワーが集中した。そして放射線科のケースでは、医用画像のパターン認識や異常検知などの専門的なスキルがAIソリューションの導入に役立ち、予測が集中的に行なわれるようになったとも考えられる。そうなると放射線科医はもはや、培ってきた予測スキルを必要とされない。それでも、判断を提供する最適任者と言えるだろうか。答えがノーなら、看護師やソーシャルワーカーなど、他の医療従事者が訓練を受けたうえで判断してもよい。

第六部

新しいシステムの構想

第一六章　信頼性のあるシステムを設計する

トーマス・シェリングはノーベル経済学賞を受賞する数十年前、つぎのような思考実験を考えた。

あなたはニューヨークシティで誰かに会う予定だ。待ち合わせ場所については何も指示されていない。どこで会うか事前に相手と打ち合わせることも、途中で連絡を取り合うこともできない。待ち合わせ場所は予想してくれ、相手も同じように指示されているので、予想が一致するように努力してくれとだけ伝えられる。[1]

今日の学生は、この思考実験の何が問題なのかすら理解できない。メールという便利な手段があるではないか。だがかつては、こうした問題に悩まされる場面はめずらしくなかった。コミュニケーションが不可能ならどうすればよいか、よく考えることが肝心だった。

西暦二〇〇〇年頃に講義で学生にこの思考実験を行なうと、よく目立つ待ち合わせ場所をすぐに選んだ。ニューヨークの学生なら、グランド・セントラル駅の大きな時計の下。メルボルンの学生なら、フリンダース・ストリート駅の正面階段。トロントの学生なら、ネイサン・フィリップス・スクエアの大きなトロント・サインとなる。要するにフォーカルポイントが選ばれる。ほとんどの都市や町にはフォーカルポイントがある。ここならば、相手もきっと同じ場所を目指すし、自分と同じように考えるはずだ。

私たち著者がこの思考実験を行なった経験では、地元出身以外の学生や留学生は答えに苦労した。よく目立つ場所を選べばよいのだと理解していても、それがどこなのかわからなかった。むしろ、シェリングが準備した以下の補足質問のほうが答えやすかったかもしれない。「あなたは待ち合わせの日にちを伝えられたが、時間は指定されない。何時何分に会ったらよいか、お互いに予想しなければならない。ではあなたは、何時に待ち合わせ場所にやって来るか」。この質問には、誰もが正午と答えられる。[2] この時刻は、具体的な場所よりもさらに強力なフォーカルポイントになる。

トーマス・シェリングのキャリアは戦争、なかでも特に冷戦によって形作られた。どうすれば戦争を回避して、誰もが最高の形で協調し合えるのか、それが研究の大きなテーマであり、ツールにはゲーム理論を使った。たとえみんなが同じ目的に向かっていても、意思決定の方法は様々で、うまく協調させなければならない。しかしゲーム理論をツールとして使えば、どんなときは協調が難しく、どんなときはスムーズに進むか、解明することができる。

本章では、システムのなかでひとつの意思決定にＡＩが導入されると、あらゆる意思決定（ＡＩを使うものも使わないものも含む）を協調させる方法にどんな変化が引き起こされるのか考えていく。

実は、答えは信頼性に左右される。

フォーカルポイントに関するシェリングの思考実験からは、似たような知識ベースを共有する相手は信頼に値することがわかる。たとえば同じ組織に所属する相手とならば、信頼関係を築きやすい。しかし、他の場所で物事が明確に進められることが期待できるときも、しばしば信頼感は芽生える。みんなが決められたルールに従っているときは、信頼感が容易に醸成されるので、組織の複数の構成要素がうまく協調する。しかし、ルールの代わりに意思決定に従わせようとすると、円滑なシステムの構築は確実に難しくなる。そもそも私たちは、自分の行動方針をいちいち他人に伝えるわけではない。なぜなら、それはコストを伴うからだ。だから先ず、相手はどんな行動をとりそうか予想する。そしてつぎに、自分のとるべき行動を選択する段階で、相手と自分の行動をすり合わせる。このとき予想に信頼性がなければ、複数の意思決定をうまく協調させる作業は難航するだろう。

しかし実際のところ、そんな面倒な手順を踏む必要はない。予想の信頼性が維持されるシステムを設計さえすれば、予測の精度は向上し、その恩恵を受けて、顧客に新しい形のサービスを提供することができる。

AIのブルウィップ効果

自分がレストランを経営しているところを想像してほしい。ディナーの客がやって来て、食事を注文する。するとコックは食事を作る。これが簡単そうな印象を与えるのは、両者の期待が一致しているからだ。どんなときでもコックは、提供できる料理が限定される。なぜなら、料理のスキル、注文の数、材料や備品の入手可能性に影響されるからだ。客に何でも好きな料理を注文させたら、問題が生じる。だからメニューを設定する。注文を受けたら実際に作ることができるように、客の選択肢を制約しておくのだ。厨房の視点に立つと、メニューそのものが信頼性を創造し、想定外の事態を防いでくれている。

毎週あなたは材料を注文しなければならない。材料はメニューに基づいて決められる。もしもワカモレ〔アボカドを使ったメキシコ料理〕がメニューにあれば、アボカドが必要になり、毎週一〇〇ポンドのアボカドを注文する。一〇〇ポンドで多すぎたときは、残った分を廃棄処分にする。一〇〇ポンドでは少なすぎたときは売り上げが減少する。

やがてあなたは需要を予測するＡＩを導入し、それはうまく機能する。いまや三〇ポンド注文すれば十分な週もあれば、三〇〇ポンドが必要な週もある。これなら廃棄する量は減り、売り上げは増え、収益性が高くなる。

一方、あなたの地元の仕入れ先は、毎週一〇〇ポンドの注文を受けることに慣れていた。ところが、あなたからの注文を予測できない事態に直面した。しかも、他の顧客も需要を予測するＡＩを使い始める。その結果、需要は大きく変動し始める。

そこで仕入れ先は、自分たちも需要を予測するＡＩの導入を決める。その結果、かつては毎週二万五〇〇〇ポンドのアボカドを準備していたが、五〇〇〇ポンドから五万ポンドまで量が大きく変化し始めた。すると今度は、この仕入れ先にアボカドを供給する業者もＡＩの導入が必要になり、注文が変動し始める。このプロセスはアボカドを生産する農家まで遡り、生産量について一年前か、あるいはもっと早く決断する必要に迫られる。

このケースでは、ＡＩの導入がひとつの意思決定の質を改善する一方で、システムの他の様々な意思決定の信頼性を低下させ、危害をおよぼしている。これは、ＡＩのブルウィップ（牛追い鞭）効果と呼ばれる。鞭と同様、一カ所に小さな変化を加えると、他の場所に大きな亀裂が入るからだ。

ＡＩは不確実性を解決するために利用できるが、それが他の複数の意思決定に悪影響をおよぼすかぎり、根本的な問題――需要と供給の調整――は実際のところ解決されない。鞭を振るうときと同じで、あなたの解決策はすみずみまで反響を残す。

ここではパラドックスに直面する。不確実な要因にＡＩを導入してあなたの行動と一致させれば、意思決定は改善される。それがＡＩのよいところだ。しかしその結果あなた自身の意思決定は、他人からの信頼を失う。不確実性が猛烈な反対に直面する可能性もあり、これならＡＩを使って不確実性に対応するより、もっと信頼性のあるシステムを続けていたほうがよかったかもしれない。

この問題に対処するためにＡＩのシステムソリューションを構築する方法はふたつ。協調かモジュール化のどちらかを徹底させるのだ。

協調の価値

レストランのＡＩは需要を予測する。それに基づいてレストランのマネージャーは、メニューに載せる料理などに関する意思決定を行なう。もしもＡＩのブルウィップ効果の影響で農家が十分なアボカドを提供してくれなければ、レストランはメニューを変更しなければならない。ただしそれには、アボカドが入荷しないと予めわかっていなければならず、そのためには協調が必要とされる。

こうした相乗効果を生み出すためには、複数の意思決定者のあいだで協調する方法を検討しなければならない。ここで重要なのは変換や変化のプロセスではなく、可変性や順応性である。

これを理解するために、エイト（八人乗りボート）のチームの行動について考えてほしい。レースに参加するチームのパフォーマンスは、ふたつのことによって決定される。先ず、ボートを漕ぐ動きを調和させなければならない。つぎにレースの進行に合わせ、ボートを漕ぐスピードを調整しなければならない。ゴールにたどり着く前に、漕ぎ手の誰かがすべてのエネルギーを使い果たす事態を防ぐためだ。スピードを調整するためには、ボートの先端に座っているコックスの存在が欠かせないが、動きを調和させるためにコックスは必要ではない。

これは意外に感じられるかもしれない。コックスは掛け声を繰り返し、漕ぎ手が一糸乱れず手を動かすように調整している。ただし実際のところ、そのために漕ぎ手以外の人物は必要ではない。漕ぎ手のひとりがやればすむことで、コックスのいないレースでは漕ぎ手が指示を出す。しかしレースの戦略を監視して、漕ぎ手ひとりひとりの状態を把握するために――すなわち、情報を収集してまとめるために――コックスの存在は欠かせない。コックスは、リズムを変える必要があるか判断したうえで、漕ぎ手に伝えるメッセージをそれに合わせて調整する。たとえば、レースの最初から最後まで同じスピードで漕ぐなら、動きを調整する必要はない。しかしチームが情報を提供されたあと、それに応じて動きを調整しているかどうか確認するのはコックスの役目になる。

このような同期化の問題に対処するためには、組織は相乗効果が必要だという前提で設計される。モジュール化は役に立たない。そして情報への協調的対応は、経済問題の解決にも必要とされる。これは経済学者のポール・ミルグロムとジョン・ロバーツが注目したもので、割り当て問題と呼ばれる。[3]この問題は、何らかの行動に資源を割り当てる必要があるときに発生する。つぎ込むべき資源の量は決まっている。多すぎれば無駄になるし、少なすぎれば十分な対応ができない。たとえば、救急車の出動の問題について考えてほしい。一件の緊急事態に対応する場合には、救急車を一台準備しなければならないが、二台では無駄になる。一件だけに確実に対応するためには、人間にせよソフトウェアにせよ、中央で情報を管理するディスパッチャーが必要とされる。ディスパッチャーは緊急事態に関する要請（すなわち情報）を受けたら、それに応じて一台の救急車を割り当てる。たとえば救急車が緊急メッセージを直接受けて、対応すべきかどうか選択する仕組みだと、要請に応じる救急車が一台もない可能性や、待機する救急車が多すぎる可能性がある。したがってこのケースでは、調整するのが最善策になる。なぜなら、対応を誤ったときのリスクは高いからだ。緊急時にとにかく救急車が出動できればよいが、一台も出動できなかったり、何台も遊ばせていたりするのは大問題である。

全体を複数の意思決定に分割したうえで、そのひとつがAI予測に対応して意思決定を行なっても、組織の他の部分がその影響を受けないように守る方法もある。しかしその代わりに、ポイントソリューションから生じる悪い結果──同期化が不可能なケース、資源配分が不十分なケース──が確実に防止されるようなコミュニケーションシステムに、資源や努力を費やしてもよい。これなら重要な意思決定を、ＡＩ予測に協調させることができる。なぜなら、コミュニケーションやシステムの設計が効率的なので、潜在的なマイナス面のコストが最小限に抑えられるからだ。このように予測と協調をうまく組み合わせたのがシステムソリューションである。これなら予測に合わせて決断しても信頼性が損なわれないので、あらゆる意思決定が改善される。

モジュール化の価値

ＡＩ予測型の意思決定と組織の他の意思決定とのあいだで協調性が欠如しているとき、それに伴うコストを回避する手段としてモジュール化に頼れば、周囲からの干渉を受けずにＡＩ予測型の意思決定を行なうことができる。モジュール化を進めれば協調に伴うコストの低減につながるが、その一方、相乗効果が犠牲にされる可能性もある。相乗効果が発揮されれば、ＡＩ予測型の意思決定が他の意思決定を連鎖的に促していく。しかし、こうした協調関係が成り立たない状況では、モジュール化によってＡＩの恩恵を受ける意思決定もあれば、信頼性低下の悪影響から守られる意思決定もある。

経済学でノーベル賞を、コンピュータサイエンスでチューリング賞をダブル受賞した唯一の人物ハーバート・サイモンは、複雑な状況に対処する組織について、たとえ話で説明した。[4] このたとえ話には、高品質の製品を作るふたりの時計職人が登場する。どちらにも需要があり、新しい顧客からの問い合わせが絶えない。ところがひとりは繁盛し、もうひとりは景気が悪い。なぜか。

腕時計は一〇〇〇個の部品から成り立つ。それを一気に組み立てるアプローチからは、高品質の時計が出来上がる。しかし時計職人がこのプロセスで妨害を受けると（たとえば別の顧客の訪問を受けるなど）、組み立て作業を最初からやり直さなければならない。もうひとつのアプローチでは、時計の部品を少しずつ、たとえば一〇個程度の部品ごとに小分けする。先ずは小さなかたまりを順番に組み立て、最後にそれをひとまとめにするので、一気に作るよりも少し時間はかかり、最終的に完成度は劣るかもしれない。しかしこのやり方にも利点はある。もしも途中で邪魔が入ってやり直しても、こちらのほうが無駄は少ないからだ。最終的にはこちらのプロセスのほうがずっと速く、時計職人はたくさんの時計を作ることができる。モジュールと呼ばれるこちらのプロセスのほうが、回復力も拡張性も優れているので、複雑な製品の製造にはふさわしい。[5]

すべてを一気に完成させようとすれば、複数の意思決定をすべて協調させなければならない。どこかで仕様ミスが発生すれば、問題の発生につながる可能性がある。対照的に、やるべきことを複数のモジュールに分類すると、よそで何が起きても影響されず、各部分では必要な作業が進行する。だからと言って、それぞれの仕事の成果が最終的な結果にとって重要でないわけではない。どれかひとつのモジュールで仕事が滞れば、製品全体が失敗する可能性はある。それでも大きな問題は小さくなり、扱いやすくなる。

モジュールのもうひとつの利点は回復力で、モジュールのひとつに変化が生じても、システムは柔軟に対応できる。ひとつのモジュールが改善されても、システムの他の部分に混乱は引き起こされない。むしろ、モジュールからはイノベーションが生まれる。

モジュール化によってイノベーションが容易になった事例は、歴史に溢れている。たとえば電話がアナログからデジタルに変化したとき、ダイヤル装置は変化したものの、ネットワークそのものは変わらなかった。なかには、モジュール化の欠如によってイノベーションが制約されたケースもある。たとえば飛行機がプロペラからジェットエンジンにグレードアップされたとき、飛行機の機体は従来と同じで十分だとエンジニアは考えた。ところが、新しいエンジンが引き起こす振動は従来とかなり異なったため、飛行機の構造全体の再設計が必要になった。おかげでジェットエンジンへの移行はスローダウンした。[6]

モジュール化は、レストランがブルウィップ効果に影響されずにAIを導入するための機会である。ただし、モジュール化はレストランが単独で決められるものではない。もしもレストランがメニューを多様化したければ、食材などを提供するサプライヤーがモジュラーシステムを準備して、需要の多様化に対処しなければならない。本章の事例では、レストラン業界全体の変動需要によってアボカドの供給量は制約された。しかし多くの地域で十分な数のレストランにアボカドを供給する状況が整っていれば、たとえ個々のレストランの需要にかなりの変動があったとしても、供給は全体的に安定するだろう。規模の拡大からは、サプライチェーン全体でモジュール化の機会が提供される。概してAIの導入に関しては、意思決定が相互に関連し合っていることが原因で発生する問題には、モジュール化を進めれば対処しやすい。[7]

設計の価値

ひとつの意思決定にＡＩを導入するプロセスは、システムの別の場所での意思決定と協調させる必要がなければずっと簡単に進む。ただし、これも程度の問題だ。概念的にはもちろん、システム全体が一体になるほうが望ましい。しかし、それが不可能なときは疑問が生じる。すなわち、他の場所のコストを顧みず、自分だけがＡＩの恩恵をこうむってもよいのだろうか。

これを理解するために、アマゾンの業務について考えてほしい。アマゾンは、世界中で何百万もの製品を供給している。アマゾンは製品を調達すると、それを倉庫に保管する。そして顧客から注文をとると、それを顧客のもとに発送する。しかしほかにも、そもそも顧客が何を購入したいのか理解するのを助け、おすすめ品を紹介している。

概念上、アマゾンは先ほど紹介したレストランと同じ問題に直面する。顧客に好きなものを好きなときに提供したいが、製品は魔法のように現れるわけではない。サプライチェーンは何千キロメートルにもおよび、製品を確保するのにかかる期間は何カ月にもおよぶ。では、手に入らない製品を顧客に勧めたら、どうなるのだろうか。

そんなことをしないのが解決策だと、つい考えたくなる。もしも製品が手に入らなければ、顧客に勧めなければよい。しかし、このアプローチには問題がある。手に入らない製品を、顧客がすごく欲しがっていても、そのことを把握できない。そもそも倉庫に保管している製品だけを勧めていたら、成長して拡大するチャンスを逃してしまう。

そんなわけでアマゾンは、在庫していない製品や、顧客が受け取るまでに時間がかかる製品も勧める。このときアマゾンは、発送が遅れる可能性を顧客に伝えるので、その意味では両者の意思決定が協調される。顧客はすでに準備されている製品を選ぶかもしれないが、ときには在庫していない製品を注文することもある。するとアマゾンは、こうしたアイテムを在庫するために、どれだけの努力が必要かを学ぶ。

ここでうまくバランスをとるためには、慎重な設計が必要とされる。アマゾンはモジュラー型組織なので、AI予測を改善したうえでおすすめ品リストに組み込む。そのため、組織の他の部分におよぶ影響は最小化される。しかしこれが極端になると問題だ。在庫も注文の選択も、AIのおすすめ品リストと完全に切り離せなくなってしまう。なぜなら顧客の選択や反応から情報が引き出されたら、物流部門はそれを念頭に置いて対応する必要があるからだ。

AIの導入によるシステムソリューションでは往々にして、モジュール化と協調の最適バランスが追求される。モジュール化によって、AIの導入が引き起こす変動は食い止められる一方、信頼関係の重要性は低下する。対照的に、協調からは信頼関係が直接的に生み出される。AIシステムが成功しているときは、可能なところで協調が、必要なところでモジュール化が進められている。

セーリングのシステム

帆船職人と船乗りは、五〇〇〇年にわたって技に磨きをかけてきた。もはや商船は推進力を風に頼らなくなったが、それでもイノベーションは続いている。国際ヨットレースのアメリカズカップの勝者には、セーリング部門で最高の栄誉と一緒に、国際スポーツで最も古いトロフィーが与えられる。

ここでは、ヨットのために開発されたテクノロジーと、セーラーのスキルが勝利の決め手になる。ヨットの設計には何百万ドルもつぎ込まれる。風と水とヨットの物理的性質は十分に理解されているので、レース参加者はヨットの製造が始まるずっと前の段階で、シミュレーターを使って最も効率的な設計を確認する。シミュレーターを使えば、実際にヨットを製造しなくても性能をテストできる。そうなると、最高のシミュレーターを持っているチームが優位に立つ。二〇一七年にはチーム・ニュージーランドが、シミュレーターをうまく利用して勝利を収めた。

やがてチーム・ニュージーランドは二〇二一年のレースに向けて計画を始めると、設計プロセスをスピードアップできないかと考えた。そこで世界的なコンサルティング会社マッキンゼーと提携し、イノベーションの大きなボトルネックを明らかにした。それは人間のクルーだ。人間がシミュレーションを行なうと、どうしても時間がかかる。周囲の状況に即座に反応してヨットの性能を改善したくても、スピードアップには限界があった。

そこでチームは、世界のトップレベルの囲碁棋士を打ち負かしたＡＩと同じテクノロジーを使い、予測マシンにヨットの操作を教えた。これなら、クルーの管理に悩む必要がない。ボットは睡眠も食事もとらない。人間のクルーがシミュレーションを数回行なうのに要する時間で、何百回もこなすことができた。八週間もすると、ＡＩはシミュレーターで人間のクルーを打ち負かすようになった。

すると今度は、ＡＩが人間のクルーに新しい技を教え始めた。それまで、ヨットの設計のイノベーションは人間のペースで進められた。新しく設計されたヨットを操作する最善の方法を解明する学習プロセスには、何時間も何日も、あるいは何週間もかかった。というのも、人間のクルーは試行錯誤を繰り返しながら学ぶからだ。

対照的にＡＩは、ヨットの様々なバリエーションを一度に実験できる。レースの様々な戦術を試すことも可能だ。おかげでデザイン・イテレーション〔短いスパンで改善を繰り返すこと〕のサイクルは速くなり、新しい設計にふさわしい新しい操作方法が考案された。こうしてＡＩが優れたソリューションを考案したあと、人間のクルーはＡＩをコピーすればよい。シミュレーターの操作に必要な新しい技を、ＡＩから学ぶことができた。チームのあるメンバーはこう語る。「学習プロセスのスピードアップは実に貴重だ。設計チームは、様々な設計案を検討できるようになった。そしてクルーは、決められた設計に関してパフォーマンスの最大化が可能になった」[8]。この年にチーム・ニュージーランドは、七勝三敗で見事にカップを防衛した。

ＡＩによるシステムソリューションのこの事例では、ＡＩの導入が複数の意思決定に変化を引き起こした。具体的には、レースの準備にはふたつのタイプの意思決定が関与する。ヨットの設計に関する意思決定と、ヨットの操作に関する意思決定のふたつだ。ヨットの設計に関しては、かねてよりシミュレーターが使われてきた。ヨットの操作は常に人間が手がけてきた。ＡＩは実際にレースでヨットを操るわけではない。本物のヨットは、いまでも本物の人間が操る。むしろＡＩのおかげでイノベーションのプロセスがスピードアップした結果、ヨットの設計と操作が以前よりもうまく協調するようになった。人間の代わりにＡＩを使ったシミュレーションがシステムとして完全に機能したおかげで、ヨットの設計と操作のどちらも改善されたのである。

システムツイン

セーリングのシミュレーターは「デジタルツイン」の一例であり、そこでは物理的な対象物やシステムがあたかも双子のようにバーチャルで再現される。[9] デジタルツインは、物理リソースに代わって情報を提供する。的確なセンサーを活用すれば、リアルタイムでの監視や予知保全（監視機器を使って設備の状態をリアルタイムで監視して、設備が故障する前に発見し対応する保全方法）が可能になる。こうしたバーチャル表現の用途は広く、一例として、システムレベル・シミュレーションの枠組みが提供される。アクセンチュアは、これを「イノベーションにとってリスクフリーのプレイグラウンド」と呼んでいる。[10] デジタルツイン・インスティテュートのエグゼクティブ・ディレクターのマイケル・グリーブスはこう語る。「システムは一気に形を整えるわけではない。創造、生産、操業、廃棄というライフサイクルを通じて進歩していく。『物理的な要素だけから成る』システムでは、進歩は直線的になる。一方デジタルツインでは、反復型開発がいくつも同時に進行する」。[11]

このデジタルツインとＡＩを組み合わせれば、物事の新しい進め方を設計する機会が創造される。チーム・ニュージーランドは二〇二一年のアメリカズカップの準備にシミュレーションシステムを取り入れた。そのおかげでチームは、ヨットの設計や操縦など、複数の要素に関する意思決定を協調させる最善の方法を考案できた。このような形なら、試行錯誤の回数を減らすこともできる。[12] 経営者がシステムを変更させる方法のアイデアを思いついたら、そのアイデアがもたらす影響をシミュレーションすることも可能だ。これなら機械を組み立てるコストも、計画外のダウンタイムに悩まされるリスクも発生しない。

さらにシミュレーションは、ＡＩを効率よく実装させるためにも役立つ。システムの一部に予測マシンが追加されたとき、他のどの意思決定を協調させる必要があるか、あるいはシステムのモジュール化をどのように進めればよいか、確認するためにシミュレーションは役に立つ。

システムが複雑なのは、複数の意思決定が組み合わされて相互作用するからだ。ここで、二者択一がひとつしかないシステムを想像してほしい。セールを緩めるか（Ｌ）、セールを強く張るか（Ｔ）のどちらかだ。この場合、選択肢はふたつ（Ｌ、Ｔ）しかない。つぎに、新たな二番目の意思決定が最初の意思決定に影響するケースを想像してほしい。そのまま直進するか（Ｓ）、それとも舵を右に切るか（Ｒ）、ここでは決断する。すると、選択肢は四つになる（ＬＳ、ＬＲ、ＴＳ、ＴＲ）。ではつぎに、さらに三番目の意思決定を想像してほしい。ここでは別のセールを追加するか（Ａ）、それともしないか（Ｎ）を決断するが、それは最初のふたつの意思決定に左右される。ここまで来ると、選択肢は八つになる（ＬＳＡ、ＬＳＮ、ＬＲＡ、ＬＲＮ、ＴＳＡ、ＴＳＮ、ＴＲＡ、ＴＲＮ）。

最初のケースでは、選択肢は2の一乗で、ふたつとなる。二番目のケースでは、2の二乗で四つ。三番目のケースでは2の三乗で八つとなる。一〇種類の意思決定が関連し合うと、選択肢の数は一〇二四。そして二〇種類では選択肢の数が一〇四万八五七六になる。ヨットレースには何百種類もの意思決定が関わり、それをうまく協調させなければならない。こうなると、観測可能な宇宙に存在する原子の数よりも、ヨットレースでの選択肢のほうが多くなるのも時間の問題だ。

要するに、複数の意思決定が互いに依存するシステムは、あっという間に非常に複雑になり得る。

この鋭い洞察に注目すれば、システム設計でシミュレーションが威力を発揮する理由もわかる。第三章では、ＡＩはゲームが得意な理由について取り上げたが、それと発想は同じだ。新しいデータのシミュレーションはかなり簡単にできる。すべての選択肢を一通り試してから最善策を見つけるのは大きな犠牲を伴い、物理的に不可能なときもある。しかし、物理的環境を再現したデジタルツインなどのデジタルアセットを使えば、様々な選択肢をシミュレーションできるだけでなく、それぞれの選択肢から得られる結果をＡＩで予測することも可能だ。したがって、物理的世界よりもずっとたくさんの選択肢を考えられるので、シミュレーションしないときと比べ、優れた組み合わせが発見される可能性が高い。

バーチャル・シンガポールは、地形、湖や池、植物、交通インフラ、建物、さらには建築材料に至るまで、この都市国家の現実を反映したシミュレーションである。このデジタルツインをツールとして使えば、ＡＩによるシステムソリューションを模倣できるので、代償を伴う失敗の数々が回避される。開発には数千万ドルの費用がかかったが、都市プランナーがこのモデルを使えば、新しい公園や建物が交通や人の動きにおよぼす影響を評価することも、移動体通信ネットワークの受信範囲を調査することもできる。あるいは予測マシンを追加すると、シンガポールの市民や住民の生活にどんな影響がおよぶか予測するためにも役立つ。たとえばＡＩを使えば、公共交通機関の最適化が徹底される。最適化するには交通管理にさらなる変化を加える必要があるかどうかも、モデルが予測してくれる。つまり、公共交通機関と民間交通機関を別のモジュールとして扱うか、それともふたつを協調させるべきかどうか評価することができる。[13] そのうえで、モジュール化と協調のいずれかの方針を必要に応じて選択し、ＡＩ対応型の交通体系を開発すればよい。

一方、韓国の斗山《トゥサン》重工業とマイクロソフトが開発した風力発電所のデジタルツインは、シミュレーションシステムの様々な恩恵が体現されている。[14] このシミュレーションは物理ベースのモデルと機械学習を組み合わせ、発電所の各タービンの発電量について予測を行なう。予測した量とタービンの実際の発電量を比較すれば、微調整を行なって生産量の最適化が可能だ。さらにデジタルツインは、風力発電所全体の設計や開発にイノベーションをもたらし、信頼性の改善にもつながる。そして、複数の意思決定を協調させることもできる。斗山重工業がエネルギー出力を正確に予測できれば、グリッドオペレーターに公約する電力供給量を増やすこともできるし、公約を守れずに罰金を支払う事態を回避することもできる。せっかくシステムソリューションを構築しておきながら、シンプルでそれほど役に立たないポイントソリューションにこだわり続けるリスクは軽減される。たとえば予測が改善されれば、どのタービンを動かすか、どのタービンはメンテナンスが必要か決断できる。これならエネルギー供給網への公約に関して、的確な意思決定も可能だ。

AIのためのシステム

シミュレーションは、ＡＩに主導されたシステムを構築するための唯一の方法ではないが、それにより絶好の機会が開かれる。複数の意思決定を協調させる正しい方法を発見したおかげで、チーム・ニュージーランドは勝利への道を発見した。モジュールから成るシステムにもＡＩは導入できるが、複数の要素が協調したほうが、ＡＩの影響力はずっと大きくなる。そうなるとつぎは、どんな協調が必要なのか解明することが課題として浮上する。

キーポイント

●意思決定は、外界から孤立して行なわれるわけではない。ひとつの意思決定の結果が、他の複数の意思決定や行動に影響することは多い。リアルタイムの意思決定の代わりに、予め定められた意思決定（ルール）が時として使われるのはそのためである。なぜならルールは信頼性の向上につながるからだ。システム全体の利益が確保され、信頼性の向上が見込めるなら、局部的な意思決定が悪影響を受けてもかまわない。複数の意思決定が互いに依存するシステムでは、信頼性が重要な特徴になる。

●ＡＩベースの意思決定を導入して信頼性が損なわれる可能性に対処するためには、システム設計に関してふたつの主なアプローチがある。（１）協調と（２）モジュール化だ。複数の意思決定が協調するためには、先ず全体目標を立てる。そしてつぎに、情報の流れやインセンティブや決定権を考案し、システムに関わるどの意思決定者も情報を伝えられ、全体的な目標の最適化に意欲を持つように仕向けなければならない。一方、意思決定がモジュール化されると、ＡＩ拡張型の意思決定が周囲の干渉を受けないように守られる。他の意思決定との協調が欠如しているので、それに伴うコストを回避するためだ。モジュール化によって協調に伴うコストは軽減されるが、相乗効果が犠牲にされる。

●システムのなかでは、相互に作用し合う複数の意思決定が組み合わされている。二者択一が関わり合っているケースについて考えてほしい。三回の意思決定からは、八つの異なる組み合わせが生まれる。意思決定が一〇回にわたって相互作用すれば、組み合わせの数は一〇二四。二〇回ならば組み合わせは一〇四万八五七六にもなる。複数の意思決定が相互に作用し合うシステムは、あっという間に複雑になる可能性がある。そんなわけで、システム設計ではシミュレーションが威力を発揮する。デジタルツインを使えば、様々な組み合わせを模倣できる。そしてAIを使えば、それぞれの組み合わせから生み出される結果を予測することができる。

第一七章　白紙状態

かかりつけ医で健康診断をしたところを想像してほしい。最後に医者からこう言われる。「あと三年で重い病気にかかる可能性がかなりありますね。お大事に」。そのあと医者は出て行き、つぎの患者の診察を始める。あなたは愕然とする。病気の原因を医者はなぜ教えてくれなかったのか。病気になる可能性を減らすために何ができるか、なぜ説明してくれなかったのか。

にわかに信じられない話だが、保険業界は毎日がこの繰り返しだ。保険会社は一部の人に高い保険料を請求する。なぜか。他の顧客と比べ、病気になる可能性が高いからだ。ではリスクが高いことが、保険会社はなぜわかるのだろうか。顧客が病気になって保険金の支払いを請求する可能性を予測するために、データの収集と分析に多額の投資を行なっているからだ。

保険会社がデータサイエンスの最先端にいるのは意外ではない。そうしなければならないのだ。保険会社にとって、予測は仕事である。むしろ驚かされるのは、リスクに関する洞察を顧客と共有しないことだ。顧客もただ保険をかけるのでなく、貴重な情報を提供されれば、リスクを低減できるはずだ。

たとえば住宅保険会社は、信用に関する予測の精度を高めるためにＡＩを応用している。おかげでいままでは多くの会社が、危険事故やそれに準ずる事故のリスクを予測できるようになった（電気の配線に問題があって出火するリスク、水道管が破裂して水浸しになるリスクなど）。そのため住宅保険会社は、特定の住宅所有者が電気火災を起こしたり、家を水浸しにしたりするリスクが特に高いことが予測されれば、保険金の支払いを請求される可能性の高さを考慮して高額の保険料を請求できる。しかしその代わりに、貴重な情報を共有してもよい。情報を知らされた顧客はリスクを低減するために行動を起こすことができる。たとえば火事や浸水のリスクを早い段階で検知できるように、低価格の装置に投資してもよい。そして保険会社は、予想損失の減少幅が設備費を上回る可能性があれば、リスク緩和ツールへの補助金の提供を決断してもよい。

ところが、この方針に本格的に取り組む保険会社はほとんどない。むしろほとんどの会社は、アンダーライティング〔保険の引き受けの可否を判断する業務〕に関する従来の予測の精度を高めるため、ＡＩの構築と展開に集中的に取り組んでいる。要するに、ポイントソリューションの構築に励んでいる。ではなぜ、顧客へのサービスを改善できるチャンスを追求しないのか。顧客がリスクを負担することを前提とするモデルから離れ、リスクの負担を顧客から保険会社に移行すれば、顧客のリスクは緩和されるのだ。代理店がなぜこの方針を好まないのかといえば、リスクの低減は保険料の引き下げにつながり、ひいては収入が減少するからだ。しかし全体的に見れば、新しい方針は顧客に大きな価値を生み出すはずだ。

多くの場合、保険会社がせっかくのチャンスを十分に活用しないのは、従来のビジネスモデルの範疇に収まらなくなることが理由だと考えられる。代理店のインセンティブのほかにも、数々の業務規程や政府の規制、さらにはこの業界独自のやり方が障害として立ちはだかる。こうした障害の数々は、部外者の視点からはよく見えるが、内部にいると見えにくい。そこで本書では、白紙状態でのアプローチを提案したい。そしてこのアプローチを進めるために、AI、システム・ディスカバリーキャンバスを導入することにした。

経済学者のように考える

刺激的でも理解が困難なものに注目し、退屈でも理解できる形に分解することは、私たち経済学者に備わったスキルのひとつだ。だからと言って、素晴らしいパーティーにゲストとして招かれるわけではないが、他の人たちから見逃されるものが見えるようになるのは確かだ。そこで、あなたにも同じことをやってもらうための枠組みを設計した。AIの価値を評価するためのシステムマインドセットを身に付けたければ、AIシステム・ディスカバリーキャンバスがそのお手伝いをする。

本章で紹介するツールを使えば、白紙状態から構築作業を始められる。もしもあなたが高忠実度のAIを持っているなら、業界で最低限必要とされる重要な意思決定は何か、明らかにするために役立つ。AI予測は本質的に、いかなる組織でも意思決定のレベルに関わる可能性がある。そして、AIがシステム全体におよぼす影響に関する見解を打ち出すためには、手始めとして、ひとつの意思決定や意思決定のタイプが、他の意思決定にどのように影響するのか理解する必要がある。

ＡＩ予測の導入がディスラプションにつながるのかどうか評価するために、そしてシステムレベルのイノベーションが必要かどうか考えるために、白紙状態からのエクササイズは役に立つが、それにはふたつの理由がある。先ず、組織にはたくさんのルールが存在すると考えられるが、組織のなかではいくつもの機能が積み重なり、こうしたルールに伴う不確実性を隠している可能性がある。しかし白紙状態から始めるとなれば、第一原理に立ち返ったうえで、組織で使命を果たすにはどんな意思決定を行なうべきか、じっくり考慮しなければならない。そのプロセスのなかで、一部の意思決定はルールとしてすでに存在していることが確認されるかもしれない。あるいは、一部の意思決定からは予測を導入する機会が提供され、ルールが意思決定に変換されるだろう（ただし、この目的のために白紙状態を利用することについては、次章で取り上げる）。

そしてもうひとつ、このエクササイズに価値があるのは、特定のＡＩソリューションがシステムにおよぼす影響を評価するために活用できるからだ。白紙状態ならば、ＡＩ予測に基づく意思決定が、組織の他の意思決定やルールとどのように影響し合っているか、大局的に見ることができる。特定のＡＩソリューションとシステムとの関わり合いを評価するために、白紙状態から始めるといかに有益か、これから本章では実例を使って明らかにしていく。

たとえば保険業界では、一部の起業家がこんなアプリを開発した。ユーザーが被害にあったあとに車や家の写真を撮り、それを保険会社に送る。すると会社は写真を利用して請求金額を自動的に計算し、直ちに修理代を支払う。消費者は査定人の到着を待つ必要も、見積もりをもらうために車で走り回る必要もない。アプリを開き、写真を撮れば、それで終了。ほかには、あなたが運転する様子や家のなかを監視するデバイスにアプリがインストールされているケースもある。こうしたアプリは、あなたが何か危険なことをしていないか直ちに確認することができる。危険な行動を改めるように伝えるだけでなく、改めなければ来月または来年から保険料が変わると警告するのだ。

こうしたアプリでのソリューションを提供する起業家が、保険業者を標的にする理由はわかりやすい。ただし問題は、本当に役に立つのかどうかだ。それを理解するには、自動車保険業界や住宅保険業界など、業界の本質を理解しなければならない。そのためには、業界にはどんな意思決定が必要なのか、特定のＡＩソリューションが何らかの意思決定に役立つのかどうか、きちんと分析しなければならない。それがすめば、具体的な計画に積極的に取り組むことができる。必要な意思決定は、すでに誰かが手がけているだろうか。あるいは、意思決定者がはっきり特定されていないだろうか。そして、意思決定の代わりにルールが設定されている可能性はないだろうか。その場合にルールを意思決定に変更するとしたら、他にどんな影響がおよぶだろうか。こうした大事な疑問に答えるためには、出発点に立たなければならない。では、これから具体的に説明していく。

Ａーシステム・ディスカバリーキャンバス

本気で変化に取り組む人は、自分のアプローチをキャンバスに描きたがるものだ。私たち著者は時間と共に、それを理解するようになった。キャンバスは白紙状態で、どこから始めてもよい。いずれ

あなたのビジネスに必要な最小限の意思決定は何か

1.ミッション			
2.意思決定			
3.予　測			
4.判　断			

図17－1　ＡＩシステム・ディスカバリーキャンバス

にせよ、プロセスの最後までにはチャート全体について考えられる。これは、実現までの道を段階的に示したマニュアルではない。考えをきちんと整理するための手段である。

図17－1で紹介する図表には、ひとつの業界における複数の重要な意思決定を書き込んでいく。ここではビジネスのミッションを特定することが重要なタスクになる。細かい内容を記す必要はない。目標を思い出せる程度で十分だ。

こうすれば、ミッション達成のために必要な意思決定が特定される。言うまでもなく、意思決定はいくつもある（考え方によっては何百万も存在する）。ここでは、それをすべて特定するのが目的ではない。むしろ、必要な意思決定を大まかに書き込めばよい。もしもあなたが意思決定能力の向上につながる強力な予測マシンを持っているなら、ミッション達成のために必要な最小限の意思決定は何だろうか。要するに、中核となる最も重要な意思決定だけを確認すればよい。

必要な意思決定を確認したら、つぎはドリルダウン、すなわち掘り下げる段階に入る。意思決定を行なうには、どんな情報を集める必要があるだろうか。該当するのは、すでに持っている情報や簡単に手に入る情報だけではない。重要だと想像される情報も含まれる。ほとんどの意思決定は、不確実な状況で行なわれる。しかし予測を取り入れれば、意思決定の改善に欠かせない情報が手に入る可能性がある。そして予測は、ＡＩから提供される可能性がある。したがってこのエクササイズでは、あなたの組織の中核をなす意思決定と予測がうまく結びつけられる。

最後に、どんな予測も完璧ではないことを指摘しておく。もしも予測が完璧なら、意思決定は簡単で、おそらく機械的に行なわれる。しかし、いくらキャンバスに意欲的に取り組んでも、現実離れした仕事は許されない。ひとつひとつの意思決定に関して、どんな重要なトレードオフが関与しているか明確にする必要がある。そのために、ここでは「エラーフレーム」を利用することを提唱する。予測が正しくないときや存在しないときは、どんな間違いを犯す可能性があるのか考えるのだ。そうすれば、意思決定に伴う危険性を意識できる。第四章では、傘を持っていくべきか否かの選択について取り上げたが、予測が外れて雨が降らなければ、不要な傘を持ち歩かなければならないし、予測が外れて雨が降れば、体は濡れてしまう。このようなエラーをどのようにランク付けするかは、あなたの判断に任せられる。キャンバスに書き込んだ意思決定のひとつひとつを対象に、エラーがどんな結果をもたらすか特定したうえで、できればランク付けするのだ。たとえば計算で割り出した具体的なコストを基準にしてもよいし、もっと主観的な判断でもよい。

そのあとは、ＡＩへの置き替えが実現しそうな予測を取り上げ、それを意思決定と関連付けて、以下の点を評価する。（a）あなたの組織は確実に意思決定を行なっているだろうか。（b）現在は誰が意思決定を任せられているか。（c）もしもその意思決定にＡＩを使うと、それは現在の組織の他の部分にどんなディスラプションを引き起こすだろうか（この最後のステップについては第一八章とエピローグで考える）。これでスタート地点に立ったら、先ずは白紙状態から、あなたの業界を支えるシステムについて考えてみよう。

保険業界

多くの点で、保険業界ほど安定している業界はない。数世紀前に始まった保険は、現代生活の要と言える存在にまで進化した。消費者向けの保険商品はシンプルだ。年間保険料を支払えば、その見返りとして、自動車事故に巻き込まれたとき、家屋が破損したときや盗難にあったとき、あるいは本人が死亡した時点で保険料が支払われる。そしていまや、情報テクノロジー革命のおかげでさらに進歩を遂げた。保険数理表の計算は簡単になり、その結果を修正して様々な保険商品を提供できるようになった。しかし結局、こうした保険商品が提供するサービスの内容は、たとえば年齢や居住地など、顧客の支配がおよばない事柄に左右される。

保険商品を提供するためには何が必要だろうか。ここで、ホームオーナーズ保険について考えてみよう。この業界の企業のミッションは、つぎのように考えてもよい。「多くの人にとって住宅は、最も貴重な資産である。それが壊滅的な損害を受けても、所有者が安心できる状況を提供しなければな

あなたのビジネスに必要な最小限の意思決定は何か

1.ミッション	多くの人にとって住宅は、最も貴重な資産である。それが壊滅的な損害を受けても、所有者が安心できる状況を提供しなければならない		
2.意思決定	**マーケティング**：マーケティングの対象を決定する	**アンダーライティング**：価格（保険料）を決定する	**保険金請求**：保険金を支払うかどうか決定する
3.予　測	各見込み客を対象に、保険料を支払う意思を持っているか予測する	住宅所有者が保険金を請求する可能性を掛け金に応じて予測する	提出された請求が妥当で、支払うべきである可能性を予測する
4.判　断	保険を購入しない人物をターゲットにした場合のコストと、購入したはずの人物をターゲットにしなかった場合のコストを決定する	戦略を設定する（成長、収益性）。価格を低く設定しすぎた場合のコスト（損失）と、高く設定しすぎたときのコスト（顧客を失う）を決定する	正当な保険金請求を拒んだ場合のコスト（顧客が不満を持つ、悪い評判が立つ）と、違法な請求を受け入れた場合のコスト（無駄な出費）を決定する

図17－2　ＡＩシステム・ディスカバリーキャンバス：住宅保険

らない」。先ずは、これをキャンバスの最上段の空欄に記入する（図17－2を参照）。

この図表では、三種類の意思決定が特定されている。マーケティング、アンダーライティング、保険金請求の三つだ。保険会社にはそれぞれを担当する部門があるので、保険業界はどちらかと言えば分析しやすい。

マーケティング部門は顧客の獲得を担当する。保険を使ってくれそうな人たちを探し、商品を販売する。そして、顧客を絞り込むために資源をどこに重点的に配置すればよいか、じっくり考えることが意思決定の中心になる。アンダーライティング部門は保険商品を創造し、顧客のリスクプロファイルを評価したうえで保険料を決定する。さらに、獲得した顧客への保険料の支払いが生じる可能性についても評価する。要するに、アンダーライティング部門は保険商品の価格を設定するだけでなく、個人にせよ集団にせよ、何らかの特徴を持つ顧客に保険を提供する際、どんなリスクを伴うか理解しなければならない。最後に保険金請求部門は、保険金を支払うかどうかを決定する。要するに、他の業界では顧客体験と呼ばれるものに対処する。保険料を支払われた顧客の満足度について評価するが、できれば保険金を提供しないですむ可能性についても考慮する。

図17-2では、意思決定に必要な予測、そして判断についても概略を述べている。判断は予測の結果であり、広義には意思決定のエラーも含む。家屋などに保険をかけるビジネスは、利益を確保するまでの道がいたってシンプルだ。支払いから予想される損失が、保険料から得られる収入よりも少なければ、保険商品の販売を考える。顧客は保険の掛け金に関心を持つだけでなく、保険への加入や保険金請求の段階で、プロセスがスムーズに進行することを期待する。この競争の激しいビジネスでは、古くからの保険会社が保険の掛け金を引き上げるためにできることは多くないが、期待損失を減らすことができれば利益は増加するだろう。

では、保険会社はどのようにしてそれを実行するのか。期待損失の少ない顧客を見つけて保険商品を販売する一方、期待損失の多い顧客には掛け金の高い保険だけを販売すればよい。ただし、期待損失の多さに関して役に立つ情報が手に入らなければ、多くの顧客が似たような掛け金を請求される。そうなると、期待損失の少ない顧客は掛け金が高すぎ、期待損失が多い顧客は安すぎる結果になる。結局のところ正しい情報がなければ、競争が機能して問題が解決される見込みはない。したがって保険会社は、どの顧客は保険金を請求する可能性が低そうか予測したうえで、マーケティングのターゲットにしようと考える。こうした予測には、マーケティング部門とアンダーライティング部門の意思決定が関わる。さらに保険会社は、適切な人物には保険金を支払ってもよいが、不適切な人物には払いたくない。要するに、保険金詐欺を回避したい。保険金を請求する段階で間違いを犯せば、最終的には会社の競争力に影響がおよぶ。なぜなら、コストの上昇につながるからだ。間違いを犯したとき保険業務にはどんな影響がおよぶか、きちんと判断できなければならない（その具体例は、図17－2に示した）。

こうして複数の意思決定を並べてみると、お互いの関連性がよく見えてくる。すでに述べたが、AI予測は保険会社、なかでもアンダーライティング部門に絶好の機会を提供する。顧客のリスクプロファイルの予測には、AIをほぼ完璧に応用できるからだ。一方、このプロセスがスピードアップすれば、マーケティング部門の仕事も楽になる。営業担当者は潜在的な顧客に迅速に対応できるようになるだろう。様々な管轄ごとに規制上の問題があるので、企業がAIを利用してリスクプロファイルを創造する作業は制約を受けるが、アンダーライティング部門とマーケティング部門の価値観は一致する。そしてもうひとつ、AIを使えば保険金請求の正当性を評価しやすくなり、ひいてはマーケティング部門やアンダーライティング部門に恩恵が還流される。要するに、保険金請求部門が自分たちの仕事を以前よりも上手にこなせば、その影響が他の部門にもおよぶ。

では、すでに紹介したAIアプリが、このシステムにどのように当てはまるか見ていこう。スマホのカメラ機能をクリックするだけで損害を査定できるアプリがあれば、保険金請求に関する意思決定は自動的に進められる。この従来とは異なる意思決定の方法は、保険金請求部門にうまく収まる。それによって保険金請求に関する顧客体験が改善すれば、マーケティング部門の仕事は楽になる。そして、改善された経験を最も高く評価してくれる顧客に対し、大事な資源を配分する選択も可能になる。

もちろんこれは、アンダーライティング部門の業務に複雑な問題を引き起こす可能性がある。たとえば、自分が保険金を簡単に請求できることがわかった顧客は、請求する機会を増やすだろうか。あるいはマーケティング部門は、保険金を請求する可能性の高い顧客をターゲットにするだろうか。そして保険金請求部門のコストは、（請求が増えて）高くなるだろうか。それとも（査定のコストが減少するので）低くなるだろうか。このように、AIアプリは保険金請求部門の意思決定の範疇に収まるが、実際に導入されれば、その影響は他の部門にもおよぶ可能性がある。しかし実際のところ、他の部門の意思決定の内容、そこに関与する判断、必要とされる予測などには、根本的な変化は引き起こされない。AIアプリを導入しても（あるいはしなくても）、システム全体の変化は引き起こされない可能性が高い。

では、顧客のリスクプロファイルや行動を監視して、その結果を顧客にフィードバックするアプリはどうだろう。保険業界の現在のシステムでは、リスクの評価が中心に据えられる。それは通常、顧客を獲得する段階で行なわれるが、なかには保険契約更新時に再評価が行なわれるケースもある。顧客が家屋に保険をかける場合、非常時に直ちに外部の助けを求められる警報装置や、水道管の破裂を検知したら直ちに水を自動的に止める装置を設置していることを立証できれば、保険料が減額される可能性がある。しかし有害事象のリスクは、家屋の特徴よりも、むしろ関係者の行動によって決定される。たとえば全米防火協会の報告によれば、アメリカでは住宅火災の四九パーセントは調理が原因だった。[1] この報告を詳しく調べると、調理といっても油を使った調理に限定され、なかでも揚げ物が多いことがわかる。これは理にかなっており、めずらしいニュースでもない。ここで問題なのは、自宅でほとんど料理をしない人と、揚げ物を毎日作る大家族が同じ金額の保険金を支払うことだ。それはなぜか。

答えは簡単だ。キッチンのなかを覗ける状態にしないかぎり、誰かが調理をしているかどうか、しかも油を使っているかどうか、保険会社が監視することは不可能なのだ。こうした事実に基づいて保険金を変更できれば保険会社にとっては最善策になるが、全体的なリスクプロファイルを把握できない状況で、調理中の不慮の事故に対して保険をかけることはできない。

しかしＡＩテクノロジーはこうしたギャップを埋めて、進行中のリスクを費用対効果の高い方法で監視してくれる可能性がある。すでに自動介入メカニズムは開発されており、たとえばＡＩが水漏れを監視するスマート装置のフィンや、煙探知機のように電気障害について警告するティングなどがある。保険会社はすでに、こうした装置を利用するように勧めている。あるいは自動車保険に関しては、ドライバー監視装置がドライバーの運転距離だけでなく、運転マナーについても評価する。こうした装置をインストールすれば、あなたの保険金は減額される可能性がある。

調理、暖房、タバコ、ロウソクの使用は、いずれも行動の質を評価するのが難しいが、どの行動も監視することが可能だ。リスクアセスメントの測定値を継続的に保険会社に送り、リアルタイムで保険料を調整することができる。もちろん、こうしたタイプの監視を導入すると、プライバシーなどに関して問題が引き起こされる。しかし自動車保険会社は、運転監視装置の設置に顧客を自発的に同意させることができた。だから同様に、住宅保険にも導入できるはずだ。もしも監視装置を取り付けると保険料が二五パーセント引き下げられる事実に人々が注目すれば、行動を改めるだろう。その結果として火事のリスクが二五パーセント減少するなら、すべての関係者にとって良い取引になる。[2] しかし、こうした監視装置が導入されなかったため、いま紹介したような行動対応型の保険商品はこれまで提供されてこなかった。消費者が相手ならまだしも、企業を対象とする保険はリスクの査定がきわめて難しい。

新しい商品を創造するためには、いま存在する複数の部門のあいだでの協調が必要になる。そうなると、特にマーケティング部門とアンダーライティング部門の境界は曖昧になる。何らかの新しいAIテクノロジーを利用した新製品をマーケティング部門が構想したら、それを実際に提供するために、アンダーライティング部門が手続きの進め方を調整する必要がある。さらに、監視や保険料の調整はどちらの部門が担当するのかという問題もある。保険料の設定に関する専門知識を持つアンダーライティング部門だろうか。それとも、検証の経験がある保険金請求部門だろうか。部門のあいだの境界が曖昧になると、保険会社のなかでは意思決定の権限の見直しや、情報処理担当者の交代を求める圧力が生まれる。

これまで保険会社は、新しいテクノロジーを使って新商品を生み出し、リスク低減に正面から向き合う課題に取り組んでこなかった。おそらくそれは、既存のシステムで取り組むのが難しいどころか、場合によっては不可能だからだろう。既存のシステムでは、リスクはあるのが当然と見なされる。さらに、リスク低減は保険料の引き下げを意味するので、代理店をはじめ、報酬が保険金に影響されるシステムの関係者から抵抗されるかもしれない。しかし今後、保険会社が大きなリスクの移転ではなく、リスクの低減を業務の中心に据えれば、すべての関係者がリスク低減に集中できるインセンティブシステムが設計される。リスクが低下すれば平均保険料は下がるが、保険会社の利益も契約件数も増加するだろう。たとえば予測の精度が向上すれば、住宅関連のリスクの発生源について、保険会社は住宅所有者よりも多くの知識を手に入れる。その結果、バリュープロポジションの強調点がリスクの移転からリスクの管理に変更されれば、社会は大きな恩恵を受ける（商売は繁盛する！）。それを実現するためには、保険会社には新しいシステムが必要とされる。そこでは新しいテクノロジーだけでなく、組織の変化も欠かせない。

カスタマイゼーションの影響

ＡＩ予測から約束されるもののひとつが、高度にカスタマイズされた製品を提供する能力で、実現すれば顧客のコンテクストがより正確に反映される。これについてはすでに、パーソナライズド広告と起業家教育のところで紹介した。製品についての情報が、顧客のニーズや好みに関する予測とマッチすれば、個別化がさらに進んだ商品やサービスを企業は提供できる。その結果、顧客は自分の好みに合ったものを手に入れ、価値が創造される。

カスタマイゼーションの実現には、プロセスの自動化がしばしば必要とされる。独自の製品を数百個や数千個ではなく、何百万個も提供して限られた顧客にマッチさせようとしても、人間にとってそんなプロセスの管理は難しい。予測だけでなく、顧客への製品の発送にも自動化されたシステムが必要になる。ただし、自動化されたプロセスは設計が困難であるばかりか、既存の組織ですでに働いている人たちに確実に影響をおよぼす。パワー配分を巡る対立が引き起こされれば、新しいシステムの設計は制約されかねない。

しかしＡＩシステム・ディスカバリーキャンバスを使えば、カスタマイゼーションが保険におよぼす可能性を分析できる。保険会社はかねてより、アンダーライティングや適切な保険料設定のために、役に立つ情報の獲得に努めてきた。たとえば家がどこに建てられているか（洪水や火事のリスクの根拠になる）、煙探知機が設置されているか、どんな建築材料が使われているかといった情報は、いずれもアンダーライティングで重要な役割を果たす。しかしＡＩ予測からは、さらに多くの可能性が提供される。[3] 保険金請求に関してもっと大量のデータを集めれば、特定の住宅の期待損失についての予測を保険会社は劇的に改善することができる。レモネードのような「インシュアテック」（テクノロジーと保険を掛け合わせた）企業は、まさにこれに取り組んでいる。[4] ただし、今後ＡＩがアンダーライティングに有意義な影響をおよぼせるかどうかはまだわからない。

でもここで、インシュアテック企業が住宅を点検したうえで、もっと正確な期待損失を提供し、保険料を適切な形でカスタマイズできると仮定してみよう。さらに、その結果として保険会社が住宅の特徴に基づいたもっと明確な価格方針を提供し、家屋に変化を加えれば保険金が最適化される可能性を所有者に伝えられると仮定してみよう。それは主にふたつの効果をもたらす。ひとつは競争に、もうひとつは組織に効果がおよぶ。

競争が効果を発揮すれば、インシュアテックはリスクの低い顧客を特定し、確保するために保険料を値引きできる。一方、同じようにリスクの低い顧客を特定できない他の会社は、値引きすることができないと考えられる。ただし、話はそう単純ではない。もしもインシュアテックが大成功したら、古くからの保険会社はそれを見て、インシュアテックが提示した保険料を真似るかもしれない。インシュアテックを観察することによって、どの顧客をターゲットにすればよいか安全に学ぶことができる。それでも、このプロセスはインシュアテックに競争上の優位をもたらす。

既存の保険会社は刺激されて行動を起こすかもしれないが、インシュアテックと違ってスタートアップではないので、より正確なアンダーライティングを行なうためには変化が必要になる。保険販売の従来のプロセスでは、顧客から基本情報を集め、アンダーライティング担当者がその情報を評価して、あとで保険料を払い戻す。このプロセスは顧客へのマーケティングの一部だが、インシュアテックではこのプロセスが自動化される。顧客に保険料を提示するまで、人間は何も承認しない。これならスピードの面で優位に立つが、人間の要素は含まれない。多くのインシュアテックはこの点を重要なアドバンテージとして売り込み、普通より社員の人数が少なくても、保険を提供できる能力を広告でアピールする。[5] たとえばレモネードは二〇一八年、社員一人当たり二五〇〇件の保険契約を結んだという。これに対し、オールステート保険は一二〇〇件、ＧＥＩＣＯは六五〇〇件だった。保険にＡＩが導入されれば、その結果として、アンダーライティング部門も販売部門も社員が減少し、ひいては直属の上司も減少する。

変化に抵抗する人は多いだろう。蚊帳の外に置かれたときの反対は想像できる。そもそも既存の保険会社は懐疑的だ。レモネードがＩＰＯ（株式新規公開）を果たすと、「ユニコーンが虹を吐き出した」[6] と保険の業界誌は評した。保険料の設定や保険商品の販売が純粋に客観的になり得ないことは確かだ。アンダーライティングに熟達した人間にしか特定できない主観的な要素は残される。この事実を無視するかぎり、レモネードは期待損失を減らせないと保険会社は主張する。それに既存の顧客の期待損失が膨らんで、高い保険料を請求されたらどうするのか。既存の保険会社は、自社ブランドを傷つけずにそんなことをできるだろうか。こうした反対意見には、どれも真実味がある。なぜなら、ＡＩ主導型の新しい組織の機能は不確実性を伴うからだ。しかし、古くからの保険会社がＡＩの導入に前向きな一方、既存の組織に不確実性を持ち込みたくないのならば、ようやく変化を実現したとしても手遅れになっている可能性もある。新しいシステムで必要とされるイノベーションを導入するとき、既存の企業はこうしたジレンマに直面する。新しいシステムはイノベーターにパワーを与えるが、古いシステムにこだわり続けるとパワーを奪われる。

キーポイント

●ほとんどの企業は、依存し合う多くのルールから成り立つシステムを創造する。しかも、システムに伴う不確実性には、外からの干渉を防ぐためにバリアが張り巡らされる。したがって、不確実性を部分的に取り除く方法について考え、AI予測から提供される新しいシステム設計の可能性を検討するのは容易ではない。そこで、ルールやバリアの一部を取り除くことから予想される結果や、こうした変化が組織の他の部分におよぼす影響について考えるよりも、ゼロから、すなわち白紙状態から始めることをここでは提案したい。ここで使われるＡＩシステム・ディスカバリーキャンバスは、以下の三つのステップから成る。（1）ミッションを明確にする。（2）非常に強力で高忠実度のＡＩが導入されたと仮定して、企業のミッション達成に必要な意思決定の数を出来る限り絞り込む。（3）重要な意思決定のそれぞれを対象に、どんな予測や判断が関わってくるか特定する。

●住宅保険の場合、業務は以下の三つの主な意思決定に集約される。（1）マーケティング：収益性や成長の最適化を目標にして、顧客獲得のためにマーケティング資源を割り当てる方法を決定する。（2）アンダーライティング：収益性や成長の最適化を目標にして、あらゆる住宅所有者の保険を対象に保険料を決定する（価格への制約を考えるとリスクが高すぎて、保険商品から利益は生み出されないと予測されれば、保険がまったく提供されない可能性もある）。（3）保険金請求：あらゆる請求を対象に、請求は妥当かどうか決定する。妥当ならば、保険金を支払う。もしも三つの非常に強力で忠実度の高いＡＩによって（1）転換の確率を踏まえて算出した見込み客の生涯価値、（2）請求の規模を踏まえて算出した保険金請求の可能性、（3）保険金請求の正当性の予測が可能になれば、迅速かつ効率的、低コストで収益性の高い住宅保険事業が実現し、価格と利便性のどちらでも競争相手を上回る。新しく登場したインシュアテックの一部は、まさにこれを目標に掲げている。

●ＡＩシステム・ディスカバリーキャンバスからは、新しいビジネスチャンスへの洞察も得られる。

たとえば、請求の規模を踏まえて算出した保険金の請求額を予測するAIの性能がかなり高くなれば、危険なレベルやそれに準ずるレベルの予測が可能になる（たとえば電気火災のリスクや、水漏れパイプで床が水浸しになるリスクを早めに検知するセンサー）。したがって保険会社は、リスク軽減を目的とするどのソリューションの投資収益率が高いか予測して、実行費用を正当化することができる。その結果、リスク軽減装置に補助金を提供することも保険料を下げることもできるので、顧客にはまったく新しいバリュープロポジションが提供される。それはリスク軽減だ。保険会社は、住宅所有者から保険業者にリスクを移転するだけでなく、リスクを軽減するのだ。この貴重なサービスは従来、僅かな事例を除いて保険業界から提供されてこなかった。このチャンスを十分に生かすには、リスク軽減を目標に最適化された新しいシステムの設計が必要とされる。

第一八章　システムはどのように変化するか

ある患者が、胸の痛みを訴えて救急外来にやって来た。これは心臓発作だろうか。医者は検査をすれば確認できる。検査で陽性反応が出たら、医者は直ちに患者を治療できるので、確実に利点がある。ただし検査は費用が高く、しかも体を傷つける。たとえば検査に放射線を使うところを想像してほしい。これは長期的に発がんリスクを高める可能性がある。トレッドミル検査（運動時に起こる発作性の変化を診断する検査）は僅かながら、心停止のリスクが明らかにされている。そして心臓カテーテル検査は、放射線被ばくと動脈損傷のふたつのリスクを伴う。[1]いずれも意思決定が簡単ではない。

医者は費用と便益をじっくり考慮しなければならない。患者が実際に心臓発作を起こしている可能性はどれくらいだろうか。そこで予測を行なう。もしも可能性が高いと予測したら、医者は検査と治療のほうを選ぶだろう。もしも可能性が低ければ、検査は無駄なだけで、患者はほとんど理由もないのにリスクにさらされる可能性が高い。

検査を行なうべきかどうか決断する際、（ステントを挿入するなど）さらなる処置の必要性に関する情報が手に入ればありがたい。もしも患者が本当に心臓発作を起こしていたら、心臓発作の治療を受けられるという利点がある。もしも発作を起こしていなければ、何の利点もない。要するに検査に基づく意思決定に価値があってこそ、検査には価値が備わる。処置の対象になるのは、検査から最も恩恵を受けられる患者であるべきだ。

検査は無料ではない。ストレステストには何千ドルもかかる。しかしカテーテル検査は、何万ドルもかかる可能性がある。そうなると、費用が一〇倍もする検査を回避するために、ストレステストを選ぶほうがよい。

ここでは金銭的コストのみに注目している。しかし検査のなかには、監視や観察が一晩じゅう必要なものもある。そして、検査そのものが独自のリスクを伴う。ストレステストは、画像検査のなかでも電離放射線の使用量が最も多い。そのため、長期的な発がんリスクがかなり高くなると考えられる。運動中の心臓の状態を調べるトレッドミル検査は、心停止のリスクが僅かではあるが確実に存在する。一方、患者に直接カテーテルを挿入すれば、診断のプロセスの一環として（通常はステントを挿入する）、治療が完了するという利点がある。

それでも患者は、ストレステストとそれに関連するリスクを絶対に避けたいわけではない。なぜならカテーテルもリスクを伴うからだ。侵襲的治療法では、大量の電離放射線を使用する。そして静脈注入造影剤も使われるが、これは腎不全を引き起こす可能性があるだけでなく、動脈損傷や進行性脳卒中のリスクも考えられる。要するに、患者に心臓発作の治療を施す決断をする前には、心臓発作の有無を検査すべきかどうか決断し、検査するなら最初にストレステストを行なうか、それともすぐにカテーテル検査を始めるか、決めなければならない。

　検査に関する意思決定は医者に委ねられる。大体は検査をきっかけに治療のプロセスが進行するが、医者はやるべきことを決めるために様々な判断を下す。患者は何歳か。（たとえば介護施設で）もっとケアが必要か。患者には（がんなど）余病があるか。こうした事柄のすべてを意思決定で考慮しなければならない。

　ではここで、医者の仕事の予測の部分にサポートが、それも超人的なサポートが現れたと仮定しよう。患者に検査が必要かどうか、直ちに評価してくれるＡＩが登場したらどうなるか。どんな利益が期待できるか理解するのは難しくない。そもそもこれは仮説ではない。経済学者のセンディル・ムッライナタンとジアド・オバマイヤーは、医者が救急病棟で患者を診断するときと同じ情報に基づいてＡＩを構築した。[2] その結果からは、心臓発作の予測に関してＡＩは医者よりも正確であることがわかった。医者の意思決定は過剰検査を前提としており、患者は不要な検査を受けさせられる。アメリカの医療制度に伴うインセンティブを考えれば、おそらくこうした結果は簡単に予想できる。検査をしないで責任をとらされることなど、誰も望まない。まして、検査をするほど収入は増える。

　ところが意外にもふたりの経済学者は、現実には検査しないケースもかなり多いことを発見した。ＡＩがハイリスクだと予測した何千人もの患者が、検査を受けなかった。そしてＡＩアルゴリズムがハイリスクだと予測した患者は、他の患者と比べて再診率も死亡率も高かった。

　ＡＩアルゴリズムはあらゆる面で優れているようだ。安くて仕事は速く、良い予測も悪い予測も外さない。人間の医者と同じ数の検査を任せれば、患者のリスクが高いか低いか適切に診断し、あらゆる面で人間の医者よりも良い結果をもたらしてくれる。患者は救われ、医者が責任を追及される可能性は低くなる。あるいは検査の数を減らしても、医療の質は維持される。

ポイントソリューションとアプリケーションソリューション

これならＡＩの導入に悩む必要はない。救急科でＡＩを診断に使えば、優れたポイントソリューションとして効果を発揮する。ＡＩにサポートされた医者の意思決定は改善され、ひいては患者の健康も徐々に改善され、しかも高いコストを伴わない。そしてワークフローに変化は引き起こされず、誰の仕事も脅かされない。診断が判断から切り離されたおかげで、医者は診断に多くの時間をかけずにすむ。

ここで問題なのは、新しいツールの導入に伴う恩恵が、コストを上回るかどうかだ。医療管理者には新しい有望なテクノロジーがいくつも提供されるが、どれも訓練とプロセスの微調整が必要とされ、かならずリスクを伴う。実際には、テクノロジーが検査で期待通りの成果を上げることは滅多にない。そうなると医療管理者は、ＡＩのポイントソリューションがもたらす増分利益は、コストに見合わないと決断する可能性がある。

それでも、医療管理者にとってＡＩのアプリケーションソリューションは捨てがたいだろう。そこで医者に予測を提供するＡＩではなく、検査を行なうべきかどうか医者に代わって決断するＡＩを導入する。これなら、医者は患者に関する意思決定を行なう負担から解放される。患者が救急科を訪れると、心臓発作を起こしている可能性を機械が予測する。もしも予測が既定の基準値を下回れば、患者は帰宅を許される。もしも予測が中間領域に当てはまれば、患者はストレステストを受ける。そして、もしも患者が心臓発作を起こしている可能性が非常に高いとＡＩが予測すれば、患者はすぐにカテーテル検査を受ける。ただし、患者に帰宅を許可するか、ストレステストを受けさせるか、カテーテルを挿入するかに関する基準値は、人間が判断しなければならない。その場合は病院のトップ、もしくは医療従事者と専門医から成る委員会のどちらかが判断を下すことになる可能性がある。

システムはそれに対処できるか

病院は通常、ふたつの包括的な部門から成り立ち、どちらも独自の責任を持っている。[3] 事務部門は金銭面を扱う。医療報酬（あるいは政府や保険会社からの還付）を受け取り、スタッフを雇い、医療資源を調達する。一方、診療部門は患者の診断と治療に当たる。病院の内部では、どちらの部門も複数の小さな部門に分かれているが、意思決定に関しては、事務部門が金銭や資源を担当し、診療部門が医療を担当する。そして、ふたつの部門は常に対立する。しかし、うまく機能している病院のほとんどは、ふたつの部門が協調している。どちらも相手からの制約を受けながら、独自の判断で意思決定を行なう。

救急科でＡＩを利用する診断への抵抗に関しては、どこが発生源になりそうか想像できる。医者は検査を増やせば個人的な恩恵にあずかる。医療ミスのリスクは減少し、おそらく収入は増える。ところがＡＩの予測能力が人間の医者よりも優れていたら、医者の訓練や経験はそれほど重視されない。ＡＩを構築する関係者に比べ、医者の価値は低くなる。一方で事務部門は、ＡＩ導入に伴うコストを懸念するかもしれない。結局のところアプリケーションソリューションでは、医者は意思決定のプロセスから取り除かれ、医者の訓練や経験は不要になる可能性がある。そうなると、これまで多くの意思決定に関わってきた医者は、ＡＩが自分たちよりも本当に仕事ができるのかと疑いたくなる。

ＡＩは大きな潜在能力を秘めているが、それを実現させるためにはシステムに何らかの変化が必要とされる。結局ほとんどの病院の救急科では患者が訪れると、帰宅、ストレステスト、カテーテル検査のどれを選ぶか医者が決断する。しかしそのずっと以前に、どんな患者にどんな検査を受けさせるか、事務部門が決断している。現在は、ふたつの部門のインセンティブは一致しているようだ。ムッライナタンとオバマイヤーによれば、医者が検査を決断した患者の一五パーセントは、実際に心臓発作を起こしていた。このくらいの精度があれば、先ずは患者にストレステストを受けさせるのがベストだと、医者も事務関係者も認めるだろう。[4]

予測を徐々に改善させるＡＩの場合には、たとえ患者の治療成績が改善したとしても、事務部門や診療部門のインセンティブにほとんど変化は引き起こされない。ＡＩをポイントソリューションとアプリケーションソリューションのどちらに導入するにせよ、精度が二〇パーセントに改善される程度では、医者も事務部門も先ずは患者にストレステストを受けさせようとするだろう。治療成績が徐々に少しずつ改善されるぐらいでは、医者も事務関係者もＡＩの導入に価値があるとは考えないかもしれない。

一方、ほぼ完璧なＡＩの構築が可能だとすれば、患者の治療が改善するだけでなく、システムを見直す機会が提供される。もしもＡＩが心臓発作の可能性を九九パーセントの精度で予測できれば、ストレステストを行なわず、すぐにカテーテル検査を実施するのがベストだと、医者も事務関係者も認めるだろう。あらゆる患者の症状をＡＩが正確に診断できるなら、ストレステストは不要だということに誰も異論はないはずだ。管理部門はストレステストをオプションとして提供するのをやめ、医者もわざわざ使いたいとは思わないだろう。

今日のＡＩの予測精度は一五パーセント程度で、将来はほぼ完璧になるかもしれないが、精度がその中間あたりだと、診療部門と事務部門のインセンティブに変化が生じ、対立を招く可能性がある。不要なストレステストに伴うコストを、事務部門は医者よりも深刻に受け止める可能性がある。そもそも資源を無駄遣いしたくないし、責任をとらされるリスクへの不安が少なくなるからだ。精度が五〇パーセントならば、医者はストレステストを継続したいが、事務関係者は最初からカテーテル検査を選択したい。

こうした対立の解決策は、簡単そうな印象を受ける。事務部門が診療部門から意思決定の権利を取り上げさえすれば、システムに変化が引き起こされるのではないか。事務部門がストレステストの実施を拒めば、患者にカテーテル検査を行なうか、それとも帰宅を許可するか、医者にはふたつしか選択肢が残されない。患者がすぐにカテーテル検査を受ければ、事務部門は望み通りの結果を得られる。医者は不承不承、与えられた選択肢を受け入れるしかない。

いや、私たち著者から見ると、こうした展開が実現するとは考えにくい。医者は抵抗するだろう。

規制機関を巻き込むかもしれないし、患者の権利についての話し合いを要求するかもしれない。複数の意思決定者の意見が一致しないと、既存のシステムで意思決定を割り当てる方法はもはや受け入れられない。そして、意思決定に関する見解が食い違えば、ＡＩツールの導入は難しい。ＡＩはフィードバックを提供されて改善していくものだ。ふたつの部門の見解が中期的に調整されなければ、長期的に大きな恩恵をもたらすＡＩの導入を進めることはできない。

このような問題を克服するためには、診療部門と事務部門が協力して新しい意思決定構造を創造しなければならない。それには、検査に関する意思決定をひとつ取り除くのではなく、もっと大きな変化がシステムに必要とされる。いま説明してきた心臓発作などに、ＡＩツールを導入するのとはわけが違う。この程度ならば、システムの大きな変更は不要だ。

システムの変更の可能性が認識されたときは、ＡＩシステム・ディスカバリーキャンバスを利用するチャンスだ。これにより救急医療の在り方について、考え直すことができる。

救急医療を詳しく検討する

キャンバスのエクササイズは、必然的に推測を伴う。複雑な業界をテーマに取り上げ、それを必要最小限の言葉で説明しなければならない。前章で略述したように、最初はミッションを考える。救急科のミッションは、「高品質で費用効率の高い治療を通じ、実際に病気の患者や負傷した患者の症状を改善すること」になる。[5]

あなたの意思決定に最小限必要な意思決定は何か

1.ミッション	高品質で費用効率の高い治療を通じ、実際に病気の患者や負傷した患者の症状を改善すること	
2.意思決定	**治療：**どんな治療を行なうか決定する	**資源：**どんなタイプの装置やスタッフをどれだけ動員するか決定する
3.予　測	**診断：**患者の症状を引き起こした原因を予測する	**患者の人数とタイプ：**患者の人数と診断の配分を予測する
4.判　断	過剰な治療、不十分な治療、不適切な治療は、それぞれ患者にどんな結果をもたらすか	すぐに利用できる装置やスタッフが少なすぎる場合や、逆に多すぎる場合に、どんな結果がもたらされるか

図18－1　ＡＩシステム・ディスカバリーキャンバス：急患

そうした治療を提供するために、事務部門と診療部門はたくさんの意思決定を行なう。キャンバスを使ったエクササイズでは、こうした意思決定を必要最小限のカテゴリーにまとめて整理する。救急医療では、意思決定をふたつの重要なカテゴリーに分類してもよい（図18－1を参照）。治療に関する意思決定では、患者にどんな医療サービスを提供するか、医療専門家が決断する。一方、医療資源に関する意思決定では、どんな機器やスタッフを救急医療につぎ込むか、事務担当者が決断する。治療の内容は診断に左右される。そして、診断に基づいて複数の治療法が考えられるが、それを支える医学的証拠を理解しなければならない。すでに説明したように、診断は予測の問題である。これに対し、資源配分も予測に左右されるが、患者に注目しない。むしろ、診断結果への資源配分に関する長期的な予測に左右される。

ではここで、この推論のエクササイズを極限まで追求し、診断にＡＩを利用することが様々な場面で役立つようになったと仮定しよう。第八章で紹介した心臓専門医のエリック・トポルは、ＡＩ予測が改善されれば医療には黄金時代が到来すると確信している。医者は医療の人間的側面に集中し、機械的なプロセスを機械に任せることができるからだ。[6] 心臓発作の予測は、いまではＡＩが人間の医者の診断を上回る事例のひとつである。[7]

最初の意思決定の根拠となる予測が改善され、しかも意思決定までの時間が短縮されれば、患者は適切な治療を受けられる機会が増える。十分なデータがそろえば、病院の救急科のトリアージスペース〔傷病の緊急度や重症度に応じて治療優先度を決めるスペース〕ではなく、患者の自宅での予測も可能だろう。救急車を呼ぶ前に、質の高い予測に基づいて診断を下す展開も想像できる。

このような形の診断は、システムレベルで様々な変化を引き起こす可能性がある。患者は救急科ではなく、心臓外科にせよ整形外科にせよ、症状に関連する部門に直接送られるかもしれない。あるいは、薬剤師や一般開業医が処置できると診断されれば、多くの患者は病院を訪れる必要がなくなる。そして救急救命士は、システムのなかのどの病院の専門知識が役立ちそうか判断し、患者を適切な医療機関に連れていくことができる。

救急救命士の役割も変化するだろう。救急救命士は、特定の病状に対処するための訓練を受ける可能性がある。そうすれば、急患への対応に心臓病の専門知識が必要なときは、訓練を受けた救急救命士に声がかかり、心臓関連の医療機器を搭載した救急車に乗って駆け付ける。これなら患者は、病院に到着するまで治療を待つ必要がない。緊急事態では、一刻を争うケースが多い。

あなたがいま何を考えているかよくわかる。そんなことは不可能だ。予測がどんなに正確でも、救急救命士をそこまで専門化できないと考えているのではないか。救急救命士はどんな事態にも対処するために、ジェネラリストであるべきだ。もしもスペシャリストが必要なら、どの消防署でも必要な救急救命士の人数が増えて、訓練が追いつかず、十分な報酬も支払えなくなるだろう。

ここで、二番目の意思決定、すなわち資源配分が関わってくる。もしも必要な資源の配分に関する予測が十分に正確ならば（そして人口密度が十分に高ければ）、必要な機器だけでなく、訓練を受けた職員が適切な時に適切な場所に配置される。これなら患者の診断に関するＡＩの予測が、ニーズの長期的な配分に関するＡＩの予測とうまく補完し合う。

こうした救急医療を突き詰めれば、ふさわしい専門スキルを訓練で身に付けた救急救命士が、専門機器の搭載された救急車で駆け付けるので、ほとんどの患者は自宅で治療を受けられる。病院に送られるのは、長期間の入院や大人数の医療専門家チームが治療に必要な患者だけだ。そのため、治療成績は改善され、病院の規模は小さくなる。医療に関する訓練も、それに必要なスタッフも変化する。その結果、高品質で費用効率の高い治療を通じた治療成績の改善というミッションは、目覚ましい成果が得られるだろう。

これがすぐに実現するわけではないし、おそらくまだ不可能だろう。いまのＡＩはそこまで優秀ではないし、今後そこまでのレベルに達する可能性もないかもしれない。そもそもシステムを徹底的に見直せば、長期的にかなりの節約が期待できるが、コストも馬鹿にならない。そして医療専門家も事務関係者も、これだけの劇的な変化には激しく抵抗するだろう。それでも、小さな規模なら実現可能だ。たとえば多くの司法管轄区ではすでに、救急救命士と一緒に医者を派遣している。[8] そこに予測マシンを導入すれば、いつどこでどんな医者が必要か確認するために役立つだろう。[9] 起業家精神に富んだ組織が率先して新しいシステムを構築し、どの医者（そしてどの機器）を派遣すべきかＡＩが特定する日が待ち望まれる。

システムの選択

私たち著者はシステムの変化は複雑だという主張に反発し、どんな選択によってシステムは定義されるのか、そして新しいテクノロジーの採用はどんな変化を引き起こすのか、単純化された見解を示してきた。反発されるかもしれないが、複雑な仕組みを明らかにするために単純化は役に立つ。余分なものを取り除けば、本質の重要な部分が見えてくる。ＡＩシステム・ディスカバリーキャンバスは、まさにそれを目指した。そして、救急医療にＡＩを利用するための思考実験では、その目的が達成された。

いわゆる「システム」を定義する選択は、ふたつに大別される。誰が何を見るかについての選択と、誰が何を決断するかについての選択が行なわれる。この視点に立つと、ここまで述べてきたシステムの変化を理解するために、もうひとつ別の枠組みが提供される。誰が何を見るか選択するために、組織は情報をフィルターにかける。組織には大量の情報が持ち込まれるが、そのなかから、目下の意思決定に関連する情報を選び出すのが組織の主な仕事だ。そのため組織は、情報を観察して処理する役目を特定の部門——たとえば事務部門や診療部門など——に振り分ける。各部門が集めた情報を内部にとどめておくケースもあれば、集めた情報をフィルターにかけ、別の部門に伝えるケースもある。

診療部門は、患者が救急科に到着した時点で診断に関して予測する。一方で事務部門は、事実が判明したあとに配分を決断する。ここで忘れてはならないのは、フィルターにかけられた結果、組織のなかにまったく持ち込まれない情報もあることだ。そして、組織全体で共有される情報はさらに少ない。

つぎに、何を決断すべきか決定する権限を任される人間は、情報を最大限に利用するスキルを備え、情報を確保し、組織と利害が一致するような形で意思決定を行なう意欲を持たなければならない。原則として、すべてを兼ね備えた超人なら、あらゆる意思決定を一手に引き受けられるが、そんな人間は存在しない。したがって意思決定の権限を分配するために、組織はあらゆる場所でトレードオフを行なう。

組織を構成する各部門が分配された権限をうまく利用する一方、他の部門と協調する必要性を最小限にとどめれば、誰もが自分の仕事だけに専念できる。しかしこれでは、すべてに目が行き届く人がいなくなる。組織がうまく設計されていれば、各部門は苦手な状況が発生したときにそれを認識し、他の部門に問い合わせるだろうが、このような形で完璧に機能することはない。そうなると組織は、うまく機能するものだけに意思決定や情報を集中させることになる。組織が大きいほど、こうした安全策は必要で、実現する可能性も高い。小さな組織は部門の数が少ないが、その分だけこのような行動が限定される。[10]

部門ごとに責任が分担される形の既存のシステムは、新しいテクノロジーのなかでも、その恩恵がひとつの部門のなかにとどまるものの導入を得意とする。こうしたケースでは、ＡＩのポイントソリューションとアプリケーションソリューションが採用される。たとえば病院の事務部門は、保守担当スタッフのスケジュールと履歴書の審査にＡＩを採用したが、どちらも確実に医療資源の分配に関わっている。テクノロジーはこの部門のミッション遂行に役立ち、意思決定の内容にも、それに関わる人間にも変化を引き起こさない。責任の所在が変化すると、しばしばパワー配分に変化が生じ、内部から抵抗が起きるものだが、その心配もない。

対照的に、新しいテクノロジーが導入されると、利益が組織の複数の部門に分配されるばかりか、ひとつの部門のコスト負担と引き換えに、別の部門が恩恵をこうむる可能性もある。こうなると、テクノロジーの導入は先ほどよりもずっと難しい。たとえチャンスが認識されても、各部門をうまく協調させる必要があり、そのためには、誰が何を決定するかという疑問への回答を見直さなければならない。そんなわけで、救急科の診断へのＡＩの導入は壁にぶつかる。対策としては、ロバスト性の高いトレードオフを慎重に考案し、大胆な修正を進めていかなければならない。しかし、こうした変化は控えめに言っても破壊的なので、ゼロからやり直すほうが目標を達成しやすいだろう。[11]

ＡＩ予測に関しては、新しいイノベーションは様々な形で実現する可能性がある。多くはポイントソリューションやアプリケーションソリューションなので、関連部門で導入されても対立は起こらず、面倒な協調作業も必要とされない。しかし、それが不可能なケースもある。この場合、イノベーションの導入はディスラプションと変化を伴う。したがって、ビジネスリーダーは状況を正しく見極めなければならない。せっかくのチャンスを逃しているのは、組織の設計上の理由でチャンスが見えないからなのかどうか判断したうえで、チャンスが到来したらその潜在力を好意的に評価しなければならない。

こうした要素を考慮した結果、現在または将来的にAIイノベーションを組織に導入できるかどうか判断する思考実験を行なうために、ここでは以下の二段階の進め方を提案したい。

ステップ1：予測からどんな情報が提供されるか、予測はどんな不確実性の解決につながるか、そしてひとつにせよ複数にせよ、どんな意思決定が予測によって改善されるか特定する。

ステップ2：情報やそれに基づいた意思決定は、ひとつの部門の内部に限定されるか。それとも複数の部門で共有されるか。

ではここで、救急科でのAIの導入に話題を戻すことにしよう。患者が心臓発作を起こしているかどうかAIが予測する話だった。ステップ1では、AIは診断の予測を担当する。患者が救急処置室に入ってきたときに、病院のシステムのなかで医者だけを対象にした情報を準備するためにAIが動員される。ここで重要なのは、この診断に基づいてどんな検査や処置を行なうべきか決断することだ。ステップ2では、こうした情報や決断は明らかに診療部門の医者の権限にとどまることがわかる。それなら、こうしたトリアージに伴う決断を支えるアルゴリズムを導入すべきかどうかの選択は、難しくなさそうな印象を受ける。ここでは、アルゴリズムがポイントソリューションとして導入される可能性が高いだろう。

ではつぎに、救急科がストレステストを行なうべきかどうかの問題を考えてみよう。ここではステップ1に新たな意思決定が加わる。すなわち、医療資源の分配に関する決断だ。この決断は、ステップ2でひとつの部門にもはや限定されない。すでに述べたように、システム全体レベルの課題なので、導入が妨害されかねない。確かに、複数の部門が協調して情報を共有できるように、AIを改善する方法はいくつか考えられる。たとえば、患者が病院に到着する前にAIが診断を下すためには、その数週間前、あるいは数年前に遡って患者のデータにアクセスできなければならない。それには、事務部門が病院の管轄外でのデータ収集を承認する必要があり、そのために規制を調整し、患者を納得させなければならない。しかし、これは対立を引き起こしかねない。病院の現在の組織構造は、AI予測のテクノロジーやそれが引き起こす変化を容易に導入できない。導入するためには新しいシステムが必要とされる。

システムについての予測は難しい

一八八〇年までには、工場の操業を改善させる大きな潜在力が電気に備わっていることは明らかになった。しかし、電気のパワーを利用した工場システムを設計する方法が理解されるまでには、さらに四〇年を要した。私たちの知るかぎり、電気に支えられた究極のシステムを誰かひとりが思い描いたわけではない。電気には何ができるか人々が理解を深め、発見のプロセスは時間をかけて進行した。

AIに関しては、いまの状況は一九二〇年よりも一八八〇年に近い。AIの導入が、多くの産業でまったく新しいシステムの誕生につながる可能性はありそうだ。そう確信できるのは、AIが意思決定のなかで予測の役割を引き受けているからだ。そして意思決定が行なわれたあとに続く行動やその結果は、システムに内在する不確実性を見えないように隠すのではなく、反映した形になる。そもそも意思決定は他の意思決定と頻繁に関わり合うので、システム全体に影響がおよぶ可能性がある。ただし、たとえＡＩが予測しなくても、いまのやり方は十分に信頼できる。その事実に注目するなら、いまのシステムは技術的に無駄があるかもしれないが、わざわざシステムイノベーションを行なう必要はないし、ＡＩを導入する意味もない。

第一六、一七、一八章では、ＡＩが導入されたシステムの理解に役立つ指標や手法について紹介した。保険と医療は、変化の機が熟した産業である。しかしいまはまだ、時代のはざまが始まったばかりだ。新しい手法を使ってシステムが引き起こす変化について理解しても、こうした変化には価値があるか、そしてシステムの再構築が役立つにはＡＩ予測にどんな進歩が必要か、理解するまでにはたくさんのステップを踏まなければならない。そしてシステムイノベーションはディスラプションを伴うので、パワー配分に変化が引き起こされ、新たに勝者と敗者が発生する。変化を引き起こそうとする力と、それに抗う力とのバランスによって、システムの変化が起きるかどうかだけでなく、どれだけ速く実現するのかが決定される。

おそらくＡＩを含む汎用テクノロジーが破壊的であり、採用されるまでに時間がかかるのかどうか判断するために、テクノロジーの歴史は参考になる。ＡＩがいま行なっている予測や、それがシステムのなかで果たす意思決定の強化という役割がどんなものか、明確かつ客観的に分析すれば、目的地を示す地図は手に入らなくても、道案内となるコンパスが提供される。結局のところ予測マシンの研究にも、古くからの格言が当てはまる。「予測を行なうのは難しい。なかでも未来についての予測は特に難しい」。

キーポイント

●心臓発作を起こしている可能性を予測する能力を持つ超人的なＡＩが、ふたりの経済学者によって構築された。このＡＩは平均的な医者よりも安上がりで仕事が速く、偽陽性や偽陰性の診断の間違いが発生しにくい。この予測マシンはポイントソリューションとして配置され、影響をおよぼす意思決定はひとつに限られる。すなわち、検査が必要かどうかに関する意思決定だ。このＡＩをポイントソリューションとして利用すれば、心臓発作の検査が無駄に行なわれず、ひいては病院の生産性向上につながる。

●ポイントソリューションは検査の必要性を見きわめて医療に有意義な影響をおよぼす可能性がある。一方、心臓発作の可能性をきわめて高い精度で予測するＡＩの導入は、システムレベルのソリューションを必要とする可能性があり、ポイントソリューションよりもずっと大きな影響をおよぼす。ＡＩシステム・ディスカバリーキャンバスを使うと、心臓発作のケースでは検査を病院で実施するかどうかが大事な意思決定のひとつであることがわかる。この意思決定は、患者が心臓発作を起こしている可能性の予測に基づいて行なわれる。予測の精度が高く、しかもスマートウォッチなどを使ってデータを簡単に収集できれば、予測する場所は病院の救急科のトリアージスペースではなく、患者の自宅でもよい。これなら多くの患者は、病院に行く必要がない。診断が下されたら、自宅で薬剤師や一般開業医の助言を受けて対処すればよい。

●AIシステム・ディスカバリーキャンバスは、複雑な組織を抽象化し、いくつかの重要な意思決定に集約できることが大きな特徴である。そうすれば、組織のミッションが浮き彫りになる。現状を反映したルールや決断の数々にミッションは縛られているが、そんな制約から解放される。重要な意思決定を支える強力な予測マシンをデザイナーが使えば、様々なシステムレベルのソリューションを自由に想像できる。その結果、心臓発作についての予測をAIが一度行なえば、ひとつではなく、可能性のある複数のシステムレベルのソリューションが提供される。思考プロセスは、重要な意思決定の確認から始まる。予測の精度が高くなったら何が可能かよく考えたうえで、どんなタイプのシステムで予測を活用すれば、ミッションの成功が最適化されるか考え直していく。

いまにして思えば、うまくいくはずがなかった。マイクロソフトの研究者が二〇一六年に公開したテイ（Tay）というAIアルゴリズムは、ツイッターでの対話を学習できるという触れ込みだった。ところがテイは、開始から数時間で攻撃的なツイートを学習し、暴言を吐き始めたのだ。私たち人間の最悪の部分を学習したのはテイだけではない。似たような話はたくさんある。多くの人や企業がAIの導入をためらうのは、AI予測が人間よりも劣っているからではない。むしろAIは、人間のように行動することがうますぎるからだ。

これは意外なことではない。AI予測にはデータが必要とされ、人間に関する何かを予測するデータは特に重宝される。そのためトレーニングデータは人間から集められる。そうすれば、人間を相手に戦うゲームの訓練などには有利だ。ただし人間は完璧ではない。そしてAIは、人間の欠点も受け継ぐ。

まだ多くの人たちに認識されていないが、これが今日の深刻な問題になっているのは、AIソリューションに関する私たちの考え方に原因がある。たとえばあなたが、何百人もの応募者の選考を人事部にやってもらいたいときには、その仕事を人間ではなくアルゴリズムに任せるだろう。ＡＩは、この段階で最初に使われる可能性がある。結局のところ、これは予測する作業であり、応募者の経歴を参考にしながら、このビジネスで成功する可能性を推測する。こうしたＡＩの使い方はポイントソリューションだ。これでもうまく機能する可能性はあるが、本書で一貫して強調してきたように、システムレベルの全面的な見直しが必要とされる場合は多い。バイアスの悪影響を取り除くためには、システム思考が求められる。

そこで先ず、ＡＩのバイアスに関する私たちの考え方を述べるところから始めたい。ＡＩのバイアスが差別を持続させるかどうかという疑問への回答は見方によって異なり、正反対になる可能性もある。システムのマインドセットで考えると、ＡＩの導入は良い影響をもたらす機会になる。実際、差別の様々な側面に対してソリューションが提供される。ところがまさにそれが理由で、ＡＩは抵抗にあう。実は、差別に関しては不都合な真実がある。差別を撤廃するとパワーがシフトして、勝者と敗者が生み出されるのだ。したがって、ＡＩに新しいシステムを生み出す潜在能力があって、差別の多くの側面が取り除かれると予想されるときは、ＡＩ導入への抵抗が大きくなる可能性が高い。

差別撤廃の機会

ＡＩからは、バイアスの根源を理解する機会が生み出される。この知識を意思決定で適切に利用すれば、差別を減らすための機会が提供される。[1]

簡単な事例を考えてみよう。有色人種は白人と比べ、膝の激しい痛みを訴えるが、これにはふたつの異なる説明がある。先ず、有色人種のほうが膝の変形性関節症が深刻になる可能性が高いからだという。そして、もうひとつの説明で指摘されるのは膝と無関係の要因で、生活上のストレスや社会的孤立が引き金となり、有色人種のほうが激しい膝の痛みを訴えるのだと考えられる。

ふたつの説明からは異なる治療法が暗示される。もしも深刻な変形性関節症が問題ならば、理学療法や薬や手術が役に立つ。一方、問題が膝と無関係なら、メンタルヘルスの改善に集中するのが最も効果的な治療になる。

人種的格差を説明する際には、膝とは無関係の要因のほうが重要ではないかと、多くの医者は考える。ある研究では、患者が訴える痛みと、放射線科医が医用画像から変形性膝関節症を評価した結果を比較した。放射線科医の評価は、ケルグレン＝ローレンス（ＫＬ）分類などの手法をベースにしている。ここでは医者が患者の膝のレントゲン写真を調べ、骨棘《こっきょく》の程度や骨の変形などの要因に基づいて点数を割り当てる。[2] こうした評価を考慮して調整を行なったあとでも、有色人種のほうが激しい痛みを訴える傾向に変わりはなかった。[3]

コンピュータサイエンティストのエマ・ピアソンと共著者らは、問題は分類システムにあるのではないかと考えた。ＫＬ分類をはじめ、変形性関節症を計測する手法は、何十年も前に白人を対象にして考案されたものだ。[4] したがって、白人以外の集団の病気の身体的原因が見落とされているかもしれない。一方、放射線科医は、白人以外の患者を評価する際にはバイアスが働き、診断を下すときに患者の痛みを重視しない可能性がある。

ここにはＡＩが役に立つ可能性がある。ピアソンらは、膝の画像を何千枚も撮影したうえで、患者が自己申告した痛みのレベルをどの画像にも添えた。そのあとに放射線科医が画像を評価した結果からは、痛みの人種的格差のなかでも膝が直接関わる要因で説明できそうなものは、全体の九パーセントにすぎないことがわかった。

そこでつぎにピアソンらは、患者が報告する痛みを予測するためにＡＩを利用してみることにした。すると先ほどの数字は、四三パーセントにまで跳ね上がった。人間から見逃されていた要因を、ＡＩが膝のなかに確認したのだ。これらの要因を考慮すると、有色人種と白人が訴える痛みの違いを膝で説明できるケースは、五倍ちかくも増えたのである。

治療に関してこれだけの人種的格差があることからは、膝の状態とは無関係の治療を受けている有色人種患者の多くが、実際には痛みの原因を膝に抱えている可能性が考えられる。この場合は医療の構造的な差別を特定し、解決の道筋を示すためにＡＩが役に立った。

差別を見抜く

差別の問題に取り組むためには、ふたつの要素が欠かせない。先ずは差別を見つけ出し、つぎにそれを解消させなければならない。そしてこれは、人間の予測にも機械の予測にも当てはまる。要するに、差別の撤廃にはシステムの変更が不可欠になる。

差別を見抜くのは難しい。いまやテクノロジーなど様々な業界で差別を非難する訴訟がいくつも起こされているが、原告に有利な判決は滅多にない。注目される訴訟の多くでは、社員が差別を訴えても、最後は経営者に有利な判決が出るか、あるいは訴訟が却下される。[5]

こうした訴訟の多くでは、会社が給与や昇進で差別を行なったかどうかが焦点になる。たとえばテック企業が、昇進に関する性差別で訴えられたとしよう。この企業が在職期間の長い原告の女性を差し置いて、複数の男性社員を昇進させたことに疑いの余地はない。むしろこの訴訟の焦点は、女性が差別された理由である。

原告は、会社が自分を意図的に差別したと訴えるだろう。これに対して会社は、「この被告は差別の犠牲者ではない。むしろ悪質なトラブルメーカーで、行動を改善するように忠告しても聞く耳を持たない」と応じるだろうと、ある被告のアプローチについてニューヨークタイムズ紙は報じた。[6] 昇進の推薦に関して差別があったかどうか尋ねられた上司からは、もちろんそんなことはないという答えが返ってくる。原告の弁護士は、ずばりこう尋ねる。「私のクライアントは、男性だったら昇進したのですか」。「いや」。すると原告の弁護士は、昇進を果たした社員の成績と原告の成績を比較しようとする。しかし成績の測定は困難だ。成績の比較には曖昧な部分が多すぎる。[7]

本当に差別があったとしても、証明するのは難しい。そもそも、まったく同じ人間がふたり存在することはない。上司が昇進や雇用に関する意思決定を行なう際には、様々な要因について考慮する。差別する意思が明確に示されないかぎり、人間の意思決定は差別的だと裁判官や陪審員が断定するのは難しい。人間の心のなかに本当は何があるのか、知ることは不可能だ。

まったく同じ人間がふたり存在することはない。同じでなければ

センディル・ムッライナタンは差別発見の専門家だ。博士号を取得してから僅か三年後の二〇〇一年、ムッライナタンは共著者のマリアンヌ・バートランドと一緒に、アメリカ労働市場における差別の測定に取り組んだ。[8] ふたりはボストンとシカゴの求人広告に対し、架空の履歴書を送った。ひとつの広告に対して四通の履歴書を送ったが、ふたつには輝かしい履歴が記され、他のふたつは冴えない内容だった。そして素晴らしい履歴書の一方をランダムに選び、そこにはアフリカ系アメリカ人を連想させる名前（ラキーシャ・ワシントン、ジャマル・ジョーンズなど）を、もう一方の履歴書には、白人を連想させる名前（エミリー・ウォルシュ、グレッグ・ベイカーなど）を添えた。同様に、冴えない履歴書についても、一方にはアフリカ系アメリカ人を連想させる名前を、もう一方には白人を連想させる名前を添えた。

こうして準備を整えてから、架空の履歴書が審査を通り、面接の連絡が来るのを待った。すると白人らしい名前を添えたほうが、面接の通知を受け取る確率は五〇パーセント高かった。そして素晴らしい履歴書の場合、白人を連想させる名前を添えた履歴書とアフリカ系アメリカ人を連想させる名前を添えた履歴書のあいだには、さらに大きなギャップが存在した。労働市場には確実に差別が存在していたのである。

一五年後、いまやシカゴ大学の教授となり、マッカーサー「天才賞」も受賞したムッライナタンは、再び共著者と調査を行なった。今度はその結果、複雑な健康ニーズを抱える患者の特定に広く使われているアルゴリズムには、人種的偏見が存在することを発見した。リスクスコアが同じでも、アフリカ系アメリカ人の患者は白人に比べ、実際には症状が重かった。格差を是正すると、健康管理のために医療資源を新たに提供されるアフリカ系アメリカ人は、三倍ちかくまで増えた。[9]

このようなバイアスが働いたのは、予測マシンが病気を予測するために病気そのものではなく、医療費を代替的指標としたからだ。医療へのアクセスが不平等なアメリカの医療制度では、アフリカ系アメリカ人の患者に使われる医療費が白人のそれよりも少ない。そのため医療費を病気の代替的指標として予測マシンが使えば、アフリカ系アメリカ人をはじめ、医療へのアクセスが限定される集団の病気の症状は過小評価されてしまう。

この研究の後、ムッライナタンはふたつのプロジェクトをつぎのように振り返った。

どちらの研究でも人種的不平等が立証された。最初のケースでは、アフリカ系アメリカ人を連想させる名前の応募者は、面接まで進む機会が限られた。二番目のケースでは、アフリカ系アメリカ人の患者は白人ほど良い医療を提供されなかった。
しかし、ある重要な点に関して両者は異なった。最初のケースでは、バイアスのかかった意思決定を行なったのは採用責任者だったが、二番目のケースの犯人はコンピュータプログラムだった。

ふたつの研究の共著者として、私は対照的な教訓を学んだ。ふたつを並べてみると、人間とアルゴリズムのあいだではバイアスのタイプが大きく異なることがわかる。[10]

最初の研究では、差別を発見するためにかなりの独創性と努力が必要とされた。ムッライナタンが「複雑な隠密作戦」と呼んだ作業は、何カ月も続いた。

対照的に、二番目の研究はもっと単純だった。ムッライナタンはこれをつぎのように評した。「統計の演習問題のようなものだ。『この患者をどうするつもりなのか』とアルゴリズムに何回となく尋ね、人種による違いを明らかにしていく。この技術的な作業は機械的に進められるから、隠密行動は必要ないし、高い処理能力も求められない」。

人々が抱える差別意識の測定は難しく、状況を慎重にコントロールしなければならない。機械による差別のほうが測定しやすい。機械に正しいデータを与えるとどうなるか、確認するだけでよい。研究者はＡＩに、もしもこんな人ならどうする、あんな人ならどうすると尋ねればよい。こうした「もし〜なら」の質問は何千回でも繰り返すことができる。しかし、人間にこんなことはできない。「人間は何を考えているかわからない。アルゴリズムのようなわけにはいかない」と、ムッライナタンは語る。

差別を修正する

差別を発見するのは第一歩にすぎない。発見したら、つぎに修正しなければならない。しかし人間は修正するのが難しい。したがって、人間に頼らないシステムが必要とされる。

履歴書の研究からは、差別を行なっている会社を見つけ出す課題を克服できても、「人々の心を改めさせるのは決して簡単ではない」ことがわかる[11]。潜在的な偏見の修正などを目的とするツールもあるが、その効果を確実に裏付ける証拠ばかりが存在するわけではない。結局、何千あるいは何百万の人々が抱く偏見を日々減らすことができる解決策など、手に入るとは思えない。最初の研究が行なわれてから二〇年が経過しても、エミリーやグレッグのほうがラキーシャやジャマルよりも採用される可能性は高い。

これをAIのケースと比較してみよう。アルゴリズムの差別に関する研究結果が公表される以前から、ムッライナタンらはすでに企業と協力してこの問題の修正に当たっていた。先ずは、研究の結果を独自のシミュレーションで再現してくれる会社にコンタクトした。そして手始めに、従来からの費用に関する予測に加え、健康に関してAIが予測を行なうと、バイアスが八四パーセント減少することを示した[12]。そのうえで、このタイプのアルゴリズムを利用する多くの医療組織には、無料でサービスを提供することにした。すると、多くの組織がオファーに応じた。

オバマイヤーらの学術論文では、つぎのように結論された。「ラベルのバイアスは修正が可能だ……ラベルは、予測の質とバイアスのいずれに関しても重要な決定要因になる。したがって慎重に選択すれば、アルゴリズムの予測の恩恵を受けられるだけでなく、リスクを最小限に抑えられる」[13]。そしてムッライナタンはこう指摘する。「アルゴリズムを変えるのは、人間を変えるよりもやさしい。コンピュータ上のソフトウェアはアップデートできる。しかし脳のなかの『ウェットウェア』は、柔軟性がはるかに劣る」[14]。

ＡＩボックスの内側

ＡＩはバイアスの影響を受けやすい。したがって恵まれない立場の集団は、他の集団と同じような治療を受けられない可能性がある。要するに、ＡＩは差別の根源になり得る。

一方、ＡＩは差別を減らすこともできる。膝の痛みのケースで述べたように、人間の差別的な習慣を見つけることができる。人間よりもアルゴリズムのほうが、差別をずっと簡単に見つけ出す。そして、ＡＩの差別なら修正可能だ。ソフトウェアは調整できるし、バイアスの根源を確認して取り除くこともできる。

しかし実際、差別の修正は簡単ではない。先ず、バイアスの修正には人間が必要とされる。もしもＡＩを管理する人間が差別的なＡＩを導入したければ、ほとんど悩まずに導入するだろう。そしてＡＩはソフトウェアなので、差別の規模が膨らむ可能性がある。ただし、意図的に差別する人間よりも、意図的に差別するＡＩのほうが見つけやすい。ＡＩは、オーディット・トレール〔データ処理の内容を追跡調査できる記録〕を残すからだ。したがって、資金の豊富な規制関係者が十分な訓練を受けた会計検査官を使ってＡＩにアクセスすれば、ムッライナタンと同様にシミュレーションを行ない、差別を見つけ出すことができる。しかし残念ながら現在の法律や規制のシステムでは、こうした課題への取り組みに苦労する。なぜなら、人間がアルゴリズムに支援されずに意思決定を行なう世界を想定し、システムは設計されているからだ。[15]

二番目に、人間が善意から差別を減らそうとしても、細かい部分が問題になる。そもそも細部に集中するのは時間も費用もかかる。そしてAIの予測のなかに、バイアスが様々な方法で入り込んでくる可能性がある。バイアスを修正するにはその根源を理解しなければならない。[16] それには、過去の意思決定に関するデータを保存しておくための投資が必要になる。さらに、バイアスの根源らしきものを見つけたら、それをシミュレーションして、AIが効果を発揮するかどうか確かめるためにも投資が必要になる。もしも最初の試みがうまくいかなければ、つぎに新しいデータを集めなければならない。今度は新しいプロセスが求められる。[17]

三番目に、バイアスを減らすAIは、組織のなかで意思決定の権限を持つ人間の顔触れに変化を引き起こす。AIがなければ、誰を採用するか決断するのは人事部の責任者だろう。人間であるからにはどんなに誠実であっても、社会的なコネのある応募者を採用する可能性があり、その結果として意図せずにバイアスが働く。しかしAIを使ってバイアスを減らせば、コネを通じた採用は難しくなる。この場合には上級管理職が、履歴書の選別に関する閾値を設定するかもしれない。そして、社員がみんなコネで採用された結果、労働力が偏って多様性が失われる展開を回避したいと考えるだろう。確かにAIは差別を減らしてくれる。しかし、重役室で設定された目標に合わせて採用が決定されれば、人事部の責任者は裁量権を奪われてしまう。したがって人事部の責任者は、パワーの喪失につながるようなシステムレベルの変化に抵抗するだろう。

そして、誰もがバイアスの減少を喜ぶわけではない。メジャーリーグベースボールは二〇〇三年、ピッチャーが投げたボールがホームベース上のどの位置を通過したか確認するための新しいツールを導入した。これは、クエステック審判情報システムと呼ばれる。このクエステックは、審判がジャッジしたストライクとボールの正しさを評価する。当然ながら審判はこのツールに抵抗したが、一部のスター選手も非難の声を上げた。当時この企画の責任者だったサンディ・オルダーソンは、このツールを導入した動機をつぎのように説明した。一部のベテラン選手は疑わしい点を都合よく解釈し、自分に有利な判定を引き出そうとしている、と。これにはたくさんのスター選手が不満を表明し、なかにはサイ・ヤング賞を受賞したトム・グラビンや、ＭＶＰを何度も受賞したバリー・ボンズの名前もあった。当時はアリゾナ・ダイヤモンドバックスのエースだったカート・シリングなどは、かつてのラッダイト運動よろしく、判定が気に食わないとカメラを破壊した。[18]コンピュータがストライクとボールを予測する自動化ツールはバイアスを減らしたかもしれないが、バイアスの恩恵を受けてきた選手には歓迎されなかった。

システムの変化が必要とされる

アマゾンはたくさんの人を採用している。アメリカでは、一五三人の労働者につき一人が、アマゾンで働いている。[19]したがって、社員募集の一助となるＡＩの開発にアマゾンが大きな関心を持ったと聞いても驚かないだろう。二〇一四年、アマゾンは実際にそのＡＩを採用した。ところがたった一年で廃止して、そのあとは再開していない。なぜかといえばＡＩは、ソフトウェアをはじめ技術部門への応募者を、ジェンダーニュートラルに評価しなかったからだ。[20] その理由はめずらしくない。アマゾンのＡＩの訓練に使われたデータは、男性の応募者のものが圧倒的に多かったのだ。そのため、女性に関する言及のある履歴書を低く評価して、女子大の名称が記されているだけで選考対象から外してしまった。簡単な微調整をするだけでは、中立性は回復されなかった。

このような話を読むと、ＡＩには絶望的なほどバイアスがかかっていると考えるだろう。しかし見方を変えれば、ＡＩはバイアスがかかっており、そう判断されたからこそ、導入されなかったとも解釈できる。では、人間の採用担当者も同じようにバイアスがかかっていると言えるだろうか。答えは明白だ。そもそもＡＩは、採用担当者を参考にして訓練されているのだ。

同時にこのアマゾンの経験は、過去のデータに基づいて訓練するだけでは十分ではないときが多いことをＡＩ開発者に教えてくれる。新しいデータソースが必要とされるが、開発には時間がかかる。だが結局のところ、新しく開発されたＡＩは高い評価に値するし、パフォーマンスを継続的に監視することも可能だ。

これなら、差別への現在の取り組みは大きく改善される可能性がある。今日では、差別を減らすための介入は成果に基づいて進められ、集団ごとに成果が異なるかどうかが注目される。そして違いが認められれば、修正されて平等な成果が達成されるように、しばしば直接的に手が下される。ただしここで問題なのは、こうした介入が対立を引き起こす可能性だ。

むしろ、人々はしばしばバイアス——特に意思決定者のモチベーションに伴うバイアス——の根源を取り除くことを求める。みんなに平等な成果がもたらされる形での修正ではなく、（その達成は問題にせず）むしろ自分が平等な待遇を受けることを望む。しかし、意思決定者がどんなモチベーションに支えられているか理解できないと、待遇が平等だと確信することはできない。

もしもＡＩ予測がこうした意思決定の中心にあれば、客観的な指標の達成は可能だ。ＡＩが人々をどのように扱うかは十分に理解できる。しかもＡＩには、一部の点を除けば似たような人たちの待遇を差別化しようとする明確なモチベーションがないことを私たちは知っている。ＡＩが平等な待遇を実現することは可能だ。

予測が自動化されれば標準は設定しやすくなる。すべての野球選手に同じストライクゾーンが当てはまるのと同様、すべてのドライバーに同じ道路交通法の基準を当てはめられる。目下、交通取り締まりにバイアスがかかっていることには十分な裏付けがある。たとえばアフリカ系のドライバーは、白人よりも職務質問される機会が多い。ここでは、スピード違反切符の自動化が簡単なポイントソリューションになる。そして、そのためのテクノロジーはすでに存在している。走っている車のスピードを測り、写真を撮って、違反したドライバーを罰すればよい。自動化システムのほうが公平かつ安全で、警察と市民が激しく対立する機会も減少する。

このような対策がもたらす恩恵は、ポイントソリューションにとどまらない。誰もが平等に扱われると確信できれば、人々はシステムとの関わり方を改め、そのシステムのなかで行動する限り安全が保障されると考える。さらに、単に帳簿のうわべを良く見せるための介入策は不要になるので、警察官がノルマを達成して成績を上げるために躍起になる必要もなくなる。

ただし、差別的な処置を改めるプロセスは、すんなりとは進まない。なぜなら、システムのなかで結果に変化が引き起こされるからだ。したがって、誰もが自動化システムを歓迎するわけではない。野球のスター選手と同様、警察官の裁量から恩恵を受けてきたドライバーは、カメラの導入に憤るだろう。罰金の支払いに抵抗する人も出てくる。さらに、急患が同乗しているなど、正当な理由でスピード違反しても、自動化システムは大目に見てくれない。そして警察官は、スピード違反以外の犯罪を探知するために車を止められなくなる。

それでもやはり、スピードは命に関わる。ドライバーを制限速度以下で運転させれば、命は救われる。警察官による取り締まりは一様ではなく、しばしば差別を伴う。取り締まりを自動化すれば、ドライバーの検挙数は増加して、差別は減少するだろう。[21]

ＡＩがポイントソリューションとして導入されると、すでに存在しているバイアスや差別が増幅される。そして報道機関では、ＡＩや差別に関するネガティブな見出しが目を引く。ＡＩをポイントソリューションとして見るかぎり、ＡＩのバイアスは問題であり、予測マシンの導入が抵抗にあうのも無理はない。

一方、バイアスをシステムのマインドセットから捉えると、ＡＩの導入が引き起こす変化は差別を減少させる可能性がある。既存のバイアスの恩恵を受けている人たちは導入に抵抗するだろうが、楽観できる理由はある。ムッライナタンも指摘するように、あらゆる意思決定にはバイアスがかかっているが、ＡＩにはそれを減少させる潜在能力が備わっているのだ。このようにＡＩの導入を楽観的に考えれば、人間の意思決定に関して広がる悲観的な感情も目立たなくなる。結局のところ人間もＡＩも、どちらもバイアスに影響される。ちなみにＭＩＴのコンピュータサイエンティストのマーゼフ・

ハセミは、医療現場での機械学習のバイアスをテーマにした講演のなかで、バイアスに関して「人間は始末に負えない」と語った。[22] これに対してＡＩのバイアスは、見つけて対処することができる。新しいＡＩのシステムソリューションは、教育から医療、銀行取引、警察の取り締まりまで、様々な領域において、差別の減少を念頭に置いた設計や導入が可能だ。しかもＡＩシステムならば継続的な監視を行ない、場合によっては過去のデータを確認し、差別の撤廃が常に成功するように準備できる。人間も、これだけ簡単に修復できればよいのだが。

キーポイント

●ＡＩは、人間のバイアスを学習して増幅させると一般に言われる。私たち著者も同意見で、継続的な監視を提唱する。一方、雇用、銀行ローン、保険金請求、判決、大学入学など重要な意思決定には、ＡＩを導入すべきでないとも言われる。なぜならＡＩは不透明で――ブラックボックスのなかを覗けない――差別を持続させるからだという。しかし私たち著者は、これには賛成できない。むしろ重要な意思決定にはＡＩを導入すべきだと考える。なぜなら人間と違ってＡＩは、詳しく調べれば理解可能だからだ。差別的な姿勢が疑われる人間の採用責任者に向かって、「この人物を採用したのは、他の条件は同じでも、白人だったからですか」といった質問をいくつも繰り返したところで、率直な回答を期待することはできない。しかしＡＩシステムに対してならば、まったく同じ質問を何回も繰り返し、常に正確な回答が速やかに得られる。

●シカゴ大学教授のセンディル・ムッライナタンは、バイアスに関するふたつの研究を行ない、そこからは対照的な結果が得られた。一方の研究では雇用の場での人間による差別を測定し、もうひとつの研究では医療現場でのＡＩによる差別を測定した。このふたつを比較した結果、ＡＩのシステムは人間のシステムに比べ、差別を発見するのも修復するのもずっと簡単であることをムッライナタンは発見した。「人間を変えるよりも、アルゴリズムを変えるほうがやさしい。コンピュータのソフトウェアは更新できるが、我々の脳の『ウェットウェア』は柔軟性がはるかに劣る」。

●今日では、差別に最も懸念を抱く人が、ＡＩシステムの導入に最も強く抵抗する。しかし私たち著者は、これがすっかり逆転すると予想する。人間よりもＡＩシステムのほうが、差別の発見や修復が簡単だということを人々が認識したら、ＡＩシステムの導入に最も激しく抵抗するのは差別を減らしたい人ではなく、差別から最大の恩恵を受けている人になるだろう。

謝　辞

本書の完成までには、たくさんの方々が時間とアイデアと忍耐を提供してくださった。先ず、以下の方々はインタビューのために貴重な時間を割いてくれた。ベンチサイのリラン・ベレンゾン、ファミリーケア・ミッドワイブスのジャッキー・フレンチ・キュラン、ワシントン大学のアリ・ゴリ、ペンシルベニア大学のカーティック・ホサナガー、ボストン大学のDK・リー、国立気象局のトッド・レリコス、エイダのマイケル・マーチソン、カリフォルニア大学バークレー校のジアド・オバマイヤー、パンドラのデイヴィッド・ライリー、ブルーコンデュイットのエリック・シュワルツ。つぎに私たちの同僚は、議論やフィードバックに付き合ってくれた。以下に名前を紹介する。ピーター・アビール、ダロン・アセモグル、アナウシェン・アンサリ、スーザン・アゼイ、ヨシュア・バッハ、ラレー・ベジャト、ジェイムズ・バーグストラ、ドロール・バーマン、スコット・ボンハム、フランチェスコ・ボヴァ、ティモシー・ブレスナハン、ケヴィン・ブライアン、エリック・ブリニョルフソン、エリザベス・カレー、エミリオ・カルヴァノ、ヒラリー・エヴァンス・キャメロン、クリスチャン・

キャタリニ、ジェイムズ・チャム、ブライアン・クリスチャン、イアン・コックバーン、サリー・ダウブ、ヘレン・デスマライス、ペドロ・ドミンゴス、マーク・エヴァンス、ヘイグ・ファリス、チェン・フォン、アッシュ・フォンタナ、クリス・フォーマン、ジョン・フランシス、マルジェ・ガッセミ、アニンドヤ・ゴース、スザンヌ・ギルバート、インマー・ギヴォニ、ベン・ゴーチェル、アレクサンドラ・グリーンヒル、シェイン・グリーンスタイン、ダニエル・グロス、シェーン・グ、クリス・ハドフィールド、ギリアン・ハドフィールド、アヴェリー・ハヴィヴ、アブラハム・ハイフェッツ、レベッカ・ヘンダーソン、ジェフ・ヒントン、ティム・ホジソン、マルコ・イアンシティ、トレヴォール・ジェイムソン、スティーブ・ジャーヴェットソン、ダニエル・カーネマン、アイダン・ケホー、ジョン・ケレハー、ヴィノド・コスラ、カリン・クライン、アントン・コリネク、カーチャ・クダシユキナ、マイケル・カールマン、カリム・ラクハニ、アレン・ラウ、エヴァ・ラウ、ヤン・レクン、マラ・レダーマン、アンドリュー・リー、ジョン・リンゼー、シャノン・リュー、ハミドレザ・マフヤー、ジェフ・マロウィッツ、コリー・マシューソン、クリスティーナ・マッケルヘラン、ジョン・マクヘイル、ロジャー・メルコ、ポール・ミルグロム、ティモ・ミンセン、マット・ミッチェル、センディル・ムッライナタン、カシュヤップ・ムイライ、ケン・ニッカーソン、オリヴィア・ノートン、サマン・ナウラニアン、アレックス・オットル、バーニー・ペル、パトリック・ピチェット、イングマール・ポスナー、ジム・ポターバ、トミ・ポウタネン、アンドレア・プラット、ニコルソン・プライス、サマンサ・プライス、ジェニファー・レッドモンド、パスカル・レストレポ、ジョーディー・ローズ、ローラ・ロセラ、フランク・ラドジックス、スチュアート・ラッセル、ラス・サラフトディノフ、バーラム・サメティ、サンプサ・サミラ、アミール・サリリ、レザ・サッチュ、ジェイ・ショー、ジウーング・シン、アシュミート・シダナ、ブライアン・シルバーマン、ブルース・シンプソン、エイヴリー・スレイター、ディリップ・ソマン、ジョン・スタックハウス、ジャニス・スタイン、アリエル・ドラ・スターン、スコット・スターン、ジョセフ・スティグリッツ、スコット・ストーネッタ、K・サドヒル、ミンジェー・サン、リッチ・サットン、シャーラム・タフォゾリ、アイザック・タンブリン、ブレディ・タスカ、グラハム・テイラー、フロレンタ・テオドリディス、パトリシア・テイン、アンドリュー・トンプソン、トニー・トジャン、リッチ・トング、マニュエル・トラッテンバーグ、ダン・トレフラー、キャサリン・タッカー、ウィリアム・タンストール＝ペドエ、タイガー・ティアグラジャン、リクエル・アータサン、エリク・ファン・デン・スティーン、ハル・ヴァリアン、ライアン・ウェブ、ダン・ウィルソン、ネイサン・ヤン、シヴォン・ジリス。つぎに、素晴らしい研究助手の方々の名前を紹介する。アレックス・バーネット、リー・ゴッドファーブ、リー・モリス、ヴェリナ・キュー、セルジオ・サンタナ、ウェンキ・チャン、ヤン・チョウ。創造的破壊ラボとロットマンスクールの大勢のスタッフへの感謝も忘れてはいけない。一部の方々の名前を以下に紹介する。キャロル・デネカ、レイチェル・ハリス、ジェニファー・ヒルデブラント、マライカ・カプール、アマープリート・カウア、ハリド・カルジ、リサ・マー、ケン・マッグフィン、ソニア・セニク、クリスティアン・シガードソン。そして、現在の学部長と前任者の方々が今回のプロジェクトを支援してくれたことに、この場を借りて謝意を表する。スーザン・クリストファーセン、ケン・コーツ、ティフ・マックレムには本当にお世話になった。ジェフ・ケホーは、編集者としてエージェントのジム・リヴァイン同様、私たちを素晴らしい能力で支えてくれた。それから、本書のアイデアの多くは、以下の方々が支援する研究に基づいて考案された。カナダ社会科学人間研究審議会、スローン財団、そして全米経済研究所から人工知能に関して助成金を受けたデイヴィッド・ミシェルとダニー・ゴロフ。どの方々にも本当に感謝している。最後になるが、本書のプロセスが進行中、忍耐強く支えてくれた家族に感謝を捧げたい。ジーナ、アメリア、アンドレアス、ナタリー、ベラナ、アリエル、アニカ、レイチェル、アンナ、サム、ベン、本当にありがとう。

解　説

ＡＩがそれほど普及しなかったのはなぜか？

経済学者
井上智洋

最近の生成ＡＩブームの一つ前、第三次ＡＩブームのさなかの２０１８年に、本書の著者たちは前著『予測マシンの世紀　ＡＩが駆動する新たな経済』（邦訳は２０１９年、早川書房刊）を出版して、高名な経済学者であるハル・ヴァリアンやローレンス・サマーズなどから賛辞を寄せられた。

著者たちは、『予測マシンの世紀』でＡＩに熱狂する人々の過剰な期待をぺしゃんこにするかのように、ＡＩは人間のように思考しているわけではなく、「予測」しているに過ぎないと断じた。

その著書の中で予測は、「欠落している情報を補充するプロセス」と定義されている。平たく言うと、予測とは事実がどうなっているのかを推測することだ。未来予測に限った話ではない。画像認識も、画像に映っているのが犬なのか猫なのかを推測するようなＡＩ技術ということで、広い意味では予測である。

予測をこうした広義の予測と解するならば、ＡＩの基本的な役割は予測だという著者たちの見解は妥当なものだろう。クレジットカードの不正利用を検知するＡＩは、各取引が不正かどうかを予測する。融資審査ＡＩは、借り手の様々なデータから適切な融資額と金利を予測する。ＡＩは「予測マシン」以外の何ものでもない。

続いて著者たちは、意思決定プロセスにおける「予測」と「判断」を峻別する。例えば、ある子どもは宿題をしないと先生に叱られることを「予測」して、宿題に取りかかるという「判断」を下す。

このプロセスは個人の日常ではたいがい一続きのものなので、私達は予測と判断の区別をさほど意識しない。しかし、言われてみれば予測と判断は区別することのできる異なる営みである。

とりわけ日本人にとってこの区別は、重要な意味を持つだろう。というのも、我が国最大の国難である敗戦は、太平洋戦争が始まる前から総力戦研究所の若手官僚らによって「予測」されていたが、それにもかかわらず御前会議で首脳部によって開戦するとの「判断」がなされたからだ。

『予測マシンの世紀』では、意思決定プロセスのうち、予測をＡＩに任せて、人間はもっぱら判断に専念するようにと提言されている。予測には判断が付随するので、ＡＩによる予測が増大すれば、人間が担う判断の需要も増大しその価値も上がるだろう。

判断が人間の役割であるのは、判断は価値観を必要とするからだ。この場合の価値観というのは、りんごよりみかんが好きといった簡単な好みの問題から、５人の命を助けるために１人を殺すべきなのかという「トロッコ問題」のような難しい哲学的な問題に至るまで様々である。

したがって、ＡＩが人間の価値観に関するデータに基づいて、人間がどう判断するのかを十分的確に予測できるようになれば、ＡＩに判断すらも任せられるだろう（この点について、前著と本書では若干齟齬があるように見受けられるので注意が必要である）。

アマゾンには、ユーザーが好む商品を予測する「レコメンデーション」というＡＩ技術が備わっている。今のところ、このレコメンデーションを参考にすることはあっても、実際に購入するかどうかの判断はユーザー自身が行っている。

しかし、ＡＩが、ユーザーの好みについてユーザー以上の高い精度で予測できるようになれば、購入するかどうかの判断すらもＡＩに委ねられるようになるだろう。実際、アマゾンは「予測出荷」というサービスのアイディアで特許を取得している。これは、ユーザーが欲しい商品を予測し自宅まで配送してくれるサービスである。

企業が従業員の採用をＡＩに判断させることもそうだが、意思決定の全てをＡＩ任せにすることは、いささかディストピアめいており、そこに思わぬ落とし穴がないか慎重になるべきだろう。

人類はいずれ、戦争するかどうかの判断すらもＡＩに委ねるようになるかもしれない。先の敗戦を鑑みるに、戦争に関する判断をＡＩに任せた方が失敗しないという主張が出てきてもおかしくはない。しかし、それは手塚治虫の漫画『火の鳥　未来編』に描かれているように、人類の破滅をもたらす恐れがある。

いずれにしても、ＡＩは進歩を遂げていく過程で、人間が担うべき判断の役割にまで侵食していくことになる。ただそうであっても、ＡＩは人間の判断を予測しているのであって、ＡＩが予測していることには変わりない。

『予測マシンの世紀』の続篇と位置づけられる本書『ＡＩ経済の勝者』でも、ＡＩが予測マシンであるという著者たちの洞察が引き継がれている。ただし、『予測マシンの世紀』には見誤っていた点があると著者たちは述べている。

それは、多くの予測をＡＩが担うようになると考えていたが、数年経ってもそれほどＡＩは普及しなかったということだ。未だに、ＡＩによって一国の生産性が高まったという統計データは存在しない。なぜ、ＡＩの普及は遅々として進まないのか？　それが本書『ＡＩ経済の勝者』のメインテーマである。

様々な用途に利用できるために、産業構造を大きく変革するような技術を「汎用テクノロジー」という。ＡＩも蒸気機関や電気と同様に汎用テクノロジーである。本書は、汎用テクノロジーたる電気の歴史を振り返るところから始まる。１８７９年にエジソンが電球を発明してから、電気が家計や工場の多くに利用されるようになるまでおよそ40年かかったという。

こうしたタイムラグの原因を解明するために、本書ではイノベーションによる問題解決のアプローチを「ポイントソリューション」「アプリケーションソリューション」「システムソリューション」の３つに分類する。

ポイントソリューションは、ピンポイントで既存の技術や労働者を新しい技術で置き換える。電気であれば、工場の動力を蒸気機関から電気モータに置き換えることだ。

アプリケーションソリューションは、新しい技術を組み込んだ新しい機械を導入する。電気であれば、工場の各機械に電気駆動装置を内蔵することだ。動力源だけでなく機械全体を置き換えるというわけである。

システムソリューションは、工場や組織、制度などのシステムをまるごと変革する。蒸気機関の時代には、様々な機械を使う度に、動力源たる蒸気機関のそばに持ってこなければならなかった。しかし、電気を導入すれば電線によって電気を送ることができるので、それぞれの機械はどこに置いても構わない。

すると、工場の空間はもっと自由に設計可能となる。ベルトコンベアを敷いて、それに沿って機械と作業員を配置できるようにもなる。こうした流れ作業の実現が、フォードのような自動車の大量生産を可能にした。

ここから分かるのは、システムソリューションこそが、大きな価値を生むということだ。蒸気機関よりも電気モータの方がコストが安いという理由だけでは、ポイントソリューションたる電気モータへの置き換えはなかなか進まない。システムソリューションに至ってようやくのこと、生産性の劇的な向上が実現し、電気は普及するに至ったのである。

ＡＩにとってのポイントソリューションは、例えば銀行融資であれば、人が手掛けていた融資審査をＡＩに置き換えるようなことだ。それによって確かに、人件費の削減は可能になるが、コストの低下だけではＡＩの導入は十分動機づけられない。『予測マシンの世紀』ではコストの低下が新しい技術の導入をもたらすと述べており、『ＡＩ経済の勝者』ではこの点をまさに訂正している。

アプリケーションソリューションは、例えばスマホに顔認証の技術としてＡＩを組み込むようなことだ。こうした利用も限定的であり、ＡＩは電気と同様にシステムソリューションを実現して、初めてその真価を発揮する。つまり、業務フローや組織構造、サービスの仕組み全体が変革されなければならないのである。前述したアマゾンのＡＩによる予測出荷はシステムソリューションであり、実現すれば買い物の概念を根本から覆すことになるだろう。
ただし、ＡＩによるシステムソリューションの実現は簡単ではない。その点に関する本書の理路は少々入り組んでいる。まず、意思決定にはコストがかかり、ルールは逐一意思決定しないで済むためにあるという。

例えば、今日何を着るのか考えるには労力がかかる。それゆえ、アップル社の創業者スティーブ・ジョブズは、毎日黒いタートルネックとジーンズを着るという自らのルールにしたがっていた。ＡＩに予測を任せることができれば、意思決定のコストが下がりルールを廃止できるようになる。アマゾンのようなＥＣサイトのＡＩに自分に合う服を自動で選択し配送してもらい、そのうえ日々どの組み合わせで着るべきかを提案してもらえば、自分で何を着ていくかを考えなくても、毎日違った服装を着用できる。そうすると、いつも同じ服を着るというルールは不要となるだろう。

ところが、既存のシステムはたいがい、ルールがスパゲティのように複雑に絡み合ってできあがっている。したがって、予測をＡＩに置き換えればルールが不要になるにしても、実際に廃止するのは難しい。

ＡＩによって個々の子どもたちに適した個別的な学校教育が可能になるとしても、学年制や統一的な教科書、画一的なカリキュラムといったいくつものルールが複雑に絡み合った既存のシステムが壁として立ちはだかる。したがって、学校教育を変革し、ＡＩをシステムソリューションとして導入できるようになるまでには、とてつもなく時間がかかるだろう。

抵抗勢力が現れることもまた、システムの変革を困難にする。本書ではその典型的な事例として戦車を挙げている。戦車は第一次世界大戦中にイギリスで発明されたが、戦車を主力とした部隊編成は、軍内の保守派からの反発にあい採用されなかった。対照的に、大戦で軍隊組織が壊滅状態に陥ったドイツは、そうした部隊編成を取り入れて、第二次世界大戦の序盤を有利に勝ち進んだ。

このことからも分かるように、システムソリューションを実現するには、既存のシステムを変革するよりも、ゼロからシステムを立ち上げた方が早い可能性がある。そういう意味では、システムソリューションによってこそ真価を発揮するＡＩのような汎用テクノロジーが加速的に進歩している現在は、起業家に有利な時代と言えるだろう。既存の大企業は恐竜のように滅び去る運命かもしれない。

そして、ＡＩによるシステムソリューションを目指している起業家は、一刻も早くそれに着手すべきだろう。予測にはデータが必要であり、ＡＩがサービスとして稼働し始めれば、顧客から得たデータによって予測の精度が高まっていくからだ。ファーストムーバーこそがアドバンテージを得るのである。

本書ではその他にも、ＡＩによるシステムソリューションを実現するための、実践的なアドバイスが多数掲載されている。ビジネスパーソンだけでなく、公務員や政治家、教員など、ＡＩ時代に活躍したいすべての人々にとって有益な情報が溢れており、必読の書と言えるだろう。

原　注

はじめに　成功には程遠い？

1. これは、首相が私たちの会議でシヴォン・ジリスと行なったカジュアルな座談会での発言で、以下に収録されている。ジリスはニューラリンクの幹部で、オペレーションと特別プログラムを担当している。イーロン・マスクが創業したニューラリンクは、ブレイン・マシン・インターフェイスの構築に取り組んでいる。"Justin Trudeau in Conversation with Shivon Zilis," YouTube, November 9, 2017, https://www.youtube.com/watch?v=zm7A1KXUaS8&t=853s.
2. "About Canada's Innovation Superclusters," Government of Canada, n.d., https://www.ic.gc.ca/eic/site/093.nsf/eng/00016.html.
3. "04: Human vs. Machine," *Spotify: A Product Story*, podcast, March 2021, https://open.spotify.com/episode/0T3nb0PcpvqA4o1BbbQWpp.
4. マネーロンダリングは大きな問題だ。国連の推定では、毎年金融システムを通じて最大で２兆米ドルがロンダリングされている。国際的な経営コンサルタント企業に所属するオリバー・ワイマンによれば、この問題を自動化やベンダーを通じて解決するための市場は、130億米ドルにのぼるという。Nasdaq, "Nasdaq to Acquire Verafin, Creating a Global Leader in the Fight Against Financial Crime," press release, November 19, 2020, https://www.nasdaq.com/press-release/nasdaq-to-acquire-verafin-creating-a-global-leader-in-the-fight-against-financial.
5. Erica Vella, "Tech in T.O.: Why Geoffrey Hinton, the 'Godfather of A.I.,' Decided to Live in Toronto," Global News, October 8, 2019, https://globalnews.ca/news/5929564/geoffrey-hinton-artificial-intelligence-toronto/.
6. Geoff Hinton, "On Radiology," Creative Destruction Lab: Machine Learning and the Market for Intelligence, YouTube, November 24, 2016, https://www.youtube.com/watch?v=2HMPRXstSvQ.

第一部　時代のはざま

第一章　三人の起業家の比較

1. Richard B. Du Boff, "The Introduction of Electric Power in American Manufacturing," *Economic History Review* 20, no. 3 (1967): 509–518, https://doi.org/10.2307/2593069.
2. Du Boff, "The Introduction of Electric Power in American Manufacturing."
3. Warren D. Devine Jr., "From Shafts to Wires: Historical Perspective on Electrification," *Journal of Economic History* 43, no. 2 (1983): 347–372.
4. Nathan Rosenberg, *Inside the Black Box: Technology and Economics* (New York: Cambridge University Press, 1982), 78.
5. Nathan Rosenberg, "Technological Change in the Machine Tool Industry, 1840–1910," *Journal of Economic History* 23, no. 4 (1963): 414–443.
6. Paul A. David, "The Dynamo and the Computer: An Historical Perspective on the Modern Productivity Paradox," *American Economic Review* 80, no. 2 (1990): 355–361.
7. 新しいテクノロジーから提供される機会を起業家が利用する際には、複数の異なる選択肢に直面する。この選択肢に関する枠組みは、ジョシュア・ガンズ、エリン・L・スコット、スコット・スターンによる以下からの引用である。"Strategy for Start-Ups," *Harvard Business Review*, May–June 2018, 44–51. ポイントソリューションにおいて、起業家はいわゆるバリューチェーン戦略を重視して、それを既存のバリューチェーンにうまく収めて実行することを目指す。アプリケーションソリューションはいわゆる破壊戦略が中心で、その実行を目指す。これはまた知的財産戦略にもなり得るが、その場合はデバイス設計を守るために、正式な知的財産が利用される。最後にシステムソリューションは建築的戦略で、新しいバリューチェーンに取り組むと同時に、これらのシステムを防御可能にするための管理に投資する。

第二章　ＡＩのシステムの未来

1. この会議の展開に関しては、以下を参照。 Ajay Agrawal, Joshua Gans, and Avi Goldfarb, eds., *The Economics of Artificial Intelligence: An Agenda* (Chicago: University of Chicago Press, 2019).
2. ポール・ミルグロムの個人用 e メール、2017 年 1 月 17 日。
3. 以 下 を 参 照。Colin F. Camerer, "Artificial Intelligence and Behavioral Economics," comment by Daniel Kahneman, in Agrawal et al., *The Economics of Artificial Intelligence*, chapter 24, page 610.
4. 以下を参照。 Betsey Stevenson, "Artificial Intelligence, Income, Employment, and Meaning," in Agrawal et al., *The Economics of Artificial Intelligence*,

chapter 7, page 190.
5. Erik Brynjolfsson, Daniel Rock, and Chad Syverson, "Artificial Intelligence and the Modern Productivity Paradox: A Clash of Expectations and Statistics," in Agrawal et al., *The Economics of Artificial Intelligence*, chapter 1.
6. Timothy F. Bresnahan and Manuel Trajtenberg, "General Purpose Technologies 'Engines of Growth' ?" *Journal of Econometrics* 65, no. 1 (1995): 83–108; T. Bresnahan and S. Greenstein, "Technical Progress and Co-invention in Computing and in the Uses of Computers," *Brookings Papers on Economic Activity, Microeconomics* (1996): 1–83.
7. Alanna Petroff, "Google CEO: AI is 'More Profound Than Electricity or Fire,' " CNN Business, January 24, 2018, https://money.cnn.com/2018/01/24/technology/sundar-pichai-google-ai-artificial-intelligence/index.html.
8. S. Ransbotham et al., "Expanding AI's Impact with Organizational Learning," *MIT Sloan Management Review*, October 2020.
9. Catherine Jewell, "Artificial Intelligence: The New Electricity," *WIPO Magazine*, June 2019, https://www.wipo.int/wipo_magazine/en/2019/03/article_0001.html.
10. Ransbotham et al., "Expanding AI's Impact with Organizational Learning."
11. 以下のなかで、パネルのＡとＢを比較している図１を参照。Daron Acemoglu et al., "Automation and the Workforce: A Firm-Level View from the 2019 Annual Business Survey," conference paper, National Bureau of Economic Research, Cambridge, MA, February 2022, https://conference.nber.org/conf_papers/f159272.pdf.
12. Nathan Rosenberg, *Inside the Black Box: Technology and Economics* (New York: Cambridge University Press, 1982), 59.
13. Michael Specter, "Climate by Numbers," *New Yorker*, November 4, 2013, https://www.newyorker.com/magazine/2013/11/11/climate-by-numbers.
14. Michael Lewis, *The Fifth Risk* (New York: W. W. Norton & Company, 2018), 185, Kindle.
15. Lewis, *The Fifth Risk*, 186, Kindle.
16. Lewis, *The Fifth Risk*, 186, Kindle.
17. Lewis, *The Fifth Risk*, 186, Kindle.

第三章　ＡＩは予測テクノロジーである

1. 広告が売り上げに貢献しているかどうかの判断がさらに難しいことには理由

がある。広告主は、自社の製品を購入してくれそうな人々にターゲットを絞って広告を出すのだ。広告の因果関係については以下を参照。T. Blake, C. Nosko, and S. Tadelis, "Consumer Heterogeneity and Paid Search Effectiveness: A Large-Scale Field Experiment," *Econometrica* 83 (2015): 155–174, https://doi.org/10.3982/ECTA12423; and Brett R. Gordon et al., "A Comparison of Approaches to Advertising Measurement: Evidence from Big Field Experiments at Facebook," *Marketing Science* 38, no. 2 (2019), https://pubsonline.informs.org/doi/10.1287/mksc.2018.1135. もっと一般的なものでは、最近出版された以下の２冊が、学者以外の一般読者を対象にして因果推論の説明に取り組んでいる。ジューディア・パールとダナ・マッケンジーによる *The Book of Why* (New York: Basic Books, 2018)（『因果推論の科学　「なぜ？」の問いにどう答えるか』ジューディア・パール、ダナ・マッケンジー、松尾豊監修、夏目大訳、文藝春秋、2022 年）は、コンピュータ科学の展望を紹介している。ジョン・リストの *The Voltage Effect* (New York: Random House, 2022)（『そのビジネス、経済学でスケールできます。』ジョン・A・リスト、高遠裕子訳、東洋経済新報社、2023年）は、経済的展望を紹介している。そして、たとえ実験が行なわれても、ソリューションが大々的に展開されるとき、実験の結果は当てはまらない可能性があると強調している。

2. Larry Hardesty, "Two Amazon-Affiliated Economists Awarded Nobel Prize," Amazon Science, October 13, 2021, https://www.amazon.science/latest-news/two-amazon-affiliated-economists-awarded-nobel-prize.
3. Satinder Singh, Andy Oku, and Andrew Jackson, "Learning to Play Go from Scratch," *Nature*, October 19, 2017, https://www.nature.com/articles/550336a.
4. Avi Goldfarb and Jon R. Lindsay, "Prediction and Judgment: Why Artificial Intelligence Increases the Importance of Humans in War," *International Security* 46, no. 3 (2022): 7–50, doi: https://doi.org/10.1162/isec_a_00425.
5. Bonnie G. Buchanan and Danika Wright, "The Impact of Machine Learning on UK Financial Services," *Oxford Review of Economic Policy* 37, no. 3 (2021): 537–563, https://doi.org/10.1093/oxrep/grab016.
6. Kwame Opam, "Amazon Plans to Ship Your Packages Before You Even Buy Them," *Verge*, January 18, 2014, https://www.theverge.com/2014/1/18/5320636/amazon-plans-to-ship-your-packages-before-you-even-buy-them.
7. Anu Singh, Tyana Grundig, and David Common, "Hidden Cameras and Secret Trackers Reveal Where Amazon Returns End Up," CBC News, October 10, 2020, https://www.cbc.ca/news/canada/marketplace-amazon-returns-1.5753714.

8. アマゾンは結局のところ返品を処分するのだから、シップ・ゼン・ショップのシステムで返品をわざわざ回収する必要はないと考えるかもしれない。しかし回収しないと、消費者が製品を利用しているのか処分したのか、アマゾンは確認できないことが問題として発生する。

第二部　ルール
第四章　決断すべきか否か

1. Michael Lewis, "Obama's Way," *Vanity Fair*, October 2012, https://www.vanityfair.com/news/2012/10/michael-lewis-profile-barack-obama.
2. H. Simon, "Administration of Public Recreational Facilities in Milwaukee," unpublished manuscript, Herbert A. Simon papers, Carnegie Mellon University Library.
3. L. Lamport, "Buridan's Principle," *Foundations of Physics* 42, no. 8 (2012): 1056–1066, http://lamport.azurewebsites.net/pubs/buridan.pdf.
4. このルールの正しさを文字通り証明する例外的なケースとしては、オバマが淡い茶色のスーツを着用した日のことを考えてほしい。"Obama Tan Suit Controversy," Wikipedia, https://en.wikipedia.org/wiki/Obama_tan_suit_controversy.
5. ここでは数学を簡単に表現した。代数計算が得意な読者は、こう考えてほしい。雨が降る確率は p 、雨に濡れるコストは w 、雨が降らないのに傘を持ち歩くコストは c 。ここでもしも $pw = (1 - p)c$ が成立するなら、傘を持っていくかどうかの決断には無関心になる。このテキストの事例では、$p = 0.5$ 、そして $w = c = \$10$ になると仮定している。
6. Natalia Emanuel and Emma Harrington, " 'Working' Remotely? Selection, Treatment and the Market Selection of Remote Work," mimeo, Harvard, 2021, https://scholar.harvard.edu/files/eharrington/files/trim_paper.pdf.
7. S. Larcom, F. Rauch, and T. Willems, "The Benefits of Forced Experimentation: Striking Evidence from the London Underground Network," *Quarterly Journal of Economics* 132, no. 4 (2017): 2019–2055.
8. D. P. Byrne and N. de Roos, "Startup Search Costs," *American Economic Journal: Microeconomics* 14, no. 2 (May 2022): 81–112.
9. Atul Gawande, *The Checklist Manifesto: How to Get Things Right* (New York: Henry Holt and Co., 2009), 61–62, Kindle.（『アナタはなぜチェックリストを使わないのか？　重大な局面で"正しい決断"をする方法』アトゥール・ガワンデ、吉田竜訳、晋遊舎、2011 年）

第五章　隠された不確実性

1. 経済学者はこの発言に特別な親近感を抱く。私たち著者も、『予測マシンの世紀』で空港のラウンジについて取り上げたとき、同じ引用に言及した。
2. SF Staff, "Airports Are Becoming More Like Tourist Destinations," *Simple Flying*, January 5, 2020, https://simpleflying.com/airports-tourist-destinations/.
3. "Destination Airports," Gensler, n.d., https://www.gensler.com/blog/destination-airports.
4. Paul Brady, "The Top 10 International Airports," *Travel and Leisure*, September 8, 2021, https://www.travelandleisure.com/airlines-airports/coolest-new-airport-terminals.
5. Elliott Heath, "The Golf Course Inside an Airport," *Golf Monthly*, June 6, 2018, https://www.golfmonthly.com/features/the-game/golf-course-inside-an-airport-157780.
6. Incheon International Airport Corporation, 2016 Annual Report, https://www.airport.kr/co_file/en/file01/2016_annualReport(eng). pdf.
7. Airports Council International, "ACI Report Shows the Importance of the Airport Industry to the Global Economy," press release, April 22, 2020, https://aci.aero/2020/04/22/aci-report-shows-the-importance-of-the-airport-industry-to-the-global-economy/.
8. "Putting the AI in Air Traffic Control," Alan Turing Institute, January 17, 2020, https://www.turing.ac.uk/research/impact-stories/putting-ai-air-traffic-control.
9. Arnoud Cornelissen, "AI System for Baggage Handling at Eindhoven Airport Proves Successful," Innovation Origins, January 28, 2021, https://innovationorigins.com/en/ai-system-for-baggage-handling-at-eindhoven-airport-proves-successful/.
10. Tower Fasteners, "The Future of AI in Aviation," press release, n.d., https://www.towerfast.com/press-room/the-future-of-ai-in-aviation.
11. Xinyu Hu et al., "DeepETA: How Uber Predicts Arrival Times Using Deep Learning," Uber Engineering, February 10, 2022, https://eng.uber.com/deepeta-how-uber-predicts-arrival-times/.
12. From William Booth, "Maintaining a Competitive Hedge," *Washington Post*, January 11, 2019, https://www.washingtonpost.com/graphics/2019/world/british-hedgerows/; and the BBC documentary *Prince, Son and Heir: Charles*

at 70, December 31, 2018.
13. Steven D. Levitt and Stephen J. Dubner, *Freakonomics: A Rogue Economist Explores the Hidden Side of Everything*, revised and expanded ed. (New York: William Morrow, 2006), xiv.（『ヤバい経済学　悪ガキ教授が世の裏側を探検する』スティーヴン・D・レヴィット、スティーヴン・J・ダブナー、望月衛訳、東洋経済新報社、2007 年）
14. Massachusetts Department of Agricultural Resources, "Greenhouse BMPs," n.d., https://ag.umass.edu/sites/ag.umass.edu/files/book/pdf/greenhousebmpfb.pdf.
15. Ric Bessin, Lee H. Townsend, and Robert G. Anderson, "Greenhouse Insect Management," University of Kentucky, n.d., https://entomology.ca.uky.edu/ent60.
16. Massachusetts Department of Agricultural Resources, "Greenhouse BMPs."
17. Ecoation, "Human + Machine," n.d., https://www.ecoation.com/; Ecoation, "Integrated Pest Management," n.d., https://7c94d4b4-da17-40b9-86cd-fc64ec50f83b.filesusr.com/ugd/0a894f_a83293fa199c4f60a71254187a0b7f4c.pdf.
18. Ecoation, "Integrated Pest Management," Case 4.

第六章　ルールは接着剤である

1. Atul Gawande, "The Checklist," *New Yorker*, December 2, 2007, https://www.newyorker.com/magazine/2007/12/10/the-checklist.
2. A. Kwok and M-L McLaws, "How to Get Doctors to Hand Hygiene: Nudge Nudge," *Antimicrobial Resistance and Infection Control* 4, supplement 1 (2015): O51, https://www.ncbi.nlm.nih.gov/pmc/articles/PMC4474702/.
3. Ali Goli, David H. Reiley, and Hongkai Zhang, "Personalized Versioning: Product Strategies Constructed from Experiments on Pandora," working paper, presented at Quantitative Marketing and Economics Conference, UCLA, October 8, 2021. 第 3 章でも取り上げたが、AI は予測を支えるデータを集めるために、実験が必要なときがある。ここでは、AI は実験を補完する。
4. この問題に関する初めての分析については、以下を参照。Susan Athey, Emilio Calvano, and Joshua S. Gans, "The Impact of Consumer Multi-homing on Advertising Markets and Media Competition," *Management Science* 64, no. 4 (2018): 1574–1590.
5. "Without Rules, There Is Chaos," YouTube, https://www.youtube.com/watch?v=qoHU57KtUws.

6. John Stuart Mill, *On Liberty*, ed. David Spitz (New York: W. W. Norton and Company, 1975, based on 1859 edition), 98.（『自由論』J. S. ミル、関口正司訳、岩波書店、2020 年）
7. New York State Education Department, "The New York State Kindergarten Learning Standards," n.d., http://www.p12.nysed.gov/earlylearning/standards/documents/KindergartenLearningStandards2019-20.pdf.
8. "The State of the Global Education Crisis: A Path to Recovery," World Bank, n.d., https://www.worldbank.org/en/topic/education; "Overview," World Bank, n.d., https://www.worldbank.org/en/topic/education/overview#1; "Digital Technologies in Education," World Bank, n.d., https://www.worldbank.org/en/topic/edutech#1.
9. "Training Entrepreneurs," *VoxDevLit* 1, no. 2 (August 9, 2021), https://voxdev.org/sites/default/files/Training_Entrepreneurs_Issue_2.pdf.
10. このような試験を行なうことが役に立つ理由については、第３章で取り上げている。
11. Ken Robinson, *The Element: How Finding Your Passion Changes Everything* (New York: Penguin, 2009), 230.（『才能を引き出すエレメントの法則　あなたの「天才」が目覚める！　能力開発７つの方法』ケン・ロビンソン、ルー・アロニカ、金森重樹監修、秋岡史訳、祥伝社、2009 年）

第三部　システム

第七章　硬直的なシステムと柔軟なシステム

1. Worldometer, "Coronavirus Cases," https://www.worldometers.info/coronavirus/country/us/, accessed November 25, 2021.
2. この問題の処理の一部始終については、ジョシュア・ガンズの以下を参照。*The Pandemic Information Gap: The Brutal Economics of COVID-19* (Cambridge, MA: MIT Press, 2020).
3. June-Ho Kim et al., "Emerging COVID-19 Success Story: South Korea Learned the Lessons of MERS," *Our World in Data*, March 5, 2021, https://ourworldindata.org/covid-exemplar-south-korea.
4. Jennifer Chu, "Artificial Intelligence Model Detects Asymptomatic Covid-19 Infections through Cellphone-Recorded Coughs," *MIT News*, October 29, 2020, https://news.mit.edu/2020/covid-19-cough-cellphone-detection-1029.
5. AI を使った解決策は、すでにいくつか採用され始めている。たとえば、ギリシャの国境を対象にした調査からは、強化学習アルゴリズムを適切な形で

開発し（たとえば、入国手段、出発地、人口統計学的情報を考慮する）、それを１週間ごとに更新すると、発見できる無症状感染者の人数はランダムな監視の 1.85 倍に増加することがわかった。H. Bastani et al., "Efficient and Targeted COVID-19 Border Testing via Reinforcement Learning," *Nature* 599 (2021): 108–113, https://doi.org/10.1038/s41586-021-04014-z.

6. Hannah Beech, "On the Covid Front Lines, When Not Getting Belly Rubs," *New York Times*, May 31, 2021, https://www.nytimes.com/2021/05/31/world/asia/dogs-coronavirus.html.
7. Michael J. Mina and Kristian G. Andersen, "COVID-19 Testing: One Size Does Not Fit All," *Science* 371, no. 6525 (2020): 126–127; Daniel B. Larremore et al., "Test Sensitivity Is Secondary to Frequency and Turnaround Time for COVID-19 Screening," *Science Advances* 7, no. 1 (2021), https://www.science.org/doi/10.1126/sciadv.abd5393.
8. Joshua S. Gans, Avi Goldfarb, Ajay K. Agrawal, Sonia Sennik, Janice Stein, and Laura Rosella, "False-Positive Results in Rapid Antigen Tests for SARS-CoV-2," *JAMA* 327, no. 5 (2022): 485–486, https://jamanetwork.com/journals/jama/fullarticle/2788067.
9. Laura C. Rosella, Ajay K. Agrawal, Joshua S. Gans, Avi Goldfarb, Sonia Sennik, and Janice Stein, "Large-Scale Implementation of Rapid Antigen Testing for COVID-19 in Workplaces," *Science Advances* 8, no. 8 (2022), https://www.science.org/doi/10.1126/sciadv.abm3608; "CDL Rapid Screening: Supporting the Launch of Workplace Rapid Screening across Canada," Creative Destruction Lab Rapid Screening Consortium, https://www.cdlrapidscreeningconsortium.com/.
10. このプログラムの立ち上げに関しては、以下で報じられた。"Like Wartime: Canadian Companies Unite to Start Mass Virus Testing," *New York Times*, February 18, 2021, https://www.nytimes.com/2021/01/30/world/americas/canada-coronavirus-rapid-test.html.
11. Laura C. Rosella et al., "Large-Scale Implementation of Rapid Antigen Testing for COVID-19 in Workplaces."
12. ジョシュアは新型コロナウイルスの経済学に関する最初の本を出版し、まさにこの点について重点的に取り組んだ。Joshua Gans, *The Pandemic Information Gap: The Brutal Economics of COVID-19* (Cambridge, MA: MIT Press, 2020).

第八章　システムのマインドセット

1. Brian Christian, *The Most Human Human: What Artificial Intelligence Teaches Us About Being Alive* (New York: Anchor, 2011).（『機械より人間らしくなれるか？　AIとの対話が、人間でいることの意味を教えてくれる』ブライアン・クリスチャン、吉田晋治訳、草思社、2014年）
2. Ajay Agrawal, Joshua Gans, and Avi Goldfarb, "Artificial Intelligence: The Ambiguous Labor Market Impact of Automating Prediction," *Journal of Economic Perspectives* 33, no. 2 (2019): 31–50, https://pubs.aeaweb.org/doi/pdfplus/10.1257/jep.33.2.31.
3. Carl Benedikt Frey and Michael A. Osborne, "The Future of Employment: How Susceptible Are Jobs to Computerisation?" *Technological Forecasting and Social Change* 114 (January 2017): 254–280, https://www.sciencedirect.com/science/article/abs/pii/S0040162516302244; "A Study Finds Nearly Half of Jobs Are Vulnerable to Automation," *Economist*, April 24, 2018, https://www.economist.com/graphic-detail/2018/04/24/a-study-finds-nearly-half-of-jobs-are-vulnerable-to-automation; Aviva Hope Rutkin, "Report Suggests Nearly Half of US Jobs Are Vulnerable to Computerization," *MIT Technology Review*, September 12, 2013, https://www.technologyreview.com/2013/09/12/176475/report-suggests-nearly-half-of-us-jobs-are-vulnerable-to-computerization/.
4. Daron Acemoglu, "Harms of AI," working paper 29247, National Bureau of Economic Research, Cambridge, MA, September 2021, https://www.nber.org/papers/w29247; Daron Acemoglu and Pascual Restrepo, "Automation and New Tasks: How Technology Displaces and Reinstates Labor," *Journal of Economic Perspectives* 33 no. 2 (2019): 3–30; Jeffrey D. Sachs, "R&D, Structural Transformation, and the Distribution of Income," in *The Economics of Artificial Intelligence: An Agenda*, eds. Ajay Agrawal et al. (Chicago: University of Chicago Press, 2019), chapter 13. 総合的な評価については以下を参照。Joshua Gans and Andrew Leigh, *Innovation + Equality: Creating a Future That Is More Star Trek than Terminator* (Cambridge, MA: MIT Press, 2019).（『格差のない未来は創れるか？　今よりもイノベーティブで今よりも公平な未来』ジョシュア・ガンズ、アンドリュー・リー、神月謙一訳、ビジネス教育出版社、2020年）
5. Tim Bresnahan, "Artificial Intelligence Technologies and Aggregate Growth Prospects," working paper, Stanford University, May 2019, https://web.stanford.edu/~tbres/AI_Technologies_in_use.pdf.
6. ここでの私たちの結論は、エリック・ブリニョルフソンがチューリングの罠

に関して論じた内容と似ているが、結論を導いた論拠は異なる。私たちは、価値とデータ増強（オーグメンテーション）に重点的に取り組むことは、AI 開発者の利益にかなう点を強調している。Erik Brynjolfsson, “The Turing Trap: The Promise and Peril of Human-Like Artificial Intelligence,” Stanford Digital Economy Lab, January 12, 2022, https://digitaleconomy.stanford.edu/news/the-turing-trap-the-promise-peril-of-human-like-artificial-intelligence/.

7. たとえば以下を参照。Alvin Rajkomar, Jeffrey Dean, and Isaac Kohane, “Machine Learning in Medicine,” *New England Journal of Medicine* 380 (2019): 1347–1358, https://www.nejm.org/doi/full/10.1056/NEJMra1814259; Sandeep Redd, JohnFox, and Maulik P. Purchit, “Artificial Intelligence-Enabled Healthcare Delivery,” *Journal of the Royal Society of Medicine* 112, no. 1 (2019), https://journals.sagepub.com/doi/full/10.1177/0141076818815510; Kun-Hsing Yu, Andrew L. Beam, and Isaac S. Kohane, “Artificial Intelligence in Healthcare,” *Nature Biomedical Engineering* 2 (2018): 719–731, https://www.nature.com/articles/s41551-018-0305-z.
8. James Shaw et al., “Artificial Intelligence and the Implementation Challenge,” *Journal of Medical Internet Research* 21, no. 7 (2019): e13659, doi: 10.2196/13659; Yu et al., “Artificial Intelligence in Healthcare.”
9. Siddhartha Mukherjee, “A.I. versus M.D.” *New Yorker*, March 27, 2017; and Cade Matz and Craig Smith, “Warnings of a Dark Side to AI in Health Care,” *New York Times*, March 21, 2019.
10. 私たちはまだトポルに会ったことがないが、彼の仕事の熱烈なファンだ。コロナ禍の最中に迅速抗原検査（RAT）のための国家プログラム作成に取り組んでいるあいだ、明確かつタイムリーで洞察力に富む彼のツイッターフィードなどの執筆物は大いに役立った。“CDL Rapid Screening Consortium,” Creative Destruction Lab, https://www.cdlrapidscreeningconsortium.com/.
11. Avi Goldfarb, Bledi Taska, and Florenta Teodoridis, “Artificial Intelligence in Health Care? Evidence from Online Job Postings,” *AEA Papers and Proceedings* 110 (2020): 400–404.
12. Steven Adelman and Harris A. Berman, “Why Are Doctors Burned Out? Our Health Care System Is a Complicated Mess,” *STAT*, December 15, 2016, https://www.statnews.com/2016/12/15/burnout-doctors-medicine/.
13. Eric Topol, *Deep Medicine* (New York: Basic Books, 2019).（『ディープメディスン　AI で思いやりのある医療を！』エリック・トポル、中村祐輔監訳、柴田裕之訳、NTT 出版、2020 年）
14. World Bank, “Leveling the Playing Field,” *World Development Report 2021*,

https://wdr2021.worldbank.org/stories/leveling-the-playing-field/, 104.
15. Morgane le Cam, "The Day Bluetooth Brought a Cardiologist to Every Village in Cameroon," *Geneva Solutions*, n.d., https://genevasolutions.news/explorations/11-african-solutions-for-the-future-world/the-day-bluetooth-brought-a-cardiologist-to-every-village-in-cameroon.
16. Steve Lohr, "What Ever Happened to IBM's Watson?" *New York Times*, July 16, 2021, https://www.nytimes.com/2021/07/16/technology/what-happened-ibm-watson.html?smid=tw-share.
17. このプロセスには、『予測マシンの世紀』で取り上げたAIキャンバス を使うことを勧めた。

第九章　最も素晴らしいシステム

1. Rob Toews, "AlphaFold Is the Most Important Achievement in AI—Ever," *Forbes*, October 3, 2021, https://www.forbes.com/sites/robtoews/2021/10/03/alphafold-is-the-most-important-achievement-in-ai-ever/; Ewen Callaway, " 'It Will Change Everything': DeepMind's AI Make Gigantic Leap in Solving Protein Structures," *Nature*, November 30, 2020, https://www.nature.com/articles/d41586-020-03348-4.
2. Will Douglas Heaven, "DeepMind's Protein-Folding AI Has Solved a 50-Year-Old Grand Challenge of Biology," *MIT Technology Review*, November 30, 2020, https://www.technologyreview.com/2020/11/30/1012712/deepmind-protein-folding-ai-solved-biology-science-drugs-disease/.
3. Toews, "AlphaFold Is the Most Important Achievement in AI—Ever."
4. Callaway, " 'It Will Change Everything.' "
5. Iain M. Cockburn, Rebecca Henderson, and Scott Stern, "The Impact of Artificial Intelligence on Innovation: An Exploratory Analysis," in *The Economics of Artificial Intelligence: An Agenda*, eds. Agrawal et al. (Chicago: University of Chicago Press, 2019), 120. スターンはこの論文で取り上げたアイデアについて、2018年に私たちが開催した機械学習とインテリジェンス市場に関する会議で行なったプレゼンで紹介した。それは理解しやすく、素晴らしい内容だった。Scott Stern, "AI, Innovation, and Economic Growth," YouTube, November 1, 2018, https://www.youtube.com/watch?v=zPeme4murCk&t =8s.
6. AIベースのリサーチツールを、私たちは創造的破壊ラボでいくつも見ている。本書執筆時点で、CDLの大学院生がリサーチツールを構築し、かなり

の資金を調達しているので、以下に三つの事例を紹介する。(1) アトムワイズが１億 7500 万ドルを調達して設計した AI ツールは、新しい小分子薬剤を発見するため、分子とたんぱく質の結合親和性を予測する。Atomwise, "Behind the AI: Boosting Binding Affinity Predictions with Point-Based Networks," August 4, 2021, https://blog.atomwise.com/behind-the-ai-boosting-binding-affinity-predictions-with-pointbased-networks; (2) ディープ・ジェノミクスが２億 4000 万ドルを調達して設計した AI ツールは、新しい遺伝子薬品を発見するため、遺伝子変異を予測する。 Deep Genomics, "Deep Genomics Raises $180M in Series C Financing," July 28, 2021, https://www.deepgenomics.com/news/deep-genomics-raises-180m-series-c-financing/; (3) ベンチサイが１億ドルを調達して設計した AI は、治療法の発見を強化するため、実験に最適な試薬を予測する。BenchSci, "BenchSci AI-Assisted Reagent Selection, n.d., https://www.benchsci.com/platform/ai-assisted-reagent-selection.

7. これはオリバー・ウェンデル・ホームズに激賞されている。以下を参照。H. J. Lane, N. Blum, and E. Fee, "Oliver Wendell Holmes (1809–1894) and Ignaz Philipp Semmelweis (1818–1865): Preventing the Transmission of Puerperal Fever," *American Journal of PublicHealth* 100, no. 6 (2010), 1008–1009, https://doi.org/10.2105/AJPH.2009.185363.
8. Dokyun Lee and Kartik Hosanagar, "How Do Recommender Systems Affect Sales Diversity? A Cross-Category Investigation via Randomized Field Experiment," *Information Systems Research* 30, no. 1 (2019): iii–viii, https://pubsonline.informs.org/doi/abs/10.1287/isre.2018.0800; email correspondence with Dokyun Lee, November 16, 2021.
9. Ajay Agrawal, John McHale, and Alex Oettl, "Superhuman Science: How Artificial Intelligence May Impact Innovation," working paper, Brookings, 2022.
10. Ewen Callaway, " 'It Will Change Everything': DeepMind's AI Makes Gigantic Leap in Solving Protein Structures," *Nature* 588 (2020): 203–204, https://www.nature.com/articles/d41586-020-03348-4.
11. "AI for Discovery and Self-Driving Labs," Matter Lab, n.d., https://www.matter.toronto.edu/basic-content-page/ai-for-discovery-and-self-driving-labs.

第四部　パワー
第一〇章　ディスラプションとパワー

1. Severin Borenstein and James Bushnell, "Electricity Restructuring:

Deregulation or Reregulation?" *Regulation* 23, no. 2 (2000), http://faculty.haas.berkeley.edu/borenste/download/Regulation00ElecRestruc.pdf.
2. Clayton M. Christensen, *The Innovator's Dilemma: When New Technologies Cause Great Firms to Fail* (Boston: Harvard Business Review Press, 1997).（『イノベーションのジレンマ　技術革新が巨大企業を滅ぼすとき』クレイトン・クリステンセン、玉田俊平太監修、伊豆原弓訳、翔泳社、2001 年〈増補改訂版〉）これ以前の本、たとえばリチャード・フォスターの *Innovation: The Attacker's Advantage* (New York: Summit Books, 1986)（『イノベーション　限界突破の経営戦略』リチャード・フォスター、大前研一訳、TBS ブリタニカ、1987 年）も同様のアイデアを研究しているが、「ディスラプション」という言葉は強調されていない。
3. ただし、ボトムアップ型のディスラプションに直面した企業がたびたび上手に対応し、テクノロジーを採用できることは、歴史が証明している。新規加入者を獲得する企業もあれば、投資を倍増して肩を並べている企業もある。そうなると、他の資産も活用される。しばらくは荒海に翻弄されるかもしれないが、プロセスを生き残ることは可能だ。こうした対応に関しては以下で広く論じられているので、参照してほしい。Joshua S. Gans, *The Disruption Dilemma* (Cambridge, MA: MIT Press, 2016).
4. Jill Lepore, "The Disruption Machine," *New Yorker*, June 16, 2014.
5. Tim Harford, "Why Big Companies Squander Good Ideas," *Financial Times*, September 6, 2018, https://www.ft.com/content/3c1ab748-b09b-11e8-8d14-6f049d06439c.
6. Rebecca M. Henderson, and Kim B. Clark, "Architectural Innovation: The Reconfiguration of Existing Product Technologies and the Failure of Established Firms," *Administrative Science Quarterly* (1990): 9–30.
7. こうした違いについては以下に詳しく論じられているので、参照してほしい。 Gans, *The Disruption Dilemma*.
8. これについては、ジョシュア・ガンズが以下でフォーマルな経済モデルを紹介している。"Internal Conflict and Disruptive Technologies," mimeo, Toronto, 2022.
9. ブロックバスターが盛衰を経て消滅するまでに張り巡らされたあらゆる陰謀についての詳しい記述は、以下を参照。 Gina Keating, *Netflixed: The Epic Battle for America's Eyeballs* (New York: Penguin, 2012).（『NETFLIX　コンテンツ帝国の野望　GAFA を超える最強 IT 企業』ジーナ・キーティング、牧野洋訳、新潮社、2019 年）ブロックバスターの浮き沈みを回想したストーリーに関しては、ドキュメンタリー番組 *The Last Blockbuster* をご覧になっ

てほしい。同社のビジネスがどのように機能したのか説明し、オレゴン州ベンドに最後まで残っていたブロックバスターの店舗に関する心温まる証言が登場する。

第一一章　機械はパワーを持っているのか？

1. Joan Baum, *The Calculating Passion of Ada Byron* (Hamden, CT: Archon Books, 1986).
2. エイダは私たちのCDLプログラムを修了しており、本書執筆時点で、成長への出資のためにおよそ２億ドルを調達した。
3. Ada, "Zoom, the World's Fastest Growing Company, Delivers on Customer Experience with Ada," case study, n.d., https://www.ada.cx/case-study/zoom?hsCtaTracking=bbb3dca6-ad19-42b2-97e3-8bcd92813842%7C754f3b30-ab8b-418d-b36c-d0ab3be3514f.
4. David Zax, "'I'm Feeling Lucky': Google Employee No. 59 Tells All," *Fast Company*, July 12, 2011, https://www.fastcompany.com/1766361/im-feeling-lucky-google-employee-no-59-tells-all; Nicholas Carlson, "Google Just Kills the 'I'm Feeling Lucky Button,'" *Business Insider*, September 8, 2010, https://www.businessinsider.com/google-just-effectively-killed-the-im-feeling-lucky-button-2010-9. マリッサ・メイヤーはこう語る。「『I'm feeling lucky』の何が好印象を与えるかといえば、本物の人間がここにいると気づかせることではないか」。
　ある哲学者は、これはすべてグーグルが自分を神だと思う心理状態が原因だと考えた――冗談じゃない！ John Durham Peters, "Google Wants to Be God's Mind: The Secret Theology of 'I'm Feeling Lucky,'" *Salon*, July 19, 2015, https://www.salon.com/2015/07/19/google_wants_to_be_gods_mind_the_secret_theology_of_im_feeling_lucky/. これは引用しなければならないので、以下に紹介する。

　ウェブで必要な情報を探すために、ホームページには「Google search」と「I'm feeling lucky」のふたつの選択肢が提供されており、どちらかをかならず選ばなければならない。「I'm feeling lucky」は、取り組み方が主観的だ。グーグルがユーザーに「You are feeling lucky」と呼びかけているのではない。この場合は第一人称の私がウェブに入力するのであって、何が出てくるかわからないギャンブルのようなものだ。自分ではコントロールできないものを何とかしようと呪文を唱える。これに対し、Google search のページは欲望のポータルすなわち出発点であり、人々が嘆願を持ち込む玉座のよう

な存在だ（サーバーには、ユーザーの希望をまとめて保管したArchive of Wantsのスペースがある）。「I'm feeling lucky」はくじを引くようなもので、結果を神に祈る宗教を連想させる。このボタンがたびたび効果を発揮すれば、グーグルが自慢したくなるのも無理はない（最近では、大体はウィキペディアのページが出てくるが、以前はもっと意外なページに誘導される可能性があった）。話はまだ終わらない。「lucky」ボタンで検索するユーザーは全体の１パーセント程度にすぎず、それはグーグルにとって金にならない（検索結果はひとつしか提供されず、そこでは広告収入が発生しない）。最終的な収益を管理する関係者からは非難の声が上がるが、それでもリーダーは「I'm feeling lucky」ボタンの存続に強くこだわる。実際彼らは、自分たちが何をしているのかわかっている。ラッキーボタンで収入が失われても、神託のようなオーラと風変わりな魅力が維持されるので、損失を回復できるのだ。損失を計算する必要はない。グーグルの検索ページであなたは入口に立ってノックする。そこではふたつの選択肢が並んで待っている。占いに頼る古風な方法と、グーグルに全面的に任せる現代的な方法のふたつだ。グーグルはコンピュータによって完全性を追求するが、それを易経のようなミステリーと組み合わせれば、文化的に共鳴する。古代と現代、神とグーグルが、確実に途切れず結びつけられる。グーグルの検索ページはおそらく、検索や探求のシンプルな構造のなかでも、最も宗教的要素が強い。人々は何を求めるのか。静的信号、真の愛情、逃亡者、それともなくしたキーホルダー？

グーグルは、こうしたものを見つけるために役立つ。

5. Janelle Shane, *You Look Like a Thing and I Love You* (New York: Little Brown, 2019), 144.
6. Lewis Mumford. *Technics and Civilization* (New York: Harcourt, Brace, 1934), 27.(『技術と文明』ルイス・マンフォード、生田勉訳、美術出版社、1972年）

第一二章　パワーを蓄える

1. 本書は、アジェイ・アグラワル、ジョシュア・ガンズ、アヴィ・ゴールドファーブの以下に基づいている。“How to Win with Machine Learning,” *Harvard Business Review*, September–October 2020.
2. Marco Iansiti and Karim Lakhani, *Competing in the Age of AI* (Cambridge, MA: Harvard Business Review Press, 2020).（『AIファースト・カンパニー　アルゴリズムとネットワークが経済を支配する新時代の経営戦略』マルコ・イアンシティ、カリム・R・ラカーニ、吉田素文監訳、渡部典子訳、英治出版、2023年）

3. Joseph White, "GM Buys Cruise Automation to Speed Self-Driving Car Strategy," Reuters, March 11, 2016, https://www.reuters.com/article/us-gm-cruiseautomation-idUSKCN0WD1ND.
4. Clara Curiel-Lewandrowski et al., "Artificial Intelligence Approach in Melanoma," *Melanoma*, ed. D. Fisher and B. Bastian (New York: Springer, 2019), https://doi.org/10.1007/978-1-4614-7147-9-43; Adewole S. Adamson and Avery Smith, "Machine Learning and Health Care Disparities in Dermatology," *JAMA Dermatology* 154, no. 11 (2018): 1247–1248, https://jamanetwork.com/journals/jamadermatology/article-abstract/2688587.

第五部　ＡＩはいかにディスラプションを引き起こすか

第一三章　グレートデカップリング（大分断）

1. David J. Deming, "The Growing Importance of Decision-Making on the Job," working paper 28733, National Bureau of Economic Research, Cambridge, MA, 2021.
2. Chris Bengel, "Michael Jordan Shares Hilarious Response to Risking Injuries in Sneak Peek of 'The Last Dance' Documentary," CBS, April 19, 2020, https://www.cbssports.com/nba/news/michael-jordan-shares-hilarious-response-to-risking-injuries-in-sneak-peek-of-the-last-dance-documentary/.
3. Michael Jordan, "Depends How F—ing Bad the Headache Is! " YouTube, April 20, 2020, https://www.youtube.com/watch?v=2WWspa-mFZY; Bengel, "Michael Jordan Shares Hilarious Response."
4. Jordan, "Depends How F—ing Bad the Headache Is! "; Bengel, "Michael Jordan Shares Hilarious Response."
5. Ramnath Balasubramanian, Ari Libarikian, and Doug McElhaney, "Insurance 2030—The Impact of AI on the Future of Insurance," McKinsey, March 12, 2021, https://www.mckinsey.com/industries/financial-services/our-insights/insurance-2030-the-impact-of-ai-on-the-future-of-insurance#.
6. Fred Lambert, "Tesla Officially Launches Its Insurance Using 'Real-Time Driving Behavior,' Starting in Texas," Elektrek, October 14, 2021, https://electrek.co/2021/10/14/tesla-officially-launches-insurance-using-real-time-driving-behavior-texas/.
7. Miremad Soleymanian, Charles B. Weinberg, and Ting Zhu, "Sensor Data and Behavioral Tracking: Does Usage-Based Auto Insurance Benefit Drivers?," *Marketing Science* 38, no. 1 (2019).

8. Paul Green and Vithala Rao, "Conjoint Measurement for Qualifying Judgmental Data," *Journal of Marketing Research* 8, 355–363, p. 355. https://journals.sagepub.com/doi/pdf/10.1177/002224377100800312
9. Robert Zeithammer and Ryan P. Kellogg, "The Hesitant *Hai Gui*: Return-Migration Preferences of U. S.-Educated Chinese Scientists and Engineers," *Journal of Marketing Research* 50, no. 5 (2013), https://journals.sagepub.com/doi/abs/10.1509/jmr.11.0394?journalCode=mrja.
10. もちろんバジャリは、自分はそんなことをする人間ではないし、もう少し複雑な取り組みだったと言うだろう。自分は、アマゾンで経済学やデータサイエンスのグループを構築したチームの一員だという点を強調するはずだ。
11. Katrina Lake, "Stitch Fix's CEO on Selling Personal Style to the Mass Market," *Harvard Business Review*, May–June 2018.

第一四章　確率を考える

1. Tom Krisher, "Feds: Uber Self-Driving SUV Saw Pedestrian, Did Not Brake," AP News, May 24, 2018, https://apnews.com/article/north-america-ap-top-news-mi-state-wire-az-state-wire-ca-state-wire-63ff0b97fe1c44f98e4ee02c70a6397e; T. S, "Why Uber's Self-Driving Car Killed a Pedestrian," *Economist*, May 29, 2018, https://www.economist.com/the-economist-explains/2018/05/29/why-ubers-self-driving-car-killed-a-pedestrian.
2. Uriel J. Garcia and Karina Bland, "Tempe Police Chief: Fatal Uber Crash Likely 'Unavoidable' for Any Kind of Driver," *AZCentral*, March 2018, https://www.azcentral.com/story/news/local/tempe/2018/03/20/tempe-police-chief-fatal-uber-crash-pedestrian-likely-unavoidable/442829002/.
3. National Transportation Safety Board, "Collison between Vehicle Controlled by Developmental Automated Driving System and Pedestrian, Accident Report" (Washington, DC: NTSB, March 18, 2018), https://www.ntsb.gov/investigations/AccidentReports/Reports/HAR1903.pdf.
4. Hilary Evans Cameron, Avi Goldfarb, and Leah Morris, "Artificial Intelligence for a Reduction of False Denials in Refugee Claims," *Journal of Refugee Studies* 35, no. 1 (2022), https://doi.org/10.1093/jrs/feab054.
5. Hilary Evans Cameron, *Refugee Law's Fact-Finding Crisis: Truth, Risk, and the Wrong Mistake* (Cambridge, UK: Cambridge University Press, 2018).
6. このように予め分析して考えるプロセスに関しては、以下を参照。P. Bolton and A. Faure-Grimaud, "Thinking Ahead: The Decision Problem," *Review of*

Economic Studies 76, no. 4 (2009): 1205–1238. このプロセスが予測マシンにどのように応用されるかに関しては、アジェイ・アグラワル、ジョシュア・ガンズ、アヴィ・ゴールドファーブの以下を参照。“Prediction, Judgment, and Complexity: A Theory of Decision-Making and Artificial Intelligence,” in *The Economics of Artificial Intelligence: An Agenda* (Chicago: University of Chicago Press, 2018), 89–110.
7. 経験によって獲得される判断のモデルは、アジェイ・アグラワル、ジョシュア・S・ガンズ、アヴィ・ゴールドファーブの以下で取り上げられている。“Human Judgment and AI Pricing,” *AEA Papers and Proceedings* 108 (2018): 58–63.
8. これは、アリエル・ドラ・スターンとW・ニコラス・プライス二世が以下で論じている内容、すなわち医療分野の規制の変化についてのアイデアを参考にしている。“Regulatory Oversight, Causal Inference, and Safe and Effective Health Care Machine Learning,” *Biostatistics* 21, no. 2 (2020): 363–367, https://academic.oup.com/biostatistics/article/21/2/363/5631849.

第一五章　新しい判断

1. Peter Baghurst et al., “Environmental Exposure to Lead and Children’s Intelligence at the Age of Seven Years: The Port Pirie Cohort Study,” *New England Journal of Medicine* 327, no. 18 (1992): 1279–1284.
2. この80%という数字は、研究者チームから提供された数字に基づいたものだ。そこでもっと詳しく、ROC曲線を作成したうえで、グラフの下の部分の面積（AURAC）を確認してみると、値は0.95になった。要するに、鉛の水道管とそれ以外の水道管をこのモデルで区別したときには、鉛の水道管が95%の確率で正しく選ばれた。一方、まったくの偶然に任せたら50%だっただろう。
3. Alexis C. Madrigal, “How a Feel-Good Story Went Wrong in Flint,” *Atlantic*, January 3, 2019, https://www.theatlantic.com/technology/archive/2019/01/how-machine-learning-found-flints-lead-pipes/578692/.
4. “The Lead-Pipe Finder,” The Best Inventions of 2021, *Time*, November 10, 2021, https://time.com/collection/best-inventions-2021/6113124/blueconduit/; Zahra Ahmad, “Flint Replaces More Lead Pipes Using Predictive Model, Researches Say,” MLive, June 27, 2019, https://www.mlive.com/news/flint/2019/06/flint-replaces-more-lead-pipes-using-predictive-model-researchers-say.html; Adele Peters, “We Don’t Know Where All the Lead Pipes

Are. This Tool Helps Find Them," *Fast Company*, October 4, 2021, https://www.fastcompany.com/90682174/this-tool-figures-out-which-houses-are-most-likely-to-have-lead-pipes; Sidney Fussell, "An Algorithm Is Helping a Community Detect Lead Pipes," *Wired*, January 14, 2021, https://www.wired.com/story/algorithm-helping-community-detect-lead-pipes/; Madrigal, "How a Feel-Good Story Went Wrong in Flint."

5. National Weather Association, "About NWA," n.d., https://nwas.org/about-nwa/; Ben Alonzo, "Types of Meteorology," *Sciencing*, April 24, 2017, https://sciencing.com/types-meteorology-8031.html; この段落の大部分は、アメリカ国立気象局の元局長トッド・レリコスに、2021年11月17日に行なったインタビューを使った。
6. 著者とトッド・レリコスとのインタビュー、2021年11月17日。
7. Michael Lewis, *The Fifth Risk* (New York: W. W. Norton & Company, 2018), 131, Kindle.
8. 著者とトッド・レリコスとのインタビュー。
9. Andrew Blum, *The Weather Machine* (New York: Ecco, 2019), 159, Kindle.
10. Blum, *The Weather Machine*, 160.
11. 著者とトッド・レリコスとのインタビュー。
12. 著者とトッド・レリコスとのインタビュー。
13. さらに、中間管理職はAIを当てにして、AIが直接行なう提言に従う傾向を強め、部下の意見よりも優先する可能性もある。AIの目標は、自分自身の関心を持っている人たちよりも、中間管理職を対象にするほうが相性が良い。それでも予測マシンは完璧ではないので、中間管理職は部下に対し、意思決定を促す提言を考案するための努力を惜しまないことを期待する。その結果は、中間管理職がAIの提言に従うか、それとも意思決定に関してある程度の権限を部下に与えるかの判断に影響を与える。詳しくは以下を参照。Susan C. Athey, Kevin A. Bryan, and Joshua S. Gans, "The Allocation of Decision Authority to Human and Artificial Intelligence," *AEA Papers and Proceedings* 110 (2020): 80–84.
14. Ajay Agrawal, Joshua S. Gans, and Avi Goldfarb, "Artificial Intelligence: The Ambiguous Labor Market Impact of Automating Prediction," *Journal of Economic Perspectives* 33, no. 2 (2019): 31–50, https://pubs.aeaweb.org/doi/pdfplus/10.1257/jep.33.2.31.
15. Agrawal et al., "Artificial Intelligence."

第六部　新しいシステムの構想

第一六章　信頼性のあるシステムを設計する

1. Thomas C. Schelling, *The Strategy of Conflict* (Cambridge, MA: Harvard University Press, 1960), 80.（『紛争の戦略　ゲーム理論のエッセンス』トーマス・シェリング、河野勝訳、勁草書房、2008年）
2. もしも午後4時20分と答えれば、この時間が理由となって、待ち合わせた相手と会えないケースが増える。
3. J. Roberts and P. Milgrom, *Economics, Organization and Management* (Englewood Cliffs, NJ: Prentice-Hall, 1992), 126–311.（『組織の経済学』ポール・ミルグロム、ジョン・ロバーツ、奥野正寛、伊藤秀史、今井晴雄、西村理、八木甫訳、NTT出版、1997年）
4. H. A. Simon, *The Sciences of the Artificial*, 3rd ed. (Cambridge, MA: MIT Press, 2019).（『システムの科学』第3版、H・A・サイモン、稲葉元吉、吉原英樹訳、パーソナルメディア、1999年）
5. 数学的処理に関しては、以下を参照。J. Sobel, "How to Count to One Thousand," *Economic Journal* 102, no. 410 (1992): 1–8.
6. R. M. Henderson and K. B. Clark, "Architectural Innovation: The Reconfiguration of Existing Product Technologies and the Failure of Established Firms," *Administrative Science Quarterly* 35, no. 1 (1990): 9–30.
7. Ajay K. Agrawal, Joshua S. Gans, and Avi Goldfarb, "AI Adoption and System-Wide Change," working paper w28811, National Bureau of Economic Research, Cambridge, MA, 2021.
8. https://www.mckinsey.com/business-functions/mckinsey-digital/how-we-help-clients/flying-across-the-sea-propelled-by-ai.
9. Maggie Mae Armstrong, "Cheat Sheet: What Is Digital Twin?," *IBM Business Operations* blog, December 4, 2020, https://www.ibm.com/blogs/internet-of-things/iot-cheat-sheet-digital-twin/.
10. "The Power of Massive, Intelligent, Digital Twins," Accenture, June 7, 2021, https://www.accenture.com/ca-en/insights/health/digital-mirrored-world.
11. Michael Grieves and John Vickers, "Digital Twin: Mitigating Unpredictable, Undesirable Emergent Behaviorin Complex Systems," *Transdisciplinary Perspectives on Complex Systems* (New York: Springer, 2016), 85–113, https://link.springer.com/chapter/10.1007/978-3-319-38756-7_4.
12. Grieves and Vickers, "Digital Twin: Mitigating Unpredictable, Undesirable Emergent Behavior in Complex Systems."
13. "Virtual Singapore," Prime Minister's Office, National Research Foundation,

Singapore, https://www.nrf.gov.sg/programmes/virtual-singapore; DXC Technology, "Why Cities Are Creating Digital Twins," GovInsider, March 18, 2020, https://govinsider.asia/innovation/dxc-why-cities-are-creating-digital-twins/.
14. "Pushing the Boundaries of Renewable Energy Production with Azure Digital Twins," Microsoft Customer Stories, November 30, 2020, https://customers.microsoft.com/en-in/story/848311-doosan-manufacturing-azure-digital-twins.

第一七章　白紙状態

1. "Cooking," National Fire Protection Association, n.d., https://www.nfpa.org/Public-Education/Fire-causes-and-risks/Top-fire-causes/Cooking.
2. Isaac Ehrlich and Gary S. Becker, "Market Insurance, Self-Insurance,and Self-Protection," *Journal of Political Economy* 80, no. 4 (1972): 623–648; and John M. Marshall, "Moral Hazard," *American Economic Review* 66, no. 5 (1976): 880–890.
3. Daniel Schreiber, "Precision Underwriting," *Lemonade* blog, n.d., https://www.lemonade.com/blog/precision-underwriting/.
4. Daniel Schreiber, "AI Eats Insurance," *Lemonade* blog, n.d., https://www.lemonade.com/blog/ai-eats-insurance/.
5. Daniel Schreiber, "Two Years of Lemonade: A Super Transparency Chronicle," *Lemonade* blog, n.d., https://www.lemonade.com/blog/two-years-transparency/.
6. IPC Research, "Lemonade IPO: A Unicorn Vomiting a Rainbow," *Insurance Insider*, June 9, 2020, https://www.insidepandc.com/article/2876fsvzg2scz9uy1iww0/lemonade-ipo-a-unicorn-vomiting-a-rainbow.

第一八章　システムはどのように変化するか

1. Sendhil Mullainathan and Ziad Obermeyer, "Diagnosing Physician Error: A Machine Learning Approach to Low-Value Health Care," *Quarterly Journal of Economics* 137, no. 2 (2022): 679–727, online appendix 3, https://academic.oup.com/qje/advance-article-abstract/doi/10.1093/qje/qjab046/6449024.
2. Mullainathan and Obermeyer, "Diagnosing Physician Error."
3. ジェフリー・E・ハリスの以下はこの問題にうまく対処しているので、参照してほしい。"The Internal Organization of Hospitals: Some Economic

Implications," *Bell Journal of Economics* (1977): 467–482. あるいは、教科書での考察に関しては、ジェイ・バタチャリア、ティモシー・ハイド、ピーター・トゥの以下を参照。*Health Economics* (London: Red Globe Press, 2014).

4. この考察は、アジェイ・アグラワル、ジョシュア・ガンズ、アヴィ・ゴールドファーブの以下に基づいている。"Similarities and Differences in the Adoption of General Purpose Technologies," working paper, University of Toronto, 2022, https://conference.nber.org/conf_papers/f158748.pdf そしてこれは、ムッライナタンとオバマイヤーによる研究の付録3を参考にしている。もちろんこの考察には、医者の個人情報、医者が検査しなかったハイリスクの患者など、ムッライナタンとオバマイヤーが他にも取り上げた様々な事柄がまとめられている。
5. 以下を参照。 Department of Emergency Medicine, "Mission," University of Pittsburgh website, https://www.emergencymedicine.pitt.edu/about/mission.
6. Eric Topol, *Deep Medicine* (New York: Basic Books, 2019).（『ディープメディスン』）
7. Alvin Rajkomar, Jeffrey Dean, and Isaac Kohane, "Machine Learning in Medicine," *New England Journal of Medicine* 380 (2019): 1347–1358, https://www.nejm.org/doi/pdf/10.1056/NEJMra1814259?articleTools=true.
8. Jürgen Knapp et al., "Influence of Prehospital Physician Presence on Survival after Severe Trauma: Systematic Review and Meta-analysis," *Journal of Trauma and Acute Care Surgery* 87, no. 4 (2019): 978–989, https://journals.lww.com/jtrauma/Abstract/2019/10000/Influence_of_prehospital_physician_Presence_on.43.aspx.
9. Victor Nathan Chappuis et al., "Emergency Physician's Dispatch by a Paramedic-Staffed Emergency Medical Communication Centre: Sensitivity, Specificity and Search for a Reference Standard," *Scandinavian Journal of Trauma, Resuscitation and Emergency Medicine* 29, no. 31 (2012), https://sjtrem.biomedcentral.com/articles/10.1186/s13049-021-00844-y.
10. 以下はこの問題にうまく対処している。Edith Penrose, *The Theory of the Growth of the Firm* (Oxford, UK: Oxford University Press, 2009)（『企業成長の理論』エディス・ペンローズ、ダイヤモンド社、2010年、日高千景訳）、Kenneth J. Arrow, *The Limits of Organization* (New York: Norton, 1974)（『組織の限界』ケネス・J・アロー、村上泰亮訳、筑摩書房、2017年）。オリバー・ハートとベント・ホルムストロムの以下は、この問題に秩序だった形で対処している。"A Theory of Firm Scope," *Quarterly Journal of Economics* 125, no. 2 (2010): 483–513.

11. こうしたイノベーションに関して、レベッカ・ヘンダーソンはモジュラーイノベーション、キム・B・クラークは構築的イノベーションという表現で言及している。Rebecca M. Henderson and Kim B. Clark, "Architectural Innovation: The Reconfiguration of Existing Product Technologies and the Failure of Established Firms," *Administrative Science Quarterly* (1990): 9–30. ジョシュア・ガンズの以下も参照。*The Disruption Dilemma* (Cambridge, MA: MIT Press, 2016).

エピローグ　ＡＩバイアスとシステム

1. E. Pierson et al., "An Algorithmic Approach to Reducing Unexplained Pain Disparities in Underserved Populations," *Nature Medicine* 27, no. 1 (2012): 136–140, https://doi.org/10.1038/s41591-020-01192-7.
2. J. H. Kellgren and J. S. Lawrence, "Radiological Assessment of Osteo-Arthrosis," *Annals of the Rheumatic Diseases* 16, no. 4 (1957): 494, https://ard.bmj.com/content/16/4/494; Mark D. Kohn, Adam A. Sassoon, and Navin D. Fernando, "Classification in Brief: Kellgren-Lawrence Classification of Osteoarthritis," *Clinical Orthopaedics and Related Research* 474, no. 8 (2016): 1886–1893, https://www.ncbi.nlm.nih.gov/pmc/articles/PMC4925407/.
3. たとえば以下を参照。 J. E. Collins et al., "Trajectories and Risk Profiles of Pain in Persons with Radiographic, Symptomatic Knee Osteoarthritis: Data from the Osteoarthritis Initiative," *Osteoarthritis and Cartilage* 22 (2014): 622–630.
4. E. Pierson et al., "An Algorithmic Approach to Reducing Unexplained Pain Disparities in Underserved Populations."
5. April Glaser and Rani Molla, "A (Not-So) Brief History of Gender Discrimination Lawsuits in Silicon Valley," *Vox*, April 10, 2017, https://www.vox.com/2017/4/10/15246444/history-gender-timeline-discrimination-lawsuits-legal-silicon-valley-google-oracle 以下も重要。Sheelah Kolhatkar, "The Tech Industry Gender-Discrimination Problem," *New Yorker*, November 13, 2017, https://www.newyorker.com/magazine/2017/11/20/the-tech-industrys-gender-discrimination-problem; David Streitfeld, "Ellen Pao Loses Silicon Valley Bias Case Against Kleiner Perkins," *New York Times*, March 27, 2015, https://www.nytimes.com/2015/03/28/technology/ellen-pao-kleiner-perkins-case-decision.html.
6. David Streitfeld, "Kleiner Perkins Portrays Ellen Pao as Combative and

Resentful in Sex Bias Trial," *New York Times*, March 11, 2015, https://www.nytimes.com/2015/03/12/technology/kleiner-perkins-portrays-ellen-pao-as-combative-and-resentful-in-sex-bias-trial.html.

7. この構成は、J・クラインバーグらによる以下を土台にしている。"Algorithms as Discrimination Detectors," *Proceedings of the National Academy of Sciences* 117, no. 48 (2020): 30096-30100, https://www.pnas.org/content/pnas/117/48/30096.full.pdf.
8. Marianne Bertrand and Sendhil Mullainathan, "Are Emily and Greg More Employable Than Lakisha and Jamal? A Field Experiment on Labor Market Discrimination," *American Economic Review* 94, no. 4 (2004): 991–1013, http://www.jstor.org/stable/3592802.
9. Ziad Obermeyer et al., "Dissecting Racial Bias in an Algorithm Used to Manage the Health of Populations," *Science* 366, no. 6464 (2019): 447–453, https://www.science.org/doi/10.1126/science.aax2342.
10. Sendhil Mullainathan, "Biased Algorithms Are Easier to Fix Than Biased People," *New York Times*, December 6, 2019, https://www.nytimes.com/2019/12/06/business/algorithm-bias-fix.html.
11. Mullainathan, "Biased Algorithms Are Easier to Fix Than Biased People."
12. Obermeyer et al., "Dissecting Racial Bias."
13. Obermeyer et al., "Dissecting Racial Bias."
14. Mullainathan, "Biased Algorithms Are Easier to Fix Than Biased People."
15. Carmina Ravanera and Sarah Kaplan, "An Equity Lens on Artificial Intelligence," Institute for Gender and the Economy, Rotman School of Management, University of Toronto, August 15, 2021, https://cdn.gendereconomy.org/wp-content/uploads/2021/09/An-Equity-Lens-on-Artificial-Intelligence-Public-Version-English-1.pdf.
16. Kleinberg et al., "Algorithms as Discrimination Detectors."
17. アルゴリズムのバイアスは、以下の三つに完全に分解可能だ。(1) 入力変数の選択に伴うバイアス (2) 測定結果の選択に伴うバイアス (3) 訓練手順の構築に伴うバイアス。これらの三つのバイアスを考慮したあとに差異が残れば、あるグループが他のグループよりも構造的に不利な立場にあることがわかる。出典：Kleinberg et al., "Algorithms as Discrimination Detectors."
18. Bernie Wilson, "Schilling Fined for Smashing Ump Camera," *AP News*, June 2, 2003, https://apnews.com/article/774eb21353c94032b8b175d3f55d3e7d; Katie Dean, "Umpires to Tech: You're Out!" *Wired*, June 18, 2003, https://www.wired.com/2003/06/umpires-to-tech-youre-out/.

19. Dominick Reuter, "1 Out of Every 153 American Workers Is an Amazon Employee," *Business Insider*, July 30, 2021, https://www.businessinsider.com/amazon-employees-number-1-of-153-us-workers-head-count-2021-7.
20. Jeffrey Dastin, "Amazon Scraps Secret AI Recruiting Tool That Showed Bias Against Women," Reuters, October 10, 2018, https://www.reuters.com/article/us-amazon-com-jobs-automation-insight-idUSKCN1MK08G.
21. Matthew Yglesias, "Automate as Much Traffic Enforcement as Possible," Slow Boring, November 4, 2021, www.slowboring.com/p/traffic-enforcement.
22. Marzyeh Ghassemi, lecture, NBER AI 2021, Cambridge, MA, September 23, 2021, https://www.youtube.com/watch?v=lfDu5337quU.

A I《エーアイ》経済《けいざい》の勝者《しようしや》

2024年10月20日　初版印刷
2024年10月25日　初版発行

＊

著　者　アジェイ・アグラワル
　　　　ジョシュア・ガンズ
　　　　アヴィ・ゴールドファーブ
訳　者　小《こ》坂《さか》恵《え》理《り》
発行者　早　川　　浩

＊

印刷所　三松堂株式会社
製本所　三松堂株式会社

＊

発行所　株式会社　早川書房
東京都千代田区神田多町2－2
電話　03-3252-3111
振替　00160-3-47799
https://www.hayakawa-online.co.jp
定価はカバーに表示してあります
ISBN978-4-15-210373-4　C0033
Printed and bound in Japan
乱丁・落丁本は小社制作部宛お送り下さい。
送料小社負担にてお取りかえいたします。

ハヤカワ・ノンフィクション

予測マシンの世紀

――ＡＩが駆動する新たな経済

PREDICTION MACHINES

アジェイ・アグラワル
ジョシュア・ガンズ
アヴィ・ゴールドファーブ
小坂恵理訳

４６判並製

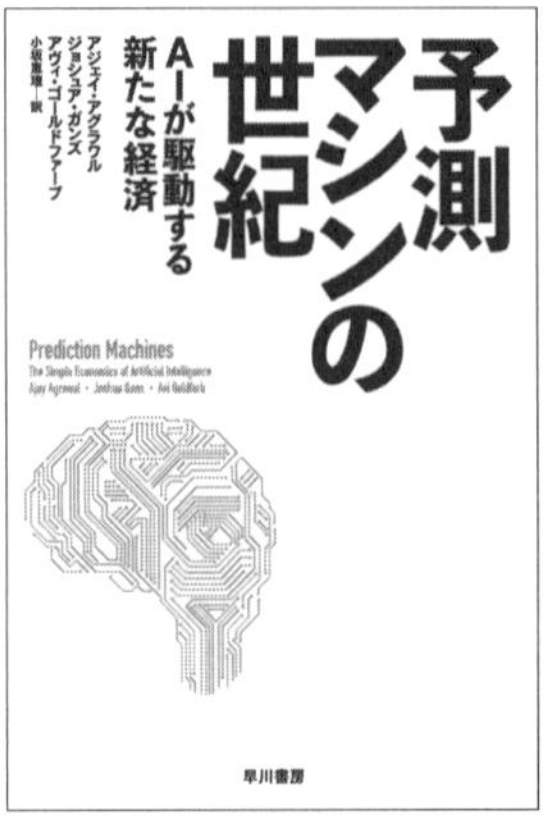

ＡＩ×ビジネスの決定版
孫泰蔵氏（Mistletoe株式会社Founder）推薦

人工知能（ＡＩ）により予測のコストが格段に下がり、経済のルールが根本から書き換わりつつある。この激変期を勝ち抜くための競争戦略は？　ケヴィン・ケリー（『WIRED』創刊編集長）らが絶賛、ＡＩ研究の最前線・トロント大学の経済学者による超話題作